옛 사람들의 재치와 웃음

강형중·김경익 편

가림출판사

▌머리말

이 책은 한문을 어려워하는 신세대나 성인들이 옛 사람들의 재치와 해학이 담겨 있는 짧은 이야기와 가벼운 성적 농담을 통해 한문의 묘미를 느끼도록 하기 위해 만들었습니다.

저는 고등학교에서 30년 가까이 역사를 가르치면서 한자의 필요성을 절감해 왔습니다. 시험에 자주 나오는 향약집성방(鄕藥集成方)이란 책이 있습니다. 한자를 조금만 알면 이 책이 마을(鄕)의 약(藥)을 모아서(集) 이룬(成) 처방(方), 즉 국산 약재 이용의 약학서라는 사실을 쉽게 알 수 있습니다. 그런데도 학생들은 외우려고만 드는 것입니다. 그런 학생들이 전문 서적을 접하게 되면 부족한 한자 실력 때문에 쩔쩔매는 것을 자주 보았습니다.

저는 일본어를 독학하면서 제가 지녔던 약간의 한자 실력 덕분에 비교적 수월하게 일본어를 익힌 경험이 있습니다. 그래서 일상 생활뿐만 아니라 일본어나 중국어 습득에도 한자는 필수적이라고 생각해 왔습니다.

그런데 딱딱한 도덕적 내용만으로 한자와 한문을 배우는 것에 저는 거부감을 느낍니다. 먼저 재미가 있어야 책을 손에 들지 않겠습니까? 그런 생각을 갖고 있던 저는 1995년 전국고등학교졸업자격검정고사의 역사과 검토위원으로 참여했을 때 한문 출제를 맡으셨던 권정석 선생님으로부터 『덕유회해』라는 필사본을 한 부 얻었습니다.

처음에는 단순한 우스개로 알고 한 번 읽고 버리려 했습니다. 그런데 읽을수록 옛 선비들의 재치와 해학을 한껏 느낄 수 있었으며, 특히 각 편 평론에서의 이야기가 단순한 음담만이 아니라는 생각이 들었습니다. 온갖 외설물이 난무하고 있는 이 시대에 이 정도 내용은 오히려 이독제독(以毒制毒)의 효과를 거둘 수 있다는 생각까지 들었습니다. 그래서 천학비재(淺學非才)를 무릅쓰고 감히 책을 펴낼 결심을 했던 것입니다.

이 책은 권 선생님의 『덕유회해』를 중심으로 『이조한문단편집』『고금소총』『명엽지해』 등 여러 책에서 발췌한 이야기들을 추가해서 만든 것입니다. 내용을 쉽게 풀어 옥편이나 사전의 도움 없이 읽을 수 있도록 나름대로 애썼습니다.

이 책의 내용은 주로 조선시대 후기 서민층이 우스개로 지어낸 이야기이므로 정통 한문 형식에 어긋나는 경우도 있습니다. 그렇지만 한자와 한문의 묘미를 맛보는 데는 좋은 재료가 되리라 자부합니다.

시작부터 끝까지 제 부족한 한문 실력을 하나 하나 짚어가며 조언해 주시고, 기본 문형과 허사 해설까지 도맡아 주신 김경익 선생님께 고마운 마음을 전합니다. 그리고 제 뜻에 동감하여 출판을 맡아주신 가림출판사 강선희 사장님 이하 편집부 여러분께도 감사드립니다.

庚辰年 仲秋 蔚山 方魚津에서 越波 姜亨中 題

차 례

머리말 / 7

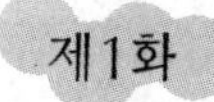

첫날밤의 이변

산촌에 사는 꼬마신랑이 첫날밤에는 홍합 한 개를 먹는다는 이야기를 듣고 첫날밤 신부에게 물었다.

"홍합 한 개 있느냐?"

이에 신부가 홍합을 구해다 주니 꼬마신랑이 말했다.

"이건 생홍합이 아닌가? 아무 색다른 맛도 없다. 내 친구들이 늘 말하기를 '그 맛이 이루 말로 표현할 수 없어 눈앞이 캄캄하고 마음이 두근두근하여 마치 신선이 되어 하늘로 올라가는 것 같다.' 하더니 전혀 거짓말이다. 홍합 하나 익힐 장작도 없단 말인가?"

하고 성을 내며 한밤중에 집으로 돌아가

"처가가 이처럼 가난한데다 또 냉정하더이다." 하고 아버지에게 일러바쳤다.

"내 자식의 어리석음이 지나치구나! 어째서 깊은 밤에 요구하지 않았느냐?"

꼬마신랑이 신부에게 돌아와 아버지의 말을 전했다.

"아버지 말씀이 이러니 어떠하오?"

신부가 말하기를

"오늘 밤 올릴 테니 조금도 걱정하지 마세요. 봄밤의 짧은 시간은 천금의 가치가 있다는 말이 바로 이것을 말하는 것이니 어찌 홍합 한 개로써 비교하겠어요? 그 때를 고대하세요." 하고는 밤중에 신부가 꼬마신랑을 하나하나 가르치니 슬기롭고 민첩하기 짝이 없고 운우의 즐거움이 절묘하여 형언할 수 없었다.

다음날 아침 꼬마신랑이 첫날밤 일을 즉흥적으로 절구 한 수로 읊었다.

모양은 마치 북쪽 바다의 반쯤 벌린 조개요,
맛은 흡사 동풍에 설익은 매실이라.
바람 없는 천지에 이불 한 채 들썩거리니,
비도 오지 않은 천지에 양쪽 기슭이 축축함이라.

신랑이 활짝 웃으며
"옛사람이 말하는 춘소일각치천금의 뜻을 이제야 터득했도다." 하자 장인이 듣고 웃으며
"그 구멍을 얻지 못함에 야반도주하더니 이미 그 구멍을 얻었음에 빠져서 돌아갈 줄 모르는군." 했다.

평론가는 말한다.

‘젊고 기운이 왕성할 때는 혈기가 한참 성할 때라. 색정에 빠지는 것을 경계하라.’ 했으니 욕정에 미혹되지 않는 사람이 적으니라.

그러나 하늘의 이치가 만물을 이롭게 잘하는 것이니 음양의 조화는 만물이 생기고 퍼지는 자연의 섭리라. 그러므로 천하게 여겨서는 안 되느니라.

初夜異變

山村童子 聞初夜食一紅蛤之說 初夜問於新婦曰
"有一紅蛤乎?"
新婦求而進之.
童子曰
"果是生紅蛤乎? 無別味也. 吾輩常曰'其味不可易言 眼昏心戰 如羽化登仙'都是虛言也. 一無熟蛤之薪乎?"
怒而夜半歸家.
童子告於父曰 "妻家若是貧且冷情也"
父曰 "甚矣, 吾兒之愚也! 何不求之於深夜乎?"
童子歸于婦曰 "吾父之言如斯 何如?"
婦曰
"當夜進之 少勿慮焉. 春宵一刻值千金 正謂此也 豈以一紅蛤比之乎? 苦待其時."
夜中一一敎之 慧敏如此 雲雨之樂絶妙 不可形言也.
翌朝 童子卽興一絶曰

> 形如北海半開蛤
> 味似東風初熟梅
> 無風天地一衾動
> 不雨乾坤兩岸濕

可謂善形容者也.
新郎開顔笑曰
"古人謂之春宵一刻值千金之意 吾今攄得矣."
岳父聞而笑曰
"不得其穴 夜半逃走 旣得其穴 溺而不返."
野史氏曰
小壯之時 血氣方壯 戒之在色. 不爲欲情之所惑者 鮮矣.
然而 天道善利萬物 陰陽之化 萬物生生之攝理也. 不可賤之也.

初夜異變

> 山村童子가 聞 初夜에 食一紅蛤之說하고 初夜에 問於新婦曰
> 산촌동자　문 초야　식일홍합지설　　초야　문어신부왈
> "有一紅蛤乎아?" 하니 新婦求而進之라.
> 유일홍합호　　　　신부구이진지
>
> 산촌동자가 첫날밤에 홍합 한 개 먹는다는 이야기를 듣고 첫날밤 신부에게 묻기를 "홍합 한 개 있느냐?" 하니 신부가 구해서 올렸다.

〔初〕처음 초 〔夜〕밤 야 ※異變 – 괴이한 변고 〔異〕다를 이 〔變〕변고 변, 변할 변 〔村〕마을 촌 ① 마을 ② 시골 〔童〕아이 동 〔聞〕들을 문 〔食〕먹을 식, 먹이 식, 먹일 사, 밥 사 〔紅〕붉을 홍 〔蛤〕(대합)조개 합 〔說〕말씀(이야기) 설 〔問〕물을 문 〔於〕어조사 어 ① ～에 ② ～에서 ③ ～보다 〔新〕새 신 〔婦〕지어미 부 ① 아내 ② 며느리 ② 여자 〔有〕있을 유 〔乎〕(종결)어조사 호 〔求〕구할 구 〔而〕말이을 이 〔進〕올릴 진, 나아갈 진 〔之〕어조사 지, 갈 지 ① 가다 ② 이(지시대명사) ③ ～의 (관형격 조사)

> 童子曰 "果是生紅蛤乎아? 無別味也라. 吾輩常曰 '其味不可
> 동자왈　과시생홍합호　　　무별미야　　오배상왈　기미불가
> 易言하야 眼昏心戰하고 如羽化登仙이라' 하더니 都是虛言也라.
> 이언　　안혼심전　　　여우화등선　　　　도시허언야
> 一無熟蛤之薪乎인저?" 하고 怒而夜半歸家라.
> 일무숙합지신호　　　　　노이야반귀가
>
> 동자가 말하기를 "(이건) 정말 생홍합이 아니냐? 아무 색다른 맛도 없도다. 내 친구들이 늘 말하기를 '그 맛이 쉽게 말로 할 수 없어 눈앞이 캄캄하고 가슴이 두근두근 하여 마치 신선이 되어 하늘로 올라가는 것 같다' 하더니 전혀 헛말이다. 홍합 하나 익힐 장작도 없단 말인가?" 하고 성을 내며 한밤중에 집으로 돌아갔다.

〔曰〕가로 왈 ① 말하다 ② 일컫다 〔果〕과연 과, 과일 과 〔是〕이 시, 옳을 시 〔無〕

없을 무 〔別〕다를 별, 나눌 별 〔味〕맛 미 〔也〕(종결)어조사 야, 이끼 야 〔吾〕나 오 〔輩〕무리 배 〔常〕항상 상 〔易〕쉬울 이, 바꿀 역 〔言〕말씀 언 ※眼昏心戰 – 눈앞이 캄캄하고 가슴이 두근두근함 〔眼〕눈 안 〔昏〕어두울 혼 〔心〕마음 심 〔戰〕 두려워서 떨 전, 싸울 전 ※羽化登仙 – 도를 깨치면 사람의 몸에 날개가 생겨 하늘 로 올라가서 신선이 된다 함 〔羽〕날개 우 〔化〕될(화할) 화 〔登〕오를 등 〔仙〕신 선 선 ※都是 – 전혀. 도무지. 도대체 〔都〕모두 도, 도시 도 〔是〕이 시, 옳을 시 ※虛言 – 빈말, 즉 거짓말 〔虛〕빌 허, 거짓 허 〔熟〕익을 숙 〔薪〕땔나무 신

童子告於父曰 "妻家가 若是貧且冷情也로소이다." 하니
동 자 고 어 부 왈   처 가   약 시 빈 차 냉 정 야
父曰 "甚矣라! 吾兒之愚也여. 何不求之於深夜乎아?"
부 왈   심 의   오 아 지 우 야   하 불 구 지 어 심 야 호
동자가 아비에게 고하여 말하기를 "처가가 이처럼 가난한데다 또 냉정하더이다." 하니
아비가 가로되 "심하도다! 내 자식의 어리석음이여. 어찌 깊은 밤에 요구하지 아니했던고?"

〔告〕아뢸(알릴) 고 〔妻〕아내 처 ※若是 – 이처럼 〔若〕같을 약 〔貧〕가난할 빈 〔且〕또 차 〔冷〕찰 냉(랭) 〔情〕뜻 정 〔甚〕심할 심 〔矣〕어조사 의 단정, 결정, 한 정, 의문, 반어의 뜻 〔兒〕아이 아 〔愚〕어리석을 우 〔何〕어찌 하 〔深〕깊을 심

童子歸于婦曰 "吾父之言이 如斯어늘 何如오?" 하니
동 자 귀 우 부 왈   오 부 지 언   여 사   하 여
婦曰 "當夜進之리니 少勿慮焉하소서."
부 왈   당 야 진 지   소 물 려 언
동자가 신부에게 돌아와 말하기를 "내 아버지 말씀이 이러하니 어떠하냐?" 하니
신부가 말하기를 "오늘 밤 올릴 테니 조금도 걱정하지 마세요.

〔歸〕돌아갈(올) 귀 〔于〕어조사 우 ① ～에 ② ～에서 ③ ～까지 ④ ～보다 ※如斯 – 이와 같음 〔如〕같을 여 〔斯〕이 사, 사물을 가리키는 대명사 ※如斯 = 如此. 如是. 若此 〔當〕당할 당, 대적할 당, 맡을 당 〔進〕올릴 진, 나아갈 진 ※少勿慮焉 – 조금 도 걱정하지 말라. 〔少〕적을 소, 젊을 소 〔勿〕말 물 ① 말다 ② 말아라 ③ 없다

[慮]걱정할 려(여), 생각할 려(여) [焉](종결)어조사 언, 어찌 언

春宵一刻値千金이 正謂此也니 豈以一紅蛤比之乎리오? 苦待
춘 소 일 각 치 천 금　　　정 위 차 야　　　기 이 일 홍 합 비 지 호　　　　　고 대

其時소서.”하고 夜中에 ――敎之하니 慧敏이 如此하고 雲雨之樂
기 시　　　　　　야 중　　　일 일 교 지　　　혜 민　　　여 차　　　운 우 지 락

이 絶妙하야 不可形言也라.
절 묘　　　불 가 형 언 야

봄밤의 일각은 천금의 가치가 있다는 말이 바로 이것을 일컬음이니 어찌 홍합 한 개로써 비교하
겠어요? 그 때를 고대하세요.” 하고는 밤중에 하나하나 가르치니 슬기롭고 총명하기가 이와 같고
운우의 즐거움이 절묘하여 형언할 수가 없었다.

☞ 옛날에는 대개 신부가 신랑보다 연상이었다.

※春宵一刻値千金 – 봄밤의 짧은 시간은 천금의 가치가 있다.

[春]봄 춘 [宵]밤 소 ※一刻 – 매우 짧은 동안 [刻]새길 각, 시각 각. 1각은 지
금의 15분 [値]값 치 [金]돈(쇠) 금, 성씨 김 [正]바를 정 [謂]이를(일컬을) 위
[此]이 차 [豈]어찌 기(개) [以]써 이 ① 써 ② ～로써 ③ 부터 ④ ～에서 ⑤ 까
닭 [比]견줄 비 ※苦待 – 몹시 기다림 [苦]괴로울 고, 쓸 고 [待]기다릴 대
[其]그 기 [時]때 시 [敎]가르칠 교 [慧]슬기로울 혜 [敏]재빠를 민 ① 민첩함
② 총명함 ※雲雨之樂 – 육체적으로 어울리는 즐거움 [雲]구름 운 [雨]비 우
[樂]즐길 락(낙), 풍류 악, 좋아할 요 ※絶妙 – 썩 교묘함 [絶]으뜸 절, 끊을 절,
절구(絶句) 절 ※形言 – 형용하여 말함 [形]형상 형

翌朝에 童子卽興一絶曰
익 조　　　동 자 즉 흥 일 절 왈

“形如北海半開蛤이오, 味似東風初熟梅라. 無風天地一숲動하
형 여 북 해 반 개 합　　　미 사 동 풍 초 숙 매　　　무 풍 천 지 일 금 동

니 不雨乾坤兩岸濕이라.”하니 可謂善形容者也라.
불 우 건 곤 양 안 습　　　　　가 위 선 형 용 자 야

다음날 아침에 동자가 즉흥적으로 절구 한 수를 읊어 가로되

〔翌〕다음날 익 〔朝〕아침 조 〔卽〕곧 즉 〔興〕일(일어날) 홍, 홍할 홍 〔海〕바다 해 〔半〕반 반 〔開〕열 개 〔似〕비슷할 사, 같을 사 〔風〕바람 풍 ※初熟 – ① 설익음 ② 처음 익힘 〔熟〕익을 숙 〔梅〕매화 매 〔衾〕이불 금 ※乾坤 = 天地 〔乾〕하늘 건 〔坤〕땅 곤 〔岸〕언덕 안 〔濕〕축축할 습 ※可謂 – ① 말 그대로 과연 ② 말할 수 있다. 〔善〕잘할 선, 착할 선, 친할 선 〔容〕모양 용, 얼굴 용

新郎開顔笑曰 "古人謂之 '春宵一刻値千金之意'를 吾今攄
신랑개안소왈　고인위지　춘소일각치천금지의　오금터
得矣로다."
득 의

　신랑이 얼굴을 활짝 펴고 웃으며 말하기를 "옛사람이 말하는 '춘소일각치천금의 뜻'을 내가 지금에서야 터득했음이로다."

〔郎〕사나이 랑(낭) 〔顔〕얼굴 안 〔笑〕웃을 소 〔意〕뜻 의 〔今〕이제(오늘) 금
※攄得 – 사물의 이치를 깨달아 앎 〔攄〕펼 터 〔得〕얻을 득

岳父聞而笑曰 "不得其穴에 夜半逃走하더니 旣得其穴에 溺而
악부문이소왈　부득기혈　야반도주　기득기혈　익이
不返이로다."
불 반

　장인이 듣고 웃으며 가로되 "그 구멍을 얻지 못함에 야반도주하더니 이미 그 구멍을 얻음에 빠져서 돌아갈 줄 모르도다."

※岳父 = 丈人(장인) 〔岳〕큰산 악 〔穴〕구멍 혈 ※夜半 – 한밤중 〔逃〕달아날 도 〔走〕달릴 주 〔旣〕이미 기 〔溺〕빠질 익(닉) 〔返〕돌아올 반

野史氏曰 평론가는 말한다.
야사씨왈

‘少壯之時는 血氣方壯이라. 戒之在色이라.’ 하니 不爲欲情之
소장지시   혈기방장   계지재색   불위욕정지

所惑者 鮮矣라.
소혹자 선의

'젊고 기운이 왕성할 때는 혈기가 한참 성할 때라. 색정에 빠지는 것을 경계하라.' 했으니 욕정에 미혹되지 않는 사람이 적으니라.

☞ 野史氏 = 外史氏 - 野史는 사관이 아닌 사람이 사사로이 찬술한 역사. 野史氏는 사사로이 역사를 찬술하는 사람. 즉 평론가 〔野〕들 야, 거칠 야 〔史〕역사 사 〔氏〕각시 씨 ※少壯 - 젊고 기운이 왕성함 〔少〕적을 소 〔壯〕씩씩할 장 ※血氣 - 격동하기 쉽거나 왕성한 의기 〔血〕피 혈 〔氣〕기운 기 ※方壯 - 한참 성함 〔方〕바야흐로 방, 모 방, 방위 방 〔戒〕경계할 계 〔在〕있을 재 〔色〕색정 색, 빛 색 ※不爲 - ① 되지 않다 ② 하지 않다 〔爲〕할(될) 위 〔欲〕하고자 할 욕 〔情〕뜻 정 ※迷惑 - 마음이 흐려서 무엇에 홀림 〔迷〕미혹할 미 〔惑〕미혹할 혹 〔鮮〕적을 선, 고울 선

然而天道가 善利萬物이니 陰陽之化는 萬物生生之攝理也라.
연이천도   선리만물   음양지화   만물생생지섭리야

不可賤之也니라.
불가천지야

그러나 하늘의 이치가 만물을 잘 이롭게 하는 것이니, 음양의 조화는 만물이 생기고 퍼지는 자연의 섭리다. 천하게 여겨서는 안 되느니라.

〔然〕그러할 연 ※然而 - 그러나, 然則 - 그런즉, 然後 - 그러한 뒤 ※天道 - 천지 자연의 이치 〔道〕이치 도, 길 도 〔利〕이로울 리(이), 날카로울 리(이) ※生生之攝理 = 生生之理 - 생겨나고 퍼지는 자연의 섭리 ※攝理 - 자연계를 지배하고 있는 이치 〔攝〕끌어잡을 섭 〔理〕이치 리(이), 다스릴 리(이) 〔賤〕천할 천

제2화

창 밖의 홀기

촌놈이 행방(성행위)의 방법을 몰라서 또래 친구에게 물었다.

"행방의 방법은 어찌하는 것인가?"

또래 친구가 말했다.

"그 이치가 매우 어려워 한마디로 말할 수가 없네. 우리 친구들이 첫 날밤에 일에 따라 지시할 테니 조금도 걱정하지 말게."

그 날 밤 삼경에 또래 친구들이 창 밖에 엎드려 등잔불이 꺼지기를 기다려 한 친구가 소리 높여 홀기를 외쳤다.

"활딱 벗겨라!"

"알았다."

"잡아 제쳐라!"

"그랬노라."

이어서 갑자기 목소리를 (흠흠 하고) 갈아서

"감은 바람에 꽉 밀어 박아라!"

"들어갔다. 좁고 미끄러워 속도를 더하기 어려우나 내 한 몸이 오로지 온유향에 있도다."

하면서 곧 시를 읊었다.

양각산 아래 배 위에 엎드리니
새콤새콤한 물이 솔솔 나온다.

이 곳에 아름다운 경치 없다 말하지 마라.
진미는 오로지 진퇴간에 있음이라.

※양각산 : 두 다리를 세운 것처럼 솟은 산. 여기서는 유방을 가리킨다.

평론가는 말한다.
음양의 즐거움이 비록 좋으나 제왕의 나이 육십을 넘긴 자 드무니라.

窓外笏記

村漢不知行房之術 問於儕友曰
"行房之術 何如?"
儕友曰
"其理甚難而不可一言謂之也. 吾友 當其婚夕 應事指示 少
勿慮焉"
當夜三更 儕友伏於窓外 俟燈滅 一友唱笏曰
"弓鷄脫!"
"諾."
"執城擊!"
"然矣."
因忽礪聲曰
"玄風郭 密陽朴!"
"入矣! 狹窄潤滑難加速 一身只在溫柔鄉."
乃吟詩曰礪

　　　　　　　兩脚山下腹上伏
　　　　　　　禽禽之水松松出
　　　　　　　莫言此處無佳景
　　　　　　　眞味只在進退間

野史氏曰
陰陽之樂 雖好 帝王之壽過六十者 鮮矣.

窓外笏記

村漢이 不知行房之術하야 問於儕友曰 "行房之術이 何如오?"
촌 한　부 지 행 방 지 술　　문 어 제 우 왈　행 방 지 술　하 여

촌놈이 행방(성행위)의 방법을 몰라 또래 친구에게 묻기를 "행방의 방법은 어찌하는 것인가?"

〔窓〕창 창　〔笏〕홀 홀 - ① 신하가 임금을 만날 때 조복(朝服)에 갖추어 손에 쥐던 물건으로 메모지 구실을 겸함 ② 홀기의 준말　※笏記 - 혼례나 제례 때 의식의 순서를 적은 글. 줄여서 笏 단독으로 쓰기도 한다.　〔漢〕놈(사나이) 한, 물이름(나라 이름) 한　※行房之術 - 성교하는 기술　〔行〕행할 행, 갈 행　〔房〕방 방　〔術〕재주 술, 꾀 술　〔儕〕또래 제, 무리 제　〔友〕벗(친구) 우

儕友曰 "其理甚難하야 而不可一言謂之也라. 吾友가 當其婚
제 우 왈　기 리 심 난　　이 불 가 일 언 위 지 야　　오 우　당 기 혼

夕에 應事指示하리니 少勿慮焉하라." 하고
석　응 사 지 시　　소 물 려 언

또래 친구가 말하기를 "그 이치가 매우 어려워 한마디로 말할 수가 없다. 우리 친구들이 결혼하는 그 날 저녁에 일에 따라 지시할 것이니 조금도 걱정하지 말게나."하고

〔難〕어려울 난(란)　〔婚〕혼인할 혼　〔夕〕저녁 석　〔應〕응할 응　〔事〕일 사, 섬길 사　〔指〕가리킬 지, 손가락 지　〔示〕지시할 시, 보일 시　〔慮〕걱정할(생각할) 려(여)

當夜三更에 儕友伏於窓外하고 俟燈滅하야 一友唱笏曰
당 야 삼 경　제 우 복 어 창 외　　사 등 멸　일 우 창 홀 왈

그 날 밤 삼경에 또래 친구들이 창 밖에 엎드리고 등잔불이 꺼지기를 기다려 한 친구가 소리 높여 홀기를 외쳐 가로되

※三更 - 한밤중　〔更〕시각 경, 다시 갱, 고칠 경　※更은 하룻밤을 다섯으로 나눈 시간의 단위. 삼경은 세 번째 경. 즉 밤 11시부터 새벽 1시까지.　〔伏〕엎드릴 복　〔俟〕기다릴 사　〔燈〕등잔 등　〔滅〕없어질 멸, 멸망할 멸　〔唱〕노래(노래부를) 창

“弓鷄脫!” “諾타.” “執城擊!” “然矣라.” 因忽礪聲曰 “玄風
　궁 계 탈　　　　락　　　집 성 격　　　연 의　　　인 홀 여 성 왈　　현 풍
郭 密陽朴!”
곽 밀 양 박

　“활딱 벗겨라!” “알았다.” “잡아 제쳐라!” “그랬노라.” 이어서 갑자기 목소리를 갈아서 “감은 바
람에 꽉 밀어 박아라!”

☞ 이 문장은 이두식 표현으로 주의가 필요합니다. “弓鷄脫은 활弓, 닭鷄, 벗길脫
이므로 활 닭 벗길 뒤에 라를 붙여서 → 활닭 벗길라 → 활딱 벗겨라. “執城擊”은
잡을執, 재城, 칠擊이므로 잡을 재 칠 뒤에 ‘라’를 붙여서 → 잡을 재칠라 → 잡아
제처라. 또 본관과 성씨를 사용한 “玄風郭”은 가믈(검을)玄, 바람風, 곽(郭)으로
바람 뒤에 ‘에’를 넣어서 가믈 바람에 곽 → 감은 바람에 곽(※옛날 천자문에는 검
을玄이 가믈玄으로 되어 있음). 또 곽을 강하게 발음하면 ‘꽉’이 되므로 → 감은
바람에 꽉. 밀양박은 그대로 뒤에 ‘아라’를 붙여서 밀양 박아라 → 밀어 박아라가
되는 것입니다.

〔諾〕- 좋다, 알았다와 같이 승낙이나 대답을 할 때 쓰는 말 〔諾〕허락할 락(낙)
〔因〕이을 인, 인할 인 〔忽〕갑자기 홀 ※礪聲 - ① (흠흠 하고)목소리를 갈다 ②
성난 목소리 〔礪〕갈 여(려), 사나울 여(려) 〔郭〕성씨 곽, 성곽 곽 〔密〕빽빽할 밀,
비밀 밀 〔朴〕성씨 박, 후박나무 박

“入矣라. 狹窄潤滑難加速이나 一身只在溫柔鄕이라.” 하며 乃
　입 의　　　협 착 윤 활 난 가 속　　　일 신 지 재 온 유 향　　　　　　내
吟詩曰
음 시 왈

　“들어갔다. 좁고 미끄러워 속도를 더하기 어려우나 (내)한 몸이 오로지 온유향(따뜻하고 부드러
운 마을)에 있도다.” 하며 곧 시를 읊어 가로되

※狹窄 - 매우 좁음 〔狹〕좁을 협 〔窄〕좁을 착 ※潤滑 - 빽빽하지 않고 매끄러움
〔潤〕젖을 윤, 윤택할 윤 〔滑〕미끄러울 활, 교활할 활, 어지러울 골 〔加〕더할 가
〔速〕빠를 속 ※溫柔鄕 - 여자 성기를 은유적으로 표현한 것 〔溫〕따뜻할 온 〔柔〕

부드러울 유 〔鄕〕마을(고향) 향 〔乃〕이에 내, 곧 내 〔吟〕읊을 음

> "兩脚山下腹上伏하니 禽禽之水松松出이라. 莫言此處無佳景
> 양각산하복상복   금금지수송송출   막언차처무가경
>
> 하라. 眞味只在進退間이라."
> 진미지재진퇴간
>
> "양각산 아래 배 위에 엎드리니 새콤새콤한 물이 솔솔 나온다. 이곳에 아름다운 경치 없다 말하
> 지 마라. 진미는 오로지 진퇴간에 있음이라."

☞ 禽禽之水松松出 역시 이두식 표현으로 禽은 새 금. 따라서 禽禽은 새금새금 →
새콤새콤. 禽禽之水는 새콤새콤한 물. 松은 솔 송. 따라서 松松은 솔솔, 松松出은
솔솔 나온다로 됩니다.

〔兩〕두(둘) 양, 화폐와 무게, 단위 냥 〔脚〕다리 각 〔腹〕배 복 〔莫〕아닐 막, 저물
모 〔佳〕아름다울 가 〔景〕경치 경 〔眞〕참 진 〔只〕다만(오로지) 지 ※進退 – 나아
가고 물러남 〔間〕사이 간

> 野史氏曰   평론가는 말한다.
> 야사씨왈
>
> 陰陽之樂이 雖好나 帝王之壽過六十者가 鮮矣라.
> 음양지락   수호   제왕지수과육십자   선의
>
> 음양의 즐거움이 비록 좋으나 제왕의 나이 육십을 넘긴 자가 드무니라.

〔雖〕비록 수 〔好〕좋을 호 〔帝〕임금 제 〔壽〕나이 수, 목숨 수 〔過〕지날(넘을) 과,
허물 과 〔鮮〕적을 선, 고울 선 〔矣〕(종결)어조사 의

제3화

역장군의 전기

역장군이 크게 노하여 소지국을 치려 했다. 이에 좌우의 두 승상이 충고하여 말했다.

"소지국이 비록 작지만 밖으로 송백이 무성하고 안에는 자갈돌의 험악함이 있어 쳐서는 안 됩니다."

그러나 장군이 듣지 않고 드디어 중군 직경장군, 참모 양 승상, 흑졸 백만을 거느리고 기유일 밤 자시에 매우 급하게 공격했다가 소지국의 백수활니전법에 적중 당하여 흰 피를 토하고 죽었다.

평론가는 말한다.

'나무는 먹줄을 따르면 바르고, 사람이 충고를 따르면 성스럽다.' 하니, 그것
은 이것을 일컫는 것이로다.

백제가 망할 때 성충이 옥중에서 글을 올리기를 '만약 적군이 온다면 육로는
탄현에 들어오지 못하게 하고, 수로는 기벌포에 들어오지 못하게 하십시오.' 했
으니 바로 이것이라.

또 말하기를 '충신은 죽어도 임금을 잊지 않는다.' 고 했으니 정암 조광조가 죽
을 때 말하기를 '임금 사랑하기를 아버지 사랑하듯 하고, 나라 걱정하기를 집안
걱정하듯 하라.' 했으니 바로 이것이라.

閔將軍傳

閔將軍大怒 欲伐閟池國 左右兩丞相 諫曰
"閟池國雖小 外有松柏之茂 內有礫石之險 不可擊也."
將軍不聽而遂率中軍直勁將軍, 參謀兩丞相, 黑卒百萬 己酉
日子夜 攻之甚急 當閟池國白水滑泥戰法所中 吐白血而死.

野史氏曰
"木從繩則正, 人從諫則聖." 其斯之謂歟.
百濟之亡 成忠於獄中上書曰
"若異兵來 勿使入陸路炭峴, 水路岐伐浦." 是也.
又曰 忠臣死不忘君 靜菴之死曰
"愛君如愛父 憂國如憂家." 是也.

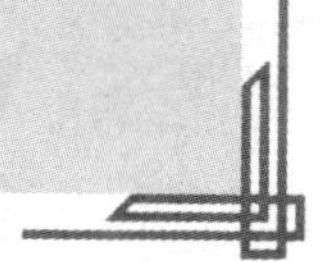

閔將軍傳

閔將軍이 大怒하야 欲伐閟池國한대 左右兩丞相이 諫曰
역장군 대노   욕벌소지국   좌우양승상 간왈

역장군이 크게 노하여 소지국을 치려 했는데 좌우의 두 승상이 충고하여 말하기를

☞ 역장군 좌우의 두 승상은 양물 좌우의 고환.

〔閔〕자지 역(력) ☞ 閔은 옥편에 없는 글자로 造語임. 閔將軍은 門 안의 힘센
(力) 장군. 즉 자지를 해학적으로 표현한 것 〔將〕장수 장, 장차 장 〔軍〕군사 군
〔傳〕전기 전, 전할 전 〔怒〕성낼 노(로) 〔欲〕하고자 할 욕 〔伐〕칠 벌, 벨 벌 〔閟〕

보지 소. 閉과 마찬가지로 造語임 〔池〕못 지 ☞ 閉池國은 門 사이 작은(小) 연못(池) 나라. 즉 여자 성기 ※丞相 - 정승에 해당하는 중국의 옛벼슬 〔丞〕도울 승 〔相〕정승 상, 서로 상 〔諫〕간할(충고할) 간

"閉池國이 雖小나 外有松柏之茂하고 內有礫石之險하야 不可
 소지국   수소   외유송백지무   내유역석지험   불가
擊也라."
격 야

"소지국이 비록 작으나 밖에는 송백의 무성함이 있고 안에는 자갈돌의 험악함이 있어 공격할 수 없습니다."

〔雖〕비록 수 〔松〕소나무 송 〔柏〕잣나무 백 〔茂〕우거질 무 〔礫〕자갈 력(역) 〔險〕험할 험 〔擊〕칠 격, 부딪칠 격

將軍不聽하고 而遂率中軍直勁將軍, 參謀兩丞相, 黑卒百萬하
장군불청   이수솔중군직경장군   참모양승상   흑졸백만
야 己酉日子夜에 攻之甚急이라가
  기유일자야   공지심급

장군이 듣지 않고 드디어 중군 직경장군, 참모 양 승상, 흑졸 백만을 거느리고 기유일 자시에 매우 급하게 공격했다가

☞ 직경장군은 양물, 흑졸 백만은 많은 털.

☞ 己酉日은 짝짓는 날(己 + 酉 = 配짝지을 배), 子夜는 자식 만드는 밤(子아들 자, 夜밤 야)

〔聽〕들을 청 〔遂〕드디어 수, 이룰 수 〔率〕거느릴 솔 〔直〕곧을 직 〔勁〕굳셀 경 〔參〕간여할 참, 셋 삼 〔謀〕꾀할 모 〔黑〕검을 흑 〔卒〕군사 졸, 죽을 졸 〔己〕여섯째 천간기, 몸 기 〔酉〕10번째 지지 유, 닭 유 ※子夜 = 三更 - 한밤중 자시 무렵. 밤 11시부터 1시까지 〔攻〕칠 공 〔急〕급할 급

當閼池國白水滑泥戰法所中하야 吐白血而死하다.
당 소 지 국 백 수 활 니 전 법 소 중   토 백 혈 이 사

소지국의 백수활니전법에 적중 당하여 흰 피를 토하고 죽었다.

※白水滑泥戰法 - 흰 물로 미끄러운 진흙탕을 만드는 전법 〔白〕흰 백 〔滑〕미끄러울 활 〔泥〕진흙 니(이) 〔戰〕싸울 전 〔法〕법 법, 본받을 법 ※所中하야 - 적중당한 바 되어 〔所〕바 소, 장소 소 〔吐〕토할 토 〔死〕죽을 사

野史氏曰   평론가는 말한다.
야 사 씨 왈

'木從繩則正하고, 人從諫則聖이라.' 하니 其斯之謂歟인저!
목 종 승 즉 정   인 종 간 즉 성   기 사 지 위 여

'나무는 먹줄을 따르면 바르고, 사람이 충고를 따르면 성스럽다.' 하니, 그것이 바로 이것을 일컫는 것이리라.

☞ 나무를 톱질할 때 먹줄로 선을 긋고 그 선을 따라 자르면 곧고 바르게 잘린다.

〔從〕따를 종 〔繩〕줄 승, 새끼 승 〔則〕곧 즉, 법칙 칙, 본받을 측 〔諫〕간할 간 〔聖〕성스러울 성 ※其斯之謂歟 - 그것이 이것이로구나. 〔斯〕이 사, 사물을 가리키는 대명사 〔歟〕어조사 여, 그런가 하는 추측이나 의문의 뜻을 나타내는 종결 어조사

百濟之亡에 成忠於獄中上書曰 "若異兵來에 勿使入陸路炭峴
백 제 지 망   성 충 어 옥 중 상 서 왈   약 이 병 래   물 사 입 육 로 탄 현

하고 水路岐伐浦하라"하니 是也라.
수 로 기 벌 포   시 야

백제의 멸망에 성충이 옥중에서 글을 올려 "만약 적군이 온다면 육로는 탄현에 들어오지 못하게 하고, 수로는 기벌포에 들어오지 못하게 하십시오" 했으니 바로 이것이라.

☞ 백제 멸망 직전에 성충이 의자왕의 실정을 충간했으나 오히려 왕의 미움을 사서 투옥되었다. 성충은 옥사 직전 왕에게 나당 연합군의 공격을 예언하고, 탄현과 기벌포를 최후 방어선으로 삼아 항전할 것을 상서했으나 받아들여지지 않은 채 백제는 멸망하게 되었다.

〔百〕일백 백 〔濟〕건널 제, 건질 제 〔成〕이룰 성 〔忠〕충성 충 〔獄〕감옥 옥 〔異〕다를 이 〔兵〕군사 병 〔勿〕말 물 ① 말라 ② 없다 〔使〕하여금 사, 시킬 사, 사신 사 〔陸〕땅 육(륙) 〔路〕길 로 〔炭〕숯 탄 〔峴〕고개 현 〔岐〕갈림길 기 〔伐〕칠 벌, 벨 벌 〔浦〕개 포 ※개 - 강이나 바닷가에 조수가 드나드는 곳 〔是〕이 시, 옳을 시

又曰 忠臣은 死不忘君하나니 靜菴之死에 曰 "愛君如愛父하고
우왈 충신 사불망군   정암지사   왈   애군여애부

憂國如憂家하라." 하니 是也라.
우국여우가   시야

또 말하기를 '충신은 죽어도 임금을 잊지 않는다.' 하니 정암이 죽을 때 말하기를 '임금 사랑하기를 아버지 사랑하듯 하고, 나라 걱정하기를 집안 걱정하듯 하라' 했으니 바로 이것이라.

〔忘〕잊을 망 ☞ 靜菴 - 조선시대 중종 때 명신 조광조(趙光祖)의 호 〔靜〕고요할 정 〔菴〕암자 암 〔愛〕사랑 애 〔憂〕근심할 우

제4화

규방의 여섯 보물

규방에 여섯 보물이 있다는 설이 있으니, 하나는 착, 둘은 온, 셋은 치, 넷은 요본, 다섯은 감창, 여섯은 속필이라.

이른바 '착(窄)'이란 것은 여자 성기의 좁음이요.

이른바 '온(溫)'이란 것은 여자 성기를 온유지향(溫柔之鄕)이라 일컫는 따뜻하고 부드러움이요.

'치(齒)'라는 것은 남근을 이처럼 깨무는 것이요.

'요본(遙本)'이란 것은 엉덩이를 흔들어 눈앞이 캄캄하게 교태를 부리는 것이요.

'감창(甘唱)'이란 것은 그 절정의 때를 당하여 땀을 흘리며 교성을 지르는 것이요.

'속필(速畢)'이란 것은 절정에 오르는 때가 남자는 빠르고 여자는 더디나 여자가 도리어 빨리 움직여 함께 절정에 도달하는 것이다.

그리고 남근에 여섯 기쁨이란 설이 있으니, 하나는 앙, 둘은 경, 셋은 두대, 넷은 경장, 다섯은 질행, 여섯은 지필이라.

이른바 '앙(仰)'이란 것은 음경의 모양이 마치 숲 속의 꿩이 대가리를 하늘 향해 치켜든 것 같음이요.

'경(勁)'이란 것은 굳세고 곧은 정도가 마치 강한 활이 쇠로 만든 벽을 꿰뚫는 것 같음이요.

  ‘두대(頭大)’란 것은 자지 대가리의 크기가 마치 나팔과 같음을 일컫
는 것이요.

  ‘경장(莖長)’이란 것은 음경의 길이가 가히 여자 성기의 밑바닥 끝에
도달할 수 있음이요.

  ‘질행(疾行)’이란 것은 일을 치를 때 출입하는 것이 마치 번개가 치
고 폭우가 내리는 것 같음이요.

  ‘지필(遲畢)’이란 것은 절정에 도달하는 것이 남자는 빠르고 여자는
늦으나 남자가 일부러 늦게 하여 함께 절정에 도달하는 것이다.

평론가는 말한다.

  부부라는 것은 만복의 근원이라. 그 근원은 음양이 서로 합치되는 즐거움에 있
으니 마땅히 서로 그 장단점을 이야기해야 한다.

  서로 도와서 모자람을 채워 합치토록 하는 것이니 쉽게 말로는 할 수 없는 것
이라.

閨房六寶

閨房 有六寶之說
一窄，二溫，三齒，四搖本，五甘唱，六速畢也．
所謂 窄者，女器之狹窄也．
所謂 溫者，女器謂溫柔之鄉溫柔也．
齒者，嚼男根如齒．
搖本者，搖其臀而眼昏作嬌態也．
甘唱者，當其絕頂之時 流汗作嬌聲也．
速畢者，登於絕頂之時 男速女遲 女反爲速動而一致頂点者
也．

又有男根六喜之說
一仰，二勁，三頭大，四莖長，五疾行，六遲畢也．
所謂 仰者，腎莖之狀 當如林中之雉頭仰天．
所謂 勁者，勁直之度 當如强弓鐵壁．
頭大者，龜頭之大 當如喇叭之謂也．
莖長者，陰莖之長 可以到窮極也．
疾行者，作事之時 出入如雷聲暴雨也．
遲畢者，男速女遲 故爲遲之而一致頂点者也．

野史氏曰
夫婦者 萬福之源．
源在陰陽相合之樂 不可不各言其長短．
相與裨補不足 以使合致 不可易言也．

閨房六寶

閨房에 有六寶之說하니 一窄, 二溫, 三齒, 四搖本, 五甘唱,
규방　유육보지설　　일착, 이온, 삼치, 사요본, 오감창

六速畢也라.
육속필야

규방에 여섯 보물이 있다는 설이 있으니 하나는 착, 둘은 온, 셋은 치, 넷은 요본, 다섯은 감창, 여섯은 속필이다.

[閨]안방 규　[房]방 방　[寶]보배 보　[說]말씀 설　[窄]좁을 착　[溫]따뜻할 온
[齒]이빨 치　※搖本 - 엉덩이를 흔듦　[搖]흔들 요　[本]근본 본　[甘]달 감　[唱]노래부를 창　[速]빠를 속　[畢]마칠 필　[也]어조사 야, 이끼 야, 종결형 어조사

所謂窄者는 女器之狹窄也요.
소위착자　여기지협착야

이른바 '착'이란 것은 여자 성기의 좁음이요.

※所謂 - 이른바. 말하자면　[所]바 소　[謂]이를(일컬을) 위　[者]놈 자 ① 사람
② 것(일이나 물건)을 일컫는 말　[器]그릇 기　※狹窄 - 매우 좁음　[狹]좁을 협

所謂溫者는 女器를 謂溫柔之鄕의 溫柔也요.
소위온자　여기　위온유지향　온유야

이른바 '온'이란 것은 여자 성기를 온유지향이라 일컫는 온유요.

※溫柔之鄕 - 따뜻하고 부드러운 고향　[柔]부드러울 유　[鄕]고향 향, 마을 향

齒者는 嚼男根如齒요.
치자　작남근여치

'치'라는 것은 남근을 이빨처럼 깨무는 것이요.

〔嚼〕씹을 작 〔根〕뿌리 근 〔如〕같을 여

'요본' 이란 것은 그 엉덩이를 흔들어 눈앞이 캄캄하게 교태를 부리는 것이요.

〔臀〕볼기 둔 〔而〕말이을 이, 순접·역접의 접속사 〔眼〕눈 안 〔昏〕어두울 혼
〔作〕지을 작 〔嬌〕아리따울 교 〔態〕모양 태

'감창' 이란 것은 그 절정의 때를 당하여 땀을 흘리며 교성을 지르는 것이요.

〔當〕당할 당, 마땅할 당 〔絶〕으뜸 절, 끊을 절 〔頂〕꼭대기(정수리) 정 ① 꼭대기
② 정수리. 즉 머리 숫구멍 〔流〕흐를 유(류) 〔汗〕땀 한 〔聲〕소리 성

'속필' 이란 것은 절정에 오르는 때가 남자는 빠르고 여자는 더디나, 여자가 도리어 빨리 움직여
함께 정점에 도달하는 것이라.

〔登〕오를 등 〔於〕어조사 어 ① ~에 ② ~에서 ③ ~보다 〔遲〕더딜 지 〔反〕돌이
킬 반, 뒤엎을 반 〔動〕움직일 동 〔致〕보낼 치, 맡길 치 〔点〕점 점. 點의 약자

또 남근에 여섯 기쁨이 있다는 설이 있으니 하나는 앙, 둘은 경, 셋은 두대, 넷은 경장, 다섯은 질

행, 여섯은 지필이다.

〔喜〕기쁠 희 〔仰〕우러를 앙 〔勁〕굳셀 경 〔頭〕머리 두 〔莖〕줄기 경 〔疾〕빠를 질, 병 질 〔行〕행할 행, 다닐 행 〔遲〕더딜 지 〔畢〕마칠 필

所謂仰者는 腎莖之狀이 當如林中之雉頭仰天이요.
소 위 앙 자　신 경 지 상　당 여 림 중 지 치 두 앙 천

이른바 '앙'이란 것은 음경 줄기의 모양이 마치 숲 속의 꿩대가리가 하늘을 향해 치켜든 것 같음이요.

〔腎〕자지 신, 콩팥 신 〔狀〕모양 상 ※當如 – 마치 〔林〕수풀 임(림) 〔雉〕꿩 치

所謂勁者는 勁直之度가 當如强弓鐵壁이요.
소 위 경 자　경 직 지 도　당 여 강 궁 철 벽

이른바 '경'이란 것은 굳세고 곧은 정도가 마치 강한 활이 철벽을 꿰뚫는 것 같음이요.

〔直〕곧을 직 〔度〕도수 도, 법도 도, 헤아릴 탁 ※强弓鐵壁 – 강한 활이 쇠벽을 꿰뚫음 〔强〕굳셀 강 〔鐵〕쇠 철 〔壁〕벽 벽

頭大者는 龜頭之大가 當如喇叭之謂也요.
두 대 자　귀 두 지 대　당 여 나 팔 지 위 야

'두대'란 것은 자지 대가리의 크기가 나팔과 같음을 일컫는 것이요.

※龜頭 – ① 자지 대가리 ② 거북 머리 〔龜〕거북 귀(구) 〔喇〕나팔 나(라) 〔叭〕나팔 팔

莖長者는 陰莖之長이 可以到窮極也요.
경 장 자　음 경 지 장　가 이 도 궁 극 야

'경장'이란 것은 음경의 길이가 가히 (여자 성기의) 밑바닥 끝에 도달할 수 있음이요.

〔陰〕응달(그늘) 음 ※可以 – ～을 할 수 있다. 〔到〕이를 도 ※窮極 – 어떤 과정의

마지막이나 끝 〔窮〕다할 궁 〔極〕다할 극

疾行者는 作事之時에 出入如雷聲暴雨也요.
질행자　작사지시　출입여뢰성폭우야

　'질행'이란 것은 일을 치를 때에 출입하는 것이 마치 번개가 치고 폭우가 내리는 것 같음이요.

※雷聲暴雨 - 천둥이 치고 폭우가 쏟아짐 〔雷〕우뢰(천둥) 뇌(뢰) 〔暴〕사나울 폭
(포) 〔雨〕비 우

遲畢者는 男速女遲나 故爲遲之하야 而一致頂点者也라.
지필자　남속여지　고위지지　　이일치정점자야

　'지필'이란 것은 (절정에 도달하는 것이) 남자는 빠르고 여자는 늦으나 (남자가) 일부러 늦게 하
여 함께 정점에 도달함이라.

〔速〕빠를 속 〔故〕짐짓 고, 옛 고, 까닭 고, 죽을 고

野史氏曰　　　평론가는 말한다.
야사씨왈
夫婦者는 萬福之源이라. 源在陰陽相合之樂이니 不可不各言其
부부자　만복지원　　　원재음양상합지락　　　불가불각언기
長短이라.
장단

　부부라는 것은 만복의 근원이라. 그 근원은 음양이 서로 합치되는 즐거움에 있으니 각각 그 장단
점을 말하지 않으면 안 된다.

〔野〕들 야, 거칠 야 〔史〕역사 사 〔氏〕각시 씨 〔夫〕지아비 부 ① 남편 ② 남자
〔婦〕지어미 부 ① 아내 ② 며느리 ③ 여자 〔萬〕일만 만 〔福〕복 복 〔源〕근원 원
※陰陽 - 천지간에 만물을 생성하는 두 가지 기운 〔陽〕볕 양 〔相〕서로 상, 정승
상 〔合〕합할 합 〔樂〕즐길 락(낙), 풍류 악, 좋아할 요 ※不可不 - ~하지 않을 수
없다. 〔各〕각각 각 〔言〕말씀 언

相與裨補不足하야 以使合致니 不可易言也니라.
상 여 비 보 부 족　　　이 사 합 치　　불 가 이 언 야

서로 함께 모자람을 채워서 합치토록 하는 것이니 쉽게 말로 할 수 없는 것이니라.

〔與〕더불어 여, 줄 여, 동아리 여　〔裨〕도울 비　〔補〕보충할 보　〔足〕족할 족, 발 족
〔使〕하여금 사, 시킬 사　〔易〕쉬울 이

제5화

한 입이 쇠를 녹이다

마포에 박생이란 사람이 있었으니 경강상인으로 서경(평양)에서 생강을 사서 무역하여 거부가 된 사람이었다.

어느 해 또 서경에 갔다가 명기 설부향에게 홀딱 빠져 수만 금을 탕진했으니 어찌 아깝지 않겠는가?

서울로 돌아가는 날 땡전 한 푼 없는 완전한 알거지라.

설부향에게 청하여 말했다.

"내가 듣건대 여러 사람들의 입이 쇠를 녹인다고 하더니 이제 너의 한 입이 수만금을 녹였으니 그 어찌 묘하지 않은가? 내 한 번 보자."

그리하여 옷을 벗기고 팔다리를 대들보에 묶어 놓고 그 구멍을 치켜 보며 즉흥적으로 절구 한 수를 읊어 가로되

가까이 보니 죽은 말 눈깔이요.
멀리서 보니 해묵은 부스럼이라.
두 입술에 이빨 한 개 없는데도
능히 몇 척의 생강을 먹었다.

했으니 어찌 묘하지 않은가?

평론가는 말한다.

박생의 일은 풍류의 일로 혹시 있을 수도 있는 일이지만 근래에 더욱 심한 것이 있으니 영자와 ○자 같은 무리가 이것이라.

오로지 한 입만 가지고 능히 수 만금을 먹었으니 나라를 기울일 아름다움이 있어서 그랬던가?

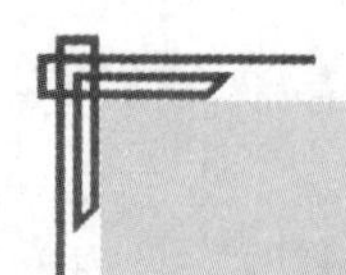

一口鑠金

麻浦有朴生者 號以京江商人 貿易生薑於西京而爲巨富者也.
某年又往西京而爲名妓雪膚香之所惑 蕩盡累萬金 豈不惜
哉?
歸京之日 手無分錢 赤手空拳.
請於香曰
"吾聞衆口鑠金 今汝之一口 鑠累萬金 何其妙哉? 使我一見
可也."
因脫衣, 縛四肢 懸於梁上 仰視渠穴
卽興一絶曰

近視死馬目
遠看舊年瘡
兩脣無一齒
能食數船薑

何其妙哉?

野史氏曰
朴生之事 風流之事 如或可也 近來 尤有甚焉者 英子與〇子
之類 是也.
只有一口而能食數萬金 有傾城之美歟?

一口鑠金

麻浦에 有朴生者하니 號以京江商人으로 貿易生薑於西京하야
마 포　유박생자　　호이경강상인　　무역생강어서경

而爲巨富者也라.
이위거부자야

　마포에 박생이란 자가 있었으니 이름하여 경강상인으로 서경에서 생강을 사서 무역하여 거부가
된 자라.

〔鑠〕녹일 삭　〔金〕쇠 금, 돈 금, 성 김　〔麻〕삼 마　〔號〕불릴 호, 부르짖을 호　☞ 京
江商人 - 조선시대 후기 서울 상인으로 松商(송상 - 개성 상인), 灣商(만상 - 의주
상인)과 더불어 3대 私商의 하나　〔京〕서울 경　〔貿〕바꿀 무　〔易〕바꿀 역, 쉬울 이
〔薑〕생강 강　〔巨〕클 거　〔富〕부유할 부, 넉넉할 부

某年에 又往西京而爲名妓雪膚香之所惑하야 蕩盡累萬金하니
모 년　우왕서경이위명기설부향지소혹　　탕진누만금

豈不惜哉아?
기불석재

　어느 해에 또 서경에 가서 명기 설부향에게 혹한 바 되어(홀딱 빠져) 누만 금을 탕진했으니 어찌
아깝지 않겠는가?

〔某〕어느 모　〔往〕갈 왕　〔妓〕기생 기　〔雪〕눈 설　〔膚〕살갗 부　〔香〕향기 향　〔惑〕
미혹할 혹　〔蕩〕쓸어버릴 탕　〔盡〕다할 진　〔累〕여러 누(루), 포갤 누(루)　〔豈〕어
찌 기(개)　〔惜〕아까와할 석, 아낄 석　〔哉〕어조사 재, 탄식, 의문, 반어의 뜻

歸京之日에 手無分錢이오, 赤手空拳이라.
귀경지일　수무푼전　　적수공권

　서울로 돌아가는 날에 손에는 땡전 한 푼 없고, 맨손 빈 주먹이라.

〔歸〕돌아갈 귀   ※分錢 - 적은 몇 푼의 돈(=푼돈) 〔分〕푼(돈의 단위) 푼, 나눌
분, 신분 분 〔錢〕돈 전   ※赤手空拳 - 맨손과 맨주먹이란 뜻으로 아무것도 없음
〔赤〕붉을 적 〔空〕빌 공, 하늘 공 〔拳〕주먹 권

請於香曰 “吾聞衆口鑠金이라 하더니 今汝之一口가 鑠累萬金하
니 何其妙哉아? 使我一見이 可也라.”

(설부)향에게 청하여 가로되 “내 듣건대 여러 사람의 입이 쇠를 녹인다고 하더니 이제 너의 한 입
이 누만 금을 녹였으니 그 어찌 묘하지 않은가? 나로 하여금 한 번 보게 함이 옳다.”

☞ 衆口鑠金은 여러 사람이 이러니 저러니 하는 말은 쇠처럼 단단한 마음도 녹일 수
있다는 뜻으로 뭇 사람의 참소가 무서움을 이르는 말이다. 그러나 박생은 이 말을 여러
사람들이 달려들면 쇠까지 녹여 먹는다는 뜻으로 써서 설부향이 자신의 돈을 몽땅 차지
한 사실을 풍자한다.

〔請〕청할 청 〔吾〕나 오 〔聞〕들을 문 〔衆〕무리 중 〔鑠〕녹일 삭 〔汝〕너 여 〔妙〕
묘할 묘 〔見〕볼 견

因脫衣 縛四肢하야 懸於梁上하고 仰視渠穴에 卽興一絶曰

그리하여 옷을 벗기고 사지를 묶어 대들보에 걸어 놓고 그 구멍을 치켜 보며 즉흥적으로 절구 한
수를 읊어 가로되

☞ 絶句 - 5자 4구, 또는 7자 4구로 된 한시의 한 체.

〔因〕인할 인, 원인, 근본 〔脫〕벗을 탈 〔衣〕옷 의 〔縛〕묶을 박 〔肢〕사지 지 〔懸〕
매달 현 〔梁〕들보 양(량) 〔仰〕우러를 앙 〔視〕볼 시 〔渠〕도랑 거, 클 거, 그(저)
거 〔穴〕구멍 혈 〔卽〕곧 즉 〔興〕흥겨울 흥, 일어날 흥

> "近視死馬目이오, 遠看舊年瘡이라. 兩脣無一齒로되 能食數船
> 薑이라." 하니 何其妙哉아?
>
> "가까이 보니 죽은 말 눈깔이요. 멀리서 보니 해묵은 부스럼이라. 두 입술에 이 한 개 없는데도
> 능히 몇 척의 생강을 먹었다." 했으니 어찌 묘하지 않은가?

〔近〕가까울 근 〔遠〕멀 원 〔看〕볼 간 〔舊〕오래될(옛) 구 〔瘡〕부스럼 창 〔脣〕입
술 순 〔食〕먹을 식, 먹이 식, 먹일 사, 밥 사, 이 경우 사로 읽음 〔數〕몇 수, 셀 수,
자주 삭, 촘촘할 촉 〔船〕배 선

> 野史氏曰　　평론가는 말한다.
>
> 朴生之事는 風流之事로 如或可也나, 近來에 尤有甚焉者하니
> 英子與 ○ 子之類가 是也라.
>
> 박생의 일은 풍류의 일로 혹시 있을 수도 있는 일이나, 근래 더욱 심한 것이 있으니 영자와 ○자
> 같은 무리가 이것이라.

〔或〕혹시 혹 〔尤〕더욱 우 〔甚〕심할 심 〔焉〕어찌 언, 어조사 언 〔英〕꽃부리 영
〔類〕무리 류(유) 〔是〕이 시, 옳을 시

> 只有一口而能食數萬金하니 有傾城之美歟아?
>
> 단지 한 입만 가지고 능히 수 만금을 먹었으니 나라를 기울일 아름다움이 있어서였던가?

〔只〕다만 지 ※傾城之美 = 傾國之色 - 한 나라를 위기에 빠뜨릴 만큼 썩 뛰어난
미인 〔傾〕기울 경 〔城〕재 성 ① 성 ② 나라

제6화

홍합과 송이

산승이 그 아들인 사미와 더불어 나귀를 타고 어느 시골 마을을 지나는데 때마침 처녀와 부인 등이 시냇가에서 빨래와 목욕을 하고 있었다.

사미는 평생 동안 한 번도 여자를 본 적이 없었으므로 아비 중에게 물었다.

"저것들이 무엇이요?"

"홍합이다." 하고 아비중이 말했다

사미가 말하기를

"시냇가 홍합이 벌리니 갑자기 마음이 두근두근합니다."

"말 위의 송이도 움찔움찔한다." 하고 아비중이 즉시 상대하여 대꾸하니 과연 걸맞은 대구(對句)라.

● ● ● ● ● ● ● ● ● ● ●
평론가는 말한다.

음양의 일은 태어나면서부터 잘 알고 잘 할 수 있는 것이라. 가르치지 않아도 알고, 말하지 않아도 행하는 것인데, 요즈음 성교육 운운하는 자들은 어찌 너저분한 잔말을 늘어 놓는고? 의심컨대 정견이 없는 것이로다.

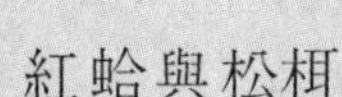

山僧與其兒沙彌　騎驢過一村閭　適有處女婦人等　洗濯沐浴溪邊. 沙彌則生平未嘗見女子者也.
問於父僧曰
"彼等何物也?"
父僧曰
"紅蛤也."
沙彌曰
"溪邊紅蛤開　忽然心驚動."
父卽對曰
"馬上松栮動."
可謂的對.

野史氏曰
陰陽之事　生得之良知良能也.　不敎而知　不言而行　時俗之性敎育云云者　何爲而煩說乎?
疑是無正見也.

紅蛤與松栮

山僧이 與其兒沙彌로 騎驢過一村閭하니 適有處女婦人等이 洗
산승　여기아사미　기려과일촌려　적유처녀부인등　세

濯沐浴溪邊이라.
탁 목 욕 계 변

　산승이 그 아들 사미와 더불어 나귀를 타고 한 시골 마을을 지나니 때마침 어떤 처녀 부인 등이 시냇가에서 세탁과 목욕을 하고 있었다.

〔紅〕붉을 홍　〔蛤〕대합조개 합　〔栮〕목이버섯 이　〔僧〕중 승　※沙彌 - 사미승의 준말. 불문(佛門)에 든 지 얼마 안 되어 불법에 미숙한 어린 남자 수행자　〔沙〕모래 사　〔彌〕두루(널리) 미　〔驢〕나귀 려(여)　〔過〕지날 과, 허물 과　※村閭 - 시골 마을　〔閭〕마을 려(여)　〔適〕때마침 적, 갈 적, 맞을 적　〔有〕어떤 유, 있을 유　☞ 有는 주로 '있다.'는 뜻으로 쓰이나 有朋自遠方來不亦樂乎?(어떤 친구가 먼 곳에서 오니 또한 즐겁지 아니한가?)처럼 임의의 사람이나 사물을 지칭하는 형용사로도 쓰인다.　〔等〕무리 등, 등급 등, 똑같을 등　〔洗〕씻을 세　〔濯〕씻을 탁　〔沐〕머리 감을 목　〔浴〕목욕할 욕　〔溪〕시내 계　〔邊〕가(가장자리) 변

　沙彌則生平未嘗見女子者也로 問於父僧曰 "彼等이 何物也
　사 미 즉 생 평 미 상 견 여 자 자 야　　문 어 부 승 왈　　피 등　　하 물 야
오?"하니 父僧曰 "紅蛤也라."
　　　　　부 승 왈　홍 합 아

　사미는 평생 여자라는 것을 본 적이 없는 자로 아비 중에게 묻기를 "저것들이 무엇이요?" 하니 아비 중이 가로되 "홍합이다."

※生平 = 平生　※未嘗見 - 일찌기 본 적이 없음　〔嘗〕일찍이 상, 맛볼 상　※彼等 - 저것들　〔彼〕저 피　※何物 - 무슨 물건

　沙彌曰 "溪邊에 紅蛤開하니 忽然心驚動이라." 하니 父卽對曰
　사 미 왈　계 변　홍 합 개　　홀 연 심 경 동　　　　　　부 즉 대 왈
"馬上에 松栮動이라." 하니 可謂的對라.
　마 상　송 이 동　　　　　가 위 적 대

　사미가 말하기를 "시냇가에 홍합이 벌리니 갑자기 마음이 두근두근이라." 하니, 아비가 즉시 상대하여 가로되 "말 위에 송이도 움찔움찔이라." 하니 과연 걸맞은 대구(對句)라.

〔忽〕갑자기 홀 ※心驚動 - 마음이 놀라 두근거림 〔驚〕놀랄 경 〔動〕움직일 동 ※
卽對 - 바로 상대함 ※可謂 - 거의 옳다고 여겨 말하자면 ※的對 - 꼭 들어맞는
대구(對句)

野史氏曰　　평론가는 말한다.
야 사 씨 왈

陰陽之事는 **生得之良知良能也**라. **不敎而知**요, **不言而行**인데
음 양 지 사　 생 득 지 양 지 양 능 야　　 불 교 이 지　　 불 언 이 행

時俗之性敎育云云者는 **何爲而煩說乎**아? **疑是無正見也**라.
시 속 지 성 교 육 운 운 자　 하 위 이 번 설 호　　 의 시 무 정 견 야

　음양의 일은 태어나면서부터 잘 알고 잘할 수 있는 것이라. 가르치지 않아도 알고, 말하지 않아
도 행하는 것인데 요즈음의 성교육 운운하는 자는 어찌 번거러운 이야기를 하는고? 의심컨대 정견
이 없는 것이로다.

〔得〕얻을 득 〔良〕좋을 양(량) 〔俗〕풍속 속 〔性〕암수 성, 성품 성 〔育〕기를 육
※云云 - 중도에서 끊어 생략할 때 '이러이러하다고 말함'의 뜻으로 쓰는 말 〔云〕
이를 운 ※何爲 - 어찌 하는가? 〔煩〕번거로울 번, 괴로워할 번 〔疑〕의심할 의
※正見 - 편견을 버리고 만물의 진상을 바르게 판단하는 지혜 ☞ 八正道 - 불교에
서 중생이 고통의 원인인 탐(貪 - 욕심)·진(瞋 - 성냄)·치(痴 - 어리석음)를 없
애고 해탈(解脫)하여 깨달음의 경지인 열반(涅槃)의 세계로 나아가기 위해 실천·
수행해야 하는 8가지 길 또는 그 방법 ① 正見 - 올바르게 보는 것 ② 正思惟(正
思) - 올바르게 생각하는 것 ③ 正語 - 올바로 말하는 것 ④ 正業 - 올바로 행동하
는 것 ⑤ 正命 - 올바로 목숨을 유지하는 것 ⑥ 正精進(正勤) - 올바로 부지런히
노력하는 것 ⑦ 情念 - 올바로 기억하고 생각하는 것 ⑧ 正定 - 올바로 마음을 안
정하는 것

제7화

여섯 가지 맛 이야기

방술에 여섯 가지 맛이란 설이 있으니

첫째가 도(盜), 둘째가 비(婢), 셋째가 기(妓), 넷째가 유(遊), 다섯째가 첩(妾), 여섯째가 처(妻)라.

이른바 '도'라는 것은 틈을 타서 남의 마누라를 훔치는 것이니, 한밤중에 몰래 방안에 들어가 입을 막고 일을 치른 후 빠른 걸음으로 돌아오니 그 맛이 꿀맛이요.

'비'라는 것은 어린 여종으로 하여금 온몸을 어루만지게 하다가 그 물건에 이르러 점점 마찰을 더하여 서서히 삽입한즉 그 맛이 사탕맛이요.

'기'라는 것은 황진이, 홍랑 같은 무리로 임제, 소세양, 최경창 등과 같은 풍류명사가 아니면 가까이 할 수 없었으니 풍류담으로 세상에 퍼져 전할 수 있는 것이다.

'유녀'라는 것은 침모, 주모, 다녀, 사당녀 등 허드렛일을 하는 사람으로 별로 운치는 없으나 하룻밤거리는 될 만하고,

'첩'이라는 것은 따로 살며 딴 살림을 이루니 한 달에 아홉 번 먹는 것이 옳다.

'처'라는 것은 맛이 가장 떨어지는 것으로 초하루와 보름 두 번 먹는 것이 옳으니라.

물건이 그 화평함을 얻지 못한즉 운다고 하니 아내가 남편을 위해 삭

망에 슬프게 곡을 하는 것은 사실 까닭이 있는 것이라. 그 2회로써 보답함이니라.

제왕의 즐김이 만일 여색에 빠져 그 맛을 깊이 즐기면 나라의 운명이 위태롭고 어려우니 마치 하나라 걸왕에 대한 포사와, 상나라 주왕에 대한 달기와, 당나라 현종(당명황)에 대한 양귀비와, 연산군에 대한 장녹수와, 광해군에 대한 김 상궁(김개시) 같은 것이어서 모두 다 열거하기 어려우니 분명하게 생각할 수 있도다.

정암 조광조가 일찍이 중종에게 아뢰어 말하기를

"임금의 마음이 한 곳에만 있게 되면 도가 떠납니다. 간신이 틈을 타서 잡기로써 유혹할 것이니 하물며 주색에 탐닉함에 있어서겠습니까? 그러므로 즐기고 좋아함의 해악을 염려하지 않을 수 없습니다." 했으니 과연 지당한 말씀이리라.

만일 군주가 여색의 맛에 깊이 빠지면 몇 해를 넘기지 못하고 서거하리라.

六味之說

房術 有六味之說
一盜, 二婢, 三妓, 四遊, 五妾, 六妻也.
所謂 盜者, 乘隙窃人之妻 夜半潛入房中 掩口作事後 速步歸來 其味如蜜.
婢者, 使童婢按撫全身 至於厥物 漸盆摩擦 徐徐揷入則 其味如蔗.
所謂 妓者, 如黃眞伊, 紅娘之類 與於林白湖悌, 蘇世讓, 崔孤竹慶昌等 若非風流名士 不可近之也. 可以流傳風流譚者也.
遊女者 針母, 酒母, 茶女, 寺黨女等 雜役者也 別無韻致 可合一宵之資.
所謂 妾者, 各居各産 三旬九食 可也.
所謂 妻者, 味之最下者 朔望二食 可也.
物不得其平則鳴. 妻爲夫朔望哀哭 實有緣也. 以其二回 報答也.

野史氏曰
帝王之樂 如或入於女色耽味則 國步危難
如褒姒之於夏桀, 妲己之於商紂, 貴妃之於明皇, 綠水之於燕山, 介屎之於光海 難以悉擧 歷歷可考.
趙靜菴嘗啓於中廟曰
"君心一有所之則離道矣. 奸臣乘隙以雜技誘之 況酒色耽溺者乎? 故嗜好之害 不可不慮也."
可謂至言矣.
如或爲君主而耽味則 不過數年而逝去矣.

六味之說

房術에 有六味之說하니 一盜, 二婢, 三妓, 四遊, 五妾, 六妻
방술　유육미지설　　일도, 이비, 삼기, 사유, 오첩, 육처
也라.
야

방술에 여섯 가지 맛이란 설이 있으니 첫째 도, 둘째 비, 셋째 기, 넷째 유, 다섯째 첩, 여섯째 처라.

〔術〕방법 술, 꾀 술　〔盜〕훔칠 도　〔婢〕여종 비　〔妓〕기생 기　※遊女 - 논다니. 즉
갈보　〔遊〕놀 유　〔妾〕첩 첩　〔妻〕아내 처

所謂盜者는 乘隙窃人之妻니 夜半에 潛入房中하야 掩口作事後
소위도자　승극절인지처　야반　잠입방중　엄구작사후
에 速步歸來하니 其味如蜜이오.
속보귀래　기미여밀

이른바 '도'라는 것은 틈을 타서 남의 마누라를 훔치는 것이니, 한밤중에 몰래 방안에 들어가 입을 막고 일을 치른 후에 빠른 걸음으로 돌아오니 그 맛이 꿀맛이요.

〔乘〕탈 승　〔隙〕틈 극　〔窃〕훔칠 절 = 竊의 속자　※人之妻 = 他人之妻　※潛入 -
남몰래 숨어듦　〔潛〕몰래 잠, 잠길 잠　〔掩〕가릴 엄　〔事〕일 사, 섬길 사　〔步〕걸음
보　〔歸〕돌아올(돌아갈) 귀　〔蜜〕꿀 밀

婢者는 使童婢로 按撫全身하다가 至於厥物에 漸益摩擦하야 徐
비자　사동비　안무전신　지어궐물　점익마찰　서
徐揷入則 其味如蔗요.
서삽입즉 기미여자

'비'라는 것은 어린 여종으로 하여금 온몸을 안무하게 하다가 그 물건에 이르러 점점 마찰을 더하여 서서히 삽입한즉 그 맛이 사탕 맛이요.

〔使〕하여금 사, 시킬 사, 사신 사　〔童〕아이 동　※按撫 - 어루만져 위로함　〔按〕어

루만질 안 〔撫〕어루만질 무 〔全〕온 전 〔身〕몸 신 〔至〕이를 지, 지극할 지 ※厭物 - 그 물건 〔厭〕그 궐 〔物〕물건 물 〔漸〕차차 점, 적실 점 〔益〕더할 익 〔摩〕문지를 마 〔擦〕비빌 찰 〔徐〕천천할 서 〔揷〕꽂을 삽 〔蔗〕사탕 자

所謂妓者는 如黃眞伊, 紅娘之類로 與於林白湖悌, 蘇世讓, 崔孤竹慶昌等에 若非風流名士면 不可近之也니 可以流傳風流譚者也라.

이른바 '기'라는 것은 황진이, 홍랑 같은 사람으로 임백호(임제), 소세양, 최고죽(최경창) 등과 같은 풍류명사가 아니면 가까이 할 수 없었으니 풍류담으로 세상에 퍼져 전할 수 있는 것이라.

〔黃〕성 황, 누를 황 〔眞〕참 진 〔伊〕저 이 ☞ 黃眞伊 - 조선 중기 기생이자 여류 문인. 시·서·음률에 뛰어났으며 출중한 용모로 유명했다. 많은 문인·석유(碩儒)들과 교유하며 탁월한 시재와 용모로 그들을 매혹시켰다. 〔紅〕붉을 홍 〔娘〕아가씨 랑(낭) ☞ 紅娘 - 조선 선조 때 함경도의 명기. 최경창이 함경도에 주재할 때 그를 섬겼으며, 왜란 중 최경창의 시 원고를 간직하여 병화에서 구했다. 죽어서 경기도 고양의 최경창 묘 아래에 묻혔다. 〔湖〕호수 호 〔悌〕공경할 제 ☞ 林悌 - 호는 白湖. 조선 중기의 명문장가로 명성을 떨쳤으며 풍자적이고 우의적인 시와 산문으로 당시 사회 모순과 유학자들의 사대 사상을 비판했다. 시풍이 호방하고 명쾌했는데 황진이 무덤을 지나며 읊은 "청초 우거진 골에……"로 시작되는 시조가 유명하다. 〔蘇〕소생할 소 〔讓〕사양할 양, 넘겨줄 양 ☞ 蘇世讓 - 조선 중기의 문신. 文名이 높고 律詩에 뛰어났으며 송설체를 잘 썼다. 〔崔〕성 최, 높을 최 〔孤〕외로울 고 〔竹〕대 죽 〔慶〕경사 경 〔昌〕창성할 창 ☞ 崔慶昌 - 호는 孤竹. 조선 선조 때의 시인. 문장과 학문에 뛰어나 8문장의 한 사람으로 불리었고, 당시(唐詩)에도 능하여 三唐詩人이라고도 일컬어졌다. 시와 서화에 뛰어났으며 피리도 잘 불었다. 〔若〕같을 약, 만일 약, 반야 야 〔流〕흐를 유(류) 〔傳〕전할 전, 전기 전 〔譚〕이야기 담, 클 담

※針母 - 남의 집 바느질을 하고 품삯을 받는 여자 〔針〕바늘 침 〔酒〕술 주 ☞ 茶
女 = 茶母 - 조선시대의 여자 형사 〔茶〕차 다 ☞ 茶母 - 조선시대는 엄격한 유교
사회였으므로 남자가 여자의 몸에 손을 댄다거나 여자가 기거하는 안방에 함부로
접근할 수 없었다. 따라서 여자 의사나 경찰이 필요했다. 정여립의 모반 사건에 억
울하게 연루되어 죽음을 당한 최영경의 수사 기록에 그가 안방에서 다모에게 붙잡
혀 왔다고 한다. 이 다모는 원래 청계천 가에서 차를 파는 여인이었지만 신분을 숨
길 필요에서 다모라고 했다고 한다. 이로 보아 선조 연간을 전후한 시기에 의녀가
겸하던 여자 경찰의 임무가 다모로 대체되고 의녀는 본연의 임무로 되돌아간 것으
로 추측한다. 〔黨〕무리 당 ☞ 寺黨 - 조선시대 춤과 노래 등 흥행 놀이를 가지고
떠돌아다닌 유랑 연예인 집단. 처음에는 사당패라 하여 여자들이 떼를 지어 다니
며 술자리에서 노래와 춤을 추는 한편 매춘을 부업으로 하기도 하였다. 조선시대
후기에는 남자들만의 사당패가 출현함으로써 남사당이라 하였다. 이들은 가는 곳
마다 절〔寺〕과 관련을 맺고 절을 집결지로 삼기도 하였으므로 寺黨이라 했다. 雜
役 - 자질구레한 허드렛일 〔雜〕자질구레할 잡, 섞일 잡 〔役〕일 역, 부릴 역 〔韻〕
운치 운, 음운 운 〔致〕풍치 치, 보낼 치, 이를 치 〔資〕밑천 자, 재물 자

〔居〕살 거 〔産〕재산 산, 낳을 산 〔旬〕열흘 순

所謂妻者는 味之最下者로 朔望二食이 可也니라.
소위처자　미지최하자　삭망이식　　가야

이른바 '처' 라는 것은 맛이 가장 떨어지는 것으로 초하루와 보름 두 번 먹는 것이 옳으니라.

〔最〕가장 최　※朔望 - ① 음력 초하루와 보름 ② 삭망전〔朔望奠 - 상중(喪中)에 있는 집에서 매달 초하룻날과 보름날에 지내는 제사〕의 준말　〔朔〕초하루 삭　〔望〕보름 망, 바랄 망, 볼 망

'物不得其平則鳴이라.' 하니 妻爲夫朔望哀哭은 實有緣也라 以
물부득기평즉명　　　　　　처위부삭망애곡　　실유연야　　이

其二回로 報答也라.
기이회　　보답야

'물건이 그 화평함을 얻지 못한즉 운다.' 고 하니 아내가 남편을 위해 삭망(초하루와 보름)에 슬프게 곡을 하는 것은 사실 까닭이 있는 것이라. 그 2회로써 보답함이라.

☞ 물건이 화평함을 얻지 못하면 운다는 것은 그릇 등이 잘 놓이지 않아 떨어지면 깨져 소리가 난다는 뜻. 즉 세상만사 모두 이유가 있다.

〔鳴〕울 명　〔哀〕슬플 애　〔哭〕울 곡　〔實〕사실 실, 열매 실　〔緣〕연유 연, 인연 연　〔回〕도수 회, 돌(돌아올) 회　〔報〕갚을 보　〔答〕갚을 답, 대답 답

野史氏曰　　평론가는 말한다.
야사씨왈

帝王之樂이 如或入於女色耽味則 國步危難하니 如褒姒之於
제왕지락　여혹입어여색탐미즉　국보위난　　여포사지어

夏桀과, 妲己之於商紂와, 貴妃之於明皇과, 綠水之於燕山과, 介
하걸　　달기지어상주　귀비지어명황　녹수지어연산　　개

屎之於光海에 難以悉擧니 歷歷可考로다.
시지어광해　난이실거　역역가고

　제왕의 즐김이 만일 여색에 빠져 그 맛을 깊이 즐긴즉 나라의 운명이 위태롭고 어려우니 마치 하나라 걸왕에 대한 포사와, 상나라 주왕에 대한 달기와, 당현종(당명황)에 대한 양귀비와, 연산군에 대한 장녹수와, 광해군에 대한 김 상궁(김개시) 같은 것이어서 모두 다 열거하기 어려우니 또렷하게 생각할 수 있도다.

〔或〕혹(혹시) 혹 ※耽味 - 맛에 깊이 빠져 즐김 〔耽〕즐길 탐 ※國步危難 - 나라의 운명이 매우 위급하고 어려움

☞ 桀紂 - 하나라 걸왕(桀王)과 상나라 주왕(紂王)은 둘 다 나라를 망하게 한 폭군으로 걸주는 폭군의 대명사로 쓰일 정도이다. 포사와 달기는 걸왕과 주왕을 미혹하여 나라를 망하게 한 미인이며, 연산군과 광해군도 장녹수와 김 상궁에게 미혹되어 정치를 어지럽혔다.

※國步 = 國運 〔危〕위태할 위 〔褒〕칭찬할 포, 도포 포 〔姒〕맏며느리 사, 동서 사 〔夏〕나라이름 하, 여름 하 〔桀〕횃대 걸 〔妲〕계집이름 달 〔己〕몸 기, 여섯째 천간 기 〔商〕상(은)나라 상, 장사할 상, 헤아릴 상 〔紂〕상왕 이름 주, 말고삐 주 〔貴〕귀할 귀 〔妃〕왕비 비

☞ 明皇 - 당 현종 〔皇〕임금 황 〔綠〕초록빛 녹(록) 〔燕〕제비 연 ☞ 介屎 - 광해군을 홀린 김 상궁의 어릴 때 이름인 개똥이 〔介〕끼일 개 〔屎〕똥 시 〔悉〕모두 실 〔擧〕들 거 〔歷〕역력할 역(력), 지날 역(력) 〔考〕상고할 고

趙靜菴嘗啓於中廟曰 "君心이 一有所之則離道矣라. 奸臣이
乘隙하야 以雜技로 誘之리니 況酒色耽溺者乎아? 故嗜好之害를
不可不慮也라." 하니 可謂至言矣라. 如或爲君主而耽味則 不過
數年而逝去矣리라.

　정암 조광조가 일찍이 중종에게 아뢰어 말하기를 "임금의 마음이 한 곳에만 있게 되면 도가 떠납니다. 간신히 틈을 타서 잡기로써 유혹할 것이니 하물며 주색에 탐닉함에 있어서겠습니까? 그러므로 즐기고 좋아함의 해악을 염려하지 않을 수 없습니다." 했으니 과연 지당한 말씀이라. 만일 군주가 (여색의) 맛에 깊이 빠지게 되면 몇 해를 넘기지 못하고 서거하리라.

〔嘗〕시험할 상, 맛볼 상, 일찍이 상 〔啓〕여쭐 계, 인도할 계 ※中廟 - 종묘에 모셔진 중종 〔廟〕사당 묘 〔離〕떠나갈(떼놓을) 리(이) 〔奸〕간사할 간 〔乘〕탈 승

〔隙〕틈 극 〔雜〕섞일 잡 〔技〕재주 기 〔誘〕꾈 유 〔況〕하물며 황 〔色〕색정 색, 어여쁜 계집 색, 색깔 색 〔耽〕즐길 탐 〔溺〕빠질 닉(익) 〔嗜〕즐길 기 〔害〕해칠 해 〔慮〕걱정할(생각할) 려(여) ※至言 - 지극히 당연한 말 〔過〕지날 과, 허물 과 ※逝去 = 死去 - 죽어서 세상을 떠남. 서거는 사거의 높임말 〔逝〕죽을 서, 갈 서 〔去〕갈(떠날) 거

제8화

시어미와 며느리의 몸 뒤집기

한 시골 할미가 젊은 며느리와 같이 들에 나가 김을 매고 있는데 갑자기 소나기가 내려 시냇물이 불었다.

할미가 건널 수가 없어 물가에서 어정거리고 있는데 때마침 한 소년이 지나가다 말했다.

"날은 저물고 물이 깊어 여인의 몸으로는 건널 수가 없습니다. 제가 업어서 건네 드리지요."

할미가 말했다.

"다행이군! 원컨대 먼저 며느리를 건네준 뒤 나를 건네 주게."

소년이 즉시 며느리를 업고 먼저 건너더니 기슭에 이르러 끌어안고 정을 통했다.

할미가 처다보고는 큰소리로 외쳐댔다.

"며늘애야, 며늘애야! 몸을 뒤집어라, 몸을 뒤집어!"

소년이 머지않아 또 할미를 업고 건너서는 역시 내리 눌렀다.

이것을 보고 며느리가 입을 삐죽거리며 말했다.

"아까 나를 보고는 몸을 뒤집으라고 하시더니 어머님은 몸이 뒤집어집디까?"

평론가는 말한다.
시골 시어미가 며느리에게 간통을 거절토록 꾸짖음이 어찌 그리 준엄했던가?
그러나 자신이 당하게 될 때는 욕을 당하면서도 흐뭇하게 여겼으니 며느리가 입
을 삐죽거릴 만도 하다.

姑婦翻身

一村姑與其少婦　適野耘苗　會驟雨猝至　溪水漲溢．
姑不能渡　延佇水邊　忽有一少年過曰
"日暮水深　女難自步　請負而濟之．"
姑曰
"幸矣！願先濟婦而後我．"
少年即負其婦先渡　至岸上　擁而交之．
姑望見高聲曰
"婦乎，婦乎！翻身，翻身！"
俄而　又負姑而渡　亦壓之．
婦反脣哂曰
"向使我欲翻身　姑能翻身耶？"

野史氏曰
村姑之責婦拒奸　何其峻耶？
及其自當也　甘心受污　宜取其婦之反脣也．
噫！世之責人也重以周　責己也輕以約者　何以異於此哉？

姑婦翻身

一村姑가 與其少婦로 適野耘苗라가 會驟雨猝至하야 溪水漲溢
일촌고　여기소부　적야운묘　회취우졸지　계수창일
이라.

　한 시골 시어머니가 젊은 며느리와 함께 들에 나가 김을 매고 있는데 때마침 소나기가 내려 시냇
물이 불었다.

〔姑〕할미 고, 시어미 고, 고모 고 〔翻〕= 飜뒤집을 번, 펄럭일 번 〔少〕젊을 소,
적을 소 〔適〕(시집, 귀양)갈 적, 맞을 적, 때마침 적 〔耘〕김맬 운, 없앨 운 〔苗〕
싹 묘, 모 묘 〔會〕때마침 회, 모을 회 ※驟雨 – 소나기 〔驟〕갑자기 취, 달릴 취
〔猝〕갑자기 졸 ※漲溢 – 물이 갑자기 불어 넘침 〔漲〕물불을 창 〔溢〕넘칠 일

姑不能渡하야 延佇水邊하니 忽有一少年過曰 "日暮水深하니
고 불능도　　연저수변　　홀유일소년과왈　일모수심
女難自步라. 請負而濟之하노이다."
여 난 자 보　　청부이제지

　시어머니가 건널 수가 없어 물가에서 어정거리고 있으니 홀연 어떤 한 소년이 지나가다 말했다.
"날은 저물고 물이 깊어 여인의 몸으로는 건널 수가 없습니다. 청컨대 업어서 건네 드리고자 합니다."

〔渡〕물건널 도 ※延佇 – 어정거림 〔延〕끌 연, 이을 연 〔佇〕우두커니 저, 잠시멈
출 저 〔暮〕저물 모 〔深〕깊을 심 〔請〕청할 청 〔負〕짐(짐질) 부, 빚(빚질) 부, 패
할 부, 어길 부 〔濟〕건널 제, 건질 제, 많고 성할 제

姑曰 "幸矣라! 願先濟婦而後我하라."
고왈　행의　원선제부이후아
少年卽負其婦先渡하더니 至岸上하야 擁而交之라.
소년죽부기부선도　　지안상　　옹이교지

시어머니가 말했다. "다행이다! 원컨대 먼저 며느리를 건네준 뒤에 나를 건네 달라."
소년이 즉시 며느리를 업고 먼저 건너더니 기슭 위에 이르러 끌어안고 흘레를 했다.

〔幸〕다행 행, 행복 행, 거동할 행　〔願〕원할 원　〔岸〕기슭 안, 언덕 안　〔擁〕안을 옹, 부축할 옹, 가릴 옹　〔交〕흘레할 교, 사귈 교, 섞일 교, 바꿀 교

姑望見高聲曰 "婦乎, 婦乎!　翻身, 翻身하라."
고 망 견 고 성 왈　　부 호　부 호　　번 신　번 신
俄而　又負姑而渡하야　亦壓之라. 婦反脣晒曰 "向使我欲翻身하
아 이　우 부 고 이 도　　역 압 지　부 반 순 신 왈　　향 사 아 욕 번 신
더니 姑能翻身耶아?"
고 능 번 신 야

시어머니가 쳐다보고는 큰소리로 외쳐댔다. "며늘애야! 며늘애야! 몸을 뒤집어라! 몸을 뒤집어!"
머지않아 또 시어머니를 업고 건너서는 역시 내리 눌렀다. 며느리가 입을 삐죽거리며 말했다.
"아까 나를 보고는 몸을 뒤집으라고 하시더니 어머님은 몸이 뒤집어집디까?"

〔望〕바라볼 망, 바랄 망, 보름 망　※俄而 – ① 머지않아 ② 이윽고　〔俄〕잠시 아
〔壓〕누를 압　※反脣 – 입을 삐죽거림　〔脣〕입술 순　〔晒〕비웃을 신　※向은 嚮과 같이 쓰임. '접때'의 뜻　〔使〕하여금 사, 시킬 사, 사신 사　〔欲〕하고자 할 욕　〔耶〕어조사 야, 의문종결사

野史氏曰　　평론가는 말한다.
야 사 씨 왈
村姑之責婦拒奸이　何其峻耶아?　及其自當也하야는　甘心受汚니
촌 고 지 책 부 거 간　　하 기 준 야　　급 기 자 당 야　　감 심 수 오
宜取其婦之反脣也라.
의 취 기 부 지 반 순 야

촌 시어머니가 며느리에게 간통을 거절토록 꾸짖음이 어찌 그리 준엄했던가? (그러나) 자신이 당함에 이르러서는 달게 여기는 마음으로 더러움을 받았으니(흐뭇한 마음으로 욕을 당하였으니) 마땅히 며느리가 입을 삐죽거릴 만도 하다.

〔責〕꾸짖을 책, 책임 책　〔拒〕거절할 거, 물리칠 거　〔奸〕간통할 간, 범할 간, 간사

할 간 〔峻〕엄할 준, 높을 준, 뛰어날 준 〔及〕미칠 급, 미치다, ~및 〔甘〕달(달게
여길) 감 〔受〕받을 수 〔汚〕더러울 오 〔宜〕마땅할 의 〔取〕취할 취, 가질 취

噫라! 世之責人也엔 重以周하며, 責己也엔 輕以約者하니 何以
희　　　세 지 책 인 야　　중 이 주　　　　책 기 야　　　경 이 약 자　　　　하 이

異於此哉아?
이 어 차 재

　아! 세상 사람들이 남을 꾸짖음은 두루 심하게 하면서 자신을 꾸짖음은 가볍게 대충 하니 이것과
무엇이 다르겠는가?

〔噫〕탄식하는 소리 희, 즐거워하는 모양 희 〔重〕무거울 중, 거듭할 중 ① 심하게
하다 ② 무겁다 ③ 거듭하다 〔周〕두루 주, 둘레 주 ① 두루 미치다 ② 골고루 ③
둘레 〔輕〕가벼울 경, 경솔할 경 〔約〕대략 약, 약속할 약, 간략할 약, 검소할 약,
맺을(얽맬) 약 〔者〕놈 자. 사람이나 일 또는 물건을 대충 이르는 말

제9화

신부의 다리가 없다고 의심하다

한 신랑이 결혼 첫날밤에 그 처와 더불어 서로 즐기려 할 참에 손으로 이불 밑을 더듬으니 여자의 다리가 없었다. 이에 크게 놀라

'내가 다리 없는 아내를 얻었다. 앞으로 어찌할꼬?'

급히 장인을 불러서 따지니 장인이 이상하게 생각했다.

딸에게 따져 물었더니

"낭군이 일을 벌리려 해서 내가 먼저 다리를 들었더니 그 야단이지 뭐예요."

●●●●●●●●●●●
평론가는 말한다.

사람이 네 몸뚱이를 갖춘 뒤라야 사람 구실을 하거늘, 이 신랑은 신부의 다리
가 없다고 의심했으니 어찌 어리석은 정도가 심한 것이 아닌가? 만약에 신부의
다리가 거꾸로 매달렸다고 했다면 조금은 말이 될 만 하리라.

疑婦無脚

一新郎 合巹之夜 將與妻交歡 手摸衾下 女無兩脚. 乃大驚
曰
"吾得無脚之妻. 將焉用哉?"
急呼聘翁 告其有 翁怪之. 詰問於女
女曰
"郎將行事 吾先已舉 故云然"

野史氏曰
備四體然後爲人 而此郎疑其無脚 豈非痴騃之甚者乎?
若謂之倒懸則差似矣.

 해 설

疑婦無脚

一新郎이 合巹之夜에 將與妻로 交歡할새 手摸衾下하니 女無兩
일신랑　　합근지야　　장여처　　교환　　　수모금하　　　여무양
脚이라.
각

　한 신랑이 결혼 첫날밤에 그 처와 더불어 서로 즐기려고 할 참에 손으로 이불 밑을 더듬으니 여
자 두 다리가 없었다.

 合巹之夜 - 결혼식 때 부부가 서로 합환주 술잔을 나누니, 합근지야는 술잔을 서
로 나누는 밤. 즉 결혼 첫날밤

〔疑〕의심할 의　〔脚〕다리 각　〔郞〕남편 랑, 사내 랑　① 남편 ② 사나이 ③ 젊은이
④ 남의 아들　〔卺〕술잔 근　※交歡 - 서로 사이좋게 즐김　〔歡〕기뻐할 환　〔摸〕더
듬어 찾을 모, 본뜰 모　〔衾〕이불 금

乃大驚曰 "吾得無脚之妻라. 將焉用哉리오?" 急呼聘翁하야 告
　내대경왈　오득무각지처　　장언용재　　　급호빙옹　　　고
其有하니 翁怪之라.
　기유　　옹괴지

　이에 크게 놀라 말하기를 "내가 다리 없는 아내를 얻었다. 장차 어디 쓸 것인고?" 급히 장인영감
을 불러 그 연유를 알리니(따지니) 영감이 괴이하게 여기었다.

〔驚〕놀랄 경　〔急〕급할 급, 갑자기 급　〔呼〕부를 호, 숨쉴 호, 호통칠 호　※聘翁 -
장인 영감　〔聘〕장가갈 빙, 부를 빙, 찾아갈 빙　〔翁〕늙은이 옹. 노인, 아버지, 시아
버지, 장인을 높여 이르는 말　〔告〕알릴 고, 뵙고 청할 곡　〔怪〕괴이할 괴

詰問於女하니 女曰 "郞將行事에 吾先已擧하야 故云然이라."
　힐문어녀　　여왈　낭장행사　　오선이거　　　고운연

　여식에게 힐난하여 물으니 여식이 말하기를 "낭군이 일을 벌리려 해서 내가 먼저 이미 (다리를)
들었기 때문에 그렇게 말해요."

〔詰〕힐난할 힐　〔已〕이미 이, 그칠 이, 어조사 이, 단정의 뜻을 나타내는 어조
사.(뿐)　〔擧〕들 거, 일으킬 거, 행할 거

野史氏曰　　평론가는 말한다.
야 사 씨 왈
備四體然後에 爲人이어늘 而此郞疑其無脚하니 豈非痴駿之甚
비 사 체 연 후　위 인　　　이 차 랑 의 기 무 각　　　기 비 치 준 지 심
者乎아? 若謂之倒懸則差似矣리라.
자 호　　약 위 지 도 현 즉 차 사 의

　네 몸뚱이를 갖춘 뒤라야 사람 구실을 하거늘 그런데도 이 신랑은 신부의 다리가 없다고 의심했
으니 어찌 어리석은 정도가 심한 것이 아닌가? 만약에 (다리를)거꾸로 매달아 두었다고 말했다면

〔備〕갖출 비, 준비할 비 〔體〕몸(몸소) 체 ① 몸 ② 모양 ③ 격식 〔痴〕= 癡어리석을 치 〔駿〕엄할 준, 뛰어날 준, 준마 준 〔倒〕거꾸로 도, 넘어질 도 〔懸〕매달 현 〔差〕어긋날 차, 나머지 차 〔似〕비슷할 사, 같을 사

제10화

낭군의 익숙한 솜씨를 칭찬하다

어떤 처녀가 첫날밤을 치른 다음날 문안 인사를 하는 시댁 종에게 물었다.

"낭군에게 첩이 있지 않느냐?"

종이 말하기를

"없습니다."

처녀가 말했다.

"너 어찌 나에게 숨기려 드느냐? 정말 첩이 없다면 여자 요리 솜씨가 어찌 그리 능숙하단 말이냐?"

평론가는 말한다.

여염집 처녀들은 본래 음양의 일을 모르지만 한 번 운우의 즐거움을 경험하고 나면 문득 수단의 익숙함을 알기도 하는 것이다.

아니면 오히려 성인이 능히 성인을 알아보아서 그런가?

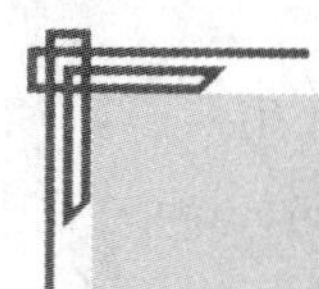

讚郎熟手

一處女 合졸翌日 郎家奴拜謁于女 女問曰
"汝家郎君有妾否?"
奴曰
"無也."
女曰
"汝何諱於我也? 若果無妾 擧操之法 何其熟耶?"

野史氏曰
深閨之女 本不知陰陽之事而一經雲雨之歡 便知手段之熟.
抑猶聖人能知聖人歟?

讚郎熟手

一處女가 合졸 翌日에 郎家奴拜謁于女하거늘 女問曰 "汝家郎
일처녀　　합근익일　　낭가노배알우녀　　　여문왈　　여가낭
君有妾否아?" 하니 奴曰 "無也라."
군유첩부　　　　　노왈　무야

어떤 처녀가 첫날밤을 치른 다음날 신랑집 종이 문안 인사를 하거늘 신부가 묻기를 "너! 집의 낭
군에게 첩이 있는 것이 아니냐?" 하니, 종이 말하기를 "없습니다."

〔讚〕칭찬할 찬, 기릴 찬　〔熟〕익숙할 숙, 익을 숙　※合졸 – 결혼식　〔졸〕술잔 근
〔翌〕다음날 익　〔奴〕사내종 노　※拜謁 – 삼가 만나 뵘　〔拜〕절 배 ① 절함 ② 삼가

고 공경함 〔謁〕아뢸 알 〔于〕어조사 우 ① ~에 ② ~에서 ③ ~까지 ④ ~보다
〔君〕임금 군 ① 임금 ② 남편 ③ 봉작의 하나 ④ 성이나 이름 아래 붙이는 대명사
〔否〕아닐 부, 막힐 비

女曰 "汝何諱於我也오? 若果無妾이면 擧操之法이 何其熟耶
여왈   여하휘어아야   약과무첩   거조지법   하기숙야
아?"

　　신부가 말했다. "너 어찌 나에게 숨기려 드느냐? 정말 첩이 없다면 (여자) 요리 솜씨가 어찌 그리
능숙하단 말이냐?"

〔諱〕꺼릴 휘, 숨길 휘 ※擧操 - 행하고 다룸 〔擧〕행할 거, 들 거 〔操〕다룰 조, 잡
을 조, 지조 조

野史氏曰   평론가는 말한다.
야사씨왈
深閨之女는 本不知陰陽之事로되 而一經雲雨之歡하면 便知手
심규지녀   본부지음양지사   이일경운우지환   변지수
段之熟이라. 抑猶聖人이 能知聖人歟인저?
단지숙   억유성인   능지성인여
　　깊숙한 안방의 처녀들은 본래 음양의 일을 모르지만 한 번 운우의 즐거움을 경험하고 나면 문득
수단의 익숙함을 알기도 하는 것이다. 아니면 오히려 성인이 능히 성인을 알아보아서인가?

〔深〕깊을 심 〔閨〕안방 규 〔經〕겪을 경, 지날 경, 경서 경 ※雲雨之歡 - 남녀간에
육체적으로 어울리는 기쁨 〔歡〕기뻐할 환 〔便〕문득 변, 편할 편(변), 똥오줌 변
〔段〕수단 단, 층계 단, 구분 단 〔抑〕대체 억, 누를 억, 반어로 아니면의 뜻 〔猶〕오
히려 유 〔聖〕성스러울 성 〔歟〕어조사 여, '그런가?'의 뜻

제11화

며느리가 들려준 옛이야기

어떤 늙은 할미의 아들이 신부를 맞았는데 하루는 할미가 며느리에게 옛이야기를 해 달라고 했다.

"요즈음 일도 옛이야기가 되겠습니까?"

"그럼."

"제가 집에 있을 때예요. 물을 길러 우물에 갔더니 이웃집 김총각이 저를 삼밭으로 끌고 들어가 제 두 다리를 들고는 몇 번이나 일어났다 엎드렸다 하니 제 자신도 모르게 두 눈이 점점 가늘어지고 사지 마디가 풀어지는 듯 하더군요. 이런 것도 옛날 이야기가 될지 모르겠네요?"

"그렇다면 네 몸이 불결하다는 말이 아니냐? 당장 사라져라! 여기 남을 생각일랑 말고."

할미가 얼굴빛이 달라지면서 말했다.

며느리가 떠나게 되었는데 친한 동네 아낙이 지나가기에 사실을 말하고 면목없게 되었다고 사죄를 했다.

마을 아낙이 말했다.

"그런 일로 어찌 쫓겨난단 말인가? 내가 자네한테 해줄 말이 있네. 자네 시어머니 행실이 바르지 못한데 어찌 자네만 바르게 잘하라는 겐가?

자네 시어머니가 일찍이 북쪽 암자의 중과 사통했는데 그 일이 발각되어 절에 있는 큰북을 지고, 통맷돌을 이고, 화살로 귀를 꿴 채 온 마을에 조리돌림을 당한 일이 있네. 이 일은 우리 마을 아이 어른 할 것 없이 모르는 사람이 없다네."

며느리가 이 이야기를 듣고 크게 기뻐하며 시집으로 돌아가니 시어미가 말했다.

"내가 이미 너를 쫓아냈는데 어째서 다시 돌아왔느냐?"

"제가 어떤 곳에서 대략 소문을 들어보니 존경하는 어머님 행실도 저보다 좋지 않던데요."

하면서 세세한 것까지 늘어놓으니 시어미가 크게 놀라 말했다.

"이 말을 누구한테 얻어들었느냐 전한 사람이 과장한 것이다. 내가 진 북은 조그만 방고니 그렇게 큰북도 아니요, 머리에 인 맷돌도 작은 손맷돌이지 통맷돌이 아니다. 만약에 그렇게 귀를 꿴 화살이라면 군대의 병기일텐데 이런 촌구석에서 어찌 얻을 수 있겠느냐? 다만 쑥대 화살을 귀에 꽂았다면 모르겠지만. 너는 앞으로 그런 잡담일랑 하지 않도록 조심해라."

●●●●●●●●●●●
평론가는 말한다.

자신이 착한 일을 한 뒤에 남의 착함을 꾸짖을 수 있으며, 자기가 악한 일을 하지 않은 뒤에 남의 악함을 금할 수 있거늘 늙은 할미가 자기 행실이 바르지 못함은 생각하지 않고 그 며느리의 깨끗하지 못함만 심하게 꾸짖었도다.

아! 속담에 말하기를 '가마솥 밑이 솥 밑 보고 웃는다'는 것은 바로 이것을 일컫는 것이니 세상에서 자기 허물이 있으면서 남의 잘못을 꾸짖는 자는 이를 거울 삼아 경계해야 할 것이다.

婦說古談

一老嫗之子娶新婦 嫗一日命其婦說古談.

婦曰 "近年事亦爲古談乎?"

嫗曰 "然!"

婦曰

"吾在家之時 出汲於井 隣家金總角 牽我入麻田 擧我兩脚
起伏數次 自不覺兩目漸細 肢節若解 此可謂古談耶?"

嫗作色曰

"然則汝身不潔耶? 亟去不留!"

婦臨行 過所善里母 語以事而謝之.

里母曰

"汝安行? 吾有以語汝者. 汝姑不能正己 安能正汝? 汝姑曾
與北庵僧私之 及其事覺 背天鼓, 戴負磨, 箭貫耳 回示於里
中. 此事村老少無不備知矣."

婦聞此語 大喜還入姑家

姑曰 "吾旣黜汝 汝何復來?"

婦曰

"吾於一處 略有所聞 舅姑之行 亦未善於我."

因細陳之

嫗大驚曰

"此言從何得聞? 傳者過也. 吾所負鼓方鼓也 非大鼓也. 所
戴磨手磨也 非負磨也. 若其貫耳箭 乃軍門之器也 村家安能得
之? 但以蓬矢揷耳. 汝自今勿復雜談 安意留焉."

野史氏曰

有善於己然後 可以責人之善, 無惡於己然後 可以禁人之惡
老嫗不念己行之不正 峻責其婦之不潔.

吁! 諺曰 '釜底笑鼎底' 正謂此也

世之有己過而責人非者 可鑑而爲戒也.

婦說古談

一老嫗之子가 娶新婦한대 嫗一日命其婦說古談하다.
일 노 구 지 자　취 신 부　　구 일 일 명 기 부 설 고 담

婦曰 "近年事亦爲古談乎아?" 하니 嫗曰 "然이라!"
부 왈　근 년 사 역 위 고 담 호　　　　구 왈　연

어떤 늙은 할미의 아들이 신부를 맞았는데 하루는 할미가 그 며느리에게 옛날 이야기를 해 달라고 했다.

며느리가 말했다. "요즈음 일도 역시 옛이야기가 되겠습니까?" 하니 할미가 말하기를 "그럼!"

〔嫗〕할미 구 〔娶〕장가들 취 〔命〕명령할 명, 목숨 명, 이름지을 명, 표적 명, 운수 명 〔爲〕될 위, 할 위, 위할 위 〔乎〕어조사 호 ① ~인가? ② ~겠는가? ③ ~로다 ④ ~구나

婦曰 "吾在家之時에 出汲於井한대 隣家金總角이 牽我入麻田
부 왈　오 재 가 지 시　출 급 어 정　　　인 가 김 총 각　　견 아 입 마 전

하야 擧我兩脚하고 起伏數次하니 自不覺兩目漸細하고 肢節若解
거 아 양 각　　기 복 수 차　　자 불 각 양 목 점 세　　　지 절 약 해

하더이다. 此可謂古談耶아?"
차 가 위 고 담 야

며느리가 말했다. "제가 집에 있을 때에 물을 길러 우물에 갔더니 이웃집 김총각이 저를 삼밭으로 끌고 들어가 제 두 다리를 들고는 일어났다 엎드렸다 몇 차례 하니 제 자신도 모르게 두 눈이 점점 가늘어지고 사지 마디가 풀어지는 듯 하더군요. 이것도 옛날 이야기라 할 수 있겠습니까?"

〔汲〕물길을 급, 바쁠 급 〔井〕우물 정 〔隣〕이웃 인(린) 〔總〕묶을 총, 합할 총, 거느릴 총 〔角〕뿔 각, 모날 각, 겨룰 각 〔牽〕끌어당길 견 〔麻〕삼 마 〔擧〕들 거, 일으킬 거 〔起〕일으날 기 〔伏〕엎드릴 복 ① 엎드리다 ② 숨다 ③ 복종하다 〔數〕셀 수, 몇 수, 자주 삭 〔次〕차례 차, 버금 차 〔覺〕깨달을 각, 드러날 각 〔漸〕차차 점, 스밀 점 〔細〕가늘 세 〔肢〕사지 지 팔다리 〔節〕마디 절 〔解〕풀 해 ① 풀다 ② 가

르다 ③ 벗다

嫗作色曰 “然則汝身不潔耶아? 亟去不留하라.”
구 작 색 왈   연 즉 여 신 불 결 야   극 거 불 유

할미가 얼굴빛이 달라지면서 말했다. “그러면 네 몸이 불결하다는 말이 아니냐? 빨리 사라져 여기 있지 말아라. (여기 있을 생각말고 당장 사라져라.)

※作色 – 얼굴빛이 달라짐 〔潔〕깨끗할 결 〔亟〕재빠를 극, 자주 기 〔留〕머무를 류(유)

婦臨行할새 過所善里母에 語以事而謝之라.
부 임 행   과 소 선 리 모   어 이 사 이 사 지

며느리가 떠나게 되었는데 친한 동네 아낙이 지나가기에 사실을 말하고 (면목없이 되었다고) 사죄를 했다.

〔臨〕임할 임(림) ① 임하다 ② 다다르다 ③ 다스리다 ※善里母 – 친한 동네 아낙
〔善〕친할 선, 착할 선, 잘할 선 〔里〕마을 리, 거리 단위 리 〔語〕말씀(말씀할) 어
〔謝〕사죄할(사례할) 사 ① 사죄하다 ② 사례하다 ③ 사절하다

里母曰 “汝安行고? 吾有以語汝者라. 汝姑不能正己한대 安能正汝리오?
이 모 왈   여 안 행   오 유 이 어 여 자   여 고 불 능 정 기   안 능
정 여

마을 아낙이 말했다. “자네 어찌 가는가? (그런 일로 어찌 쫓겨난단 말인가?) 내가 자네한테 말해줄 것이 있네. 자네 시어머니 자기 자신은 바르게 잘하지 못하는데 어찌 자네만 바르게 잘하라는 겐가?

※不能正己 – 자기 자신은 바르게 잘하지 못함 〔安〕어찌 안, 편안할 안 〔能〕잘할(능할) 능

汝姑曾與北庵僧으로 私之하니 及其事覺하야 背天鼓, 戴負磨,
여고증여북암승　　사지　　내기사각　　배천고　대부마

箭貫耳하야 回示於里中이라. 此事는 村老少가 無不備知矣라."
전관이　　회시어리중　　차사　촌노소　무불비지의

자네 시어머니가 일찍이 북쪽 암자의 중과 더불어 사통했으니 그 일이 발각되어 절에 있는 큰북을 지고, 통맷돌을 이고, 화살로 귀를 꿴 채 온 마을을 돌며 사람들에게 보였네. (조리돌림을 당했네.) 이 일은 우리 마을 아이 어른 할 것 없이 모르는 사람이 없다네."

☞ 옛날에는 간통 등 불미한 일이 발견되면 동네에 조리돌림을 시켜 공개적으로 크게 창피를 주는 마을 형벌이 있었다.

〔曾〕일찌기 증, 거듭 증 〔庵〕암자 암, 초막 암 〔私〕사사 사 ① 사통하다 ② 사사로이 하다 〔及〕미칠 급 ① 미치다(이르다) ② ~및(~과) 〔覺〕드러날 각, 깨달을 각, 감각 각 〔背〕등(질) 배, 배반할 배 ※天鼓 - ① 절에 있는 큰 북 ② 천둥 〔鼓〕북 고 〔戴〕머리에 일 대, 받들 대 ※負磨 - 등에 짊어지는 통맷돌 〔負〕짐(짐질) 부, 빗(빚질) 부, 질(패할) 부 〔磨〕맷돌 마, 갈 마 〔箭〕화살 전 〔貫〕꿰뚫을 관, 무게단위 관, 본관 관 〔耳〕귀 이, 어조사 이(~할 따름) ※回示 - ① 죄인을 끌고 다니면서 뭇 사람에게 보임 ② 회답하여 보이거나 지시함 〔回〕돌 회 〔示〕보일 시, 지시할 시 〔備〕갖출 비, 준비 비

婦聞此語하고 大喜還入姑家하니 姑曰 "吾旣黜汝한대 汝何復
부문차어　　대희환입고가　　고왈　오기출녀　　여하부

來오?"
래

며느리가 이 이야기를 듣고 크게 기뻐하며 시댁으로 돌아가니 시어머니가 말했다 "내가 이미 너를 쫓아냈는데 너 어찌 다시 왔느냐?"

〔喜〕기쁠(즐거워할) 희 〔黜〕내칠(내쫓을) 출, 내쫓음 〔復〕다시 부, 돌아올 복

婦曰 "吾於一處에 略有所聞하니 尊姑之行도 亦未善於我하더이
부왈　오어일처　　약유소문　　존고지행　역미선어아

다." 因細陳之하니 嫗大驚曰 "此言을 從何得聞고? 傳者過也라.

며느리가 말했다. "제가 한 곳에서 대략 들은 바가 있으니(소문을 들어보니) 존경하는 시어머님 행실도 역시 저보다 좋지 않던데요." 그리하여 세세한 것까지 늘어놓으니 시어미가 크게 놀라 말했다. "이 말을 누구한테 얻어들었느냐? 전한 사람이 과장한 것이다.

[略]간략할 략(약), 꾀할 략, 노략질할 략 〔尊〕공경할 존, 높을 존 〔細〕가늘 세 ① 세세하다 ② 가늘다 〔陳〕진술할(늘어 놓을) 진, 묵을 진 〔驚〕놀랄 경 〔從〕좇을(모실) 종, 세로 종

吾所負鼓는 方鼓也니 非大鼓也요. 所戴磨는 手磨也니 非負磨也오. 若其貫耳箭이라면 乃軍門之器也니 村家安能得之리오? 但以蓬矢揷耳니 汝自今으로 勿復雜談하고 安意留焉하라."

내가 진 북은 (조그만) 방고니 (그렇게) 큰북도 아니요, 인 맷돌은 (작은) 손맷돌이지 통맷돌도 아니다. 만약에 그렇게 귀를 꿴 화살이라면 곧 군대의 병기니 (이런) 촌집에서 어찌 얻을 수 있겠느냐? 다만 쑥대 화살로서는 귀에 꽂히니 너는 앞으로 그런 잡담은 다시 하지 말고 아무쪼록 조심해라."

〔乃〕이에(곧) 내, 접때 내 ※軍門之器 - 군대의 병기 〔但〕다만 단 〔蓬〕쑥 봉 〔揷〕꽂을 삽 〔留〕머무를 유(류) ① 머무르다 ② 마음에 두다

野史氏曰　　평론가는 말한다.

有善於己然後에 可以責人之善이요. 無惡於己然後에 可以禁人之惡이어늘 老嫗不念己行之不正하고 峻責其婦之不潔이로다.

자신에게 착함이 있은 연후에 남의 착함을 꾸짖을 수 있으며 자기에게 악함이 없는 연후에 남의 악함을 금할 수 있거늘, 늙은 할미가 자기 행실이 바르지 못함은 생각하지 않고 그 며느리의 깨끗하지 못함만 심하게 꾸짖었도다.

〔責〕꾸짖을 책 〔惡〕악할 악, 미워할 오 〔禁〕금할 금, 대궐 금 〔嫗〕할미 구 〔念〕생각 념(염) 〔峻〕심할 준, 높을 준 〔潔〕깨끗할 결

吁라! 諺曰 '釜底笑鼎底'는 正謂此也니 世之有己過而責人
우   언왈   부저소정저   정위차야   세지유기과이책인

非者는 可鑑而爲戒也리라.
비자   가감이위계야

아! 속담에 말하기를 '가마솥 밑이 솥 밑 보고 웃는다'는 것은 바로 이것을 일컫는 것이니 세상에서 자기 허물이 있으면서 남의 잘못을 꾸짖는 자는 이를 거울삼아 경계해야 할 것이다.

〔吁〕탄식할 우, 아! 〔諺〕속담 언, 상말 언 〔釜〕가마 부 〔底〕밑 저, 바닥 저 〔鼎〕솥 정 ※釜는 발이 없는 큰 가마솥. 鼎은 발이 셋 달리고 귀가 둘 달린 솥 〔鑑〕거울 감 ① 거울 ② 거울삼아 성찰하다 〔戒〕경계할 계, 삼가할 계

제12화

음부의 간교함

옛날 어떤 음탕한 여자가 샛서방을 방안으로 끌어들였는데 남편이 밖에서 돌아오니 문이 하나뿐이어서 몸을 피할 수도 없었다.

마침 아주 혹한인 때이어서 여자는 즉시 큰 물동이로 남편의 머리를 덮어씌우고는

"어찌 이 추위를 견디시오? 어찌 이 추위를 견디시오? 내가 큰 모자를 구해다 이 물동이처럼 당신 머리에 씌워줄께요." 하고는 이리저리 끌고 다니며 장난질을 쳤다.

남편은 마누라가 자기를 너무 사랑해서 이런 장난을 치는 것으로 생각하여 웃으며 싫어하지 않으니 샛서방은 이 틈을 타서 도망쳐 버렸다.

淫婦奸巧

昔有一淫婦　方與間夫入室　本夫自外歸房　只一門無以體避.
時正酷寒　女卽以大盆迎覆其夫之頭面曰
“何耐寒苦? 何耐寒苦? 顧安得大帽 如此盆着汝頭上?”
移時玩戲　其夫謂其妻愛渠而作此戲　笑而不禁　間夫乘此走
逸.

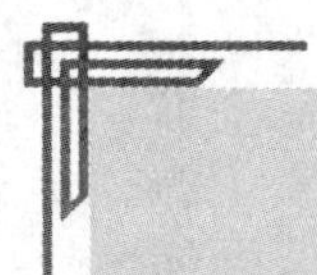

淫婦奸巧

昔有一淫婦가 方與間夫로 入室할새 本夫自外로 歸房하니 只一
석유일음부　　방여간부　　　입실　　　본부자외　　귀방　　　지일
門하야 無以體避라.
문　　무이체피

　옛날 한 음탕한 여자가 마침 샛서방을 방안으로 끌어들였는데 서방이 방에 돌아오니 문은 단지
하나밖에 없어 몸을 피할 수도 없었다.

※淫婦 - 음탕한 여자　※奸巧 - 간사하고 교묘하게 속임　〔奸〕거짓 간, 간음할 간
〔巧〕거짓말을 꾸밀 교, 교묘할 교　〔方〕바야흐로 방, 네모 방, 방위 방, 방법 방
〔室〕집 실 ① 집 ② 방 ③ 아내　〔歸〕돌아올 귀　〔體〕몸 체　〔避〕피할 피

時正酷寒이라. 女卽以大盆으로 迎覆其夫之頭面曰 “何耐寒苦
시정혹한　　　여즉이대분　　　영복기부지두면왈　　하내한고

오? 何耐寒苦오? 顧安得大帽하야 如此盆着汝頭上인고?” 하고 移
　　하 내 한 고　　　고 안 득 대 모　　　여 차 분 착 여 두 상　　　　　이
時玩戲어늘
시 완 희

　　때는 정말 혹한이라. 여자는 즉시 큰 동이로 남편의 머리와 얼굴을 덮어씌우고 말하기를 “어찌 추운 고통을 견디시오? 어찌 추운 고통을 견디시오? (내) 어찌 마음써서 큰 모자를 얻어 이 동이처럼 당신 머리에 씌우지 않겠어요?” (내가 신경써서 큰 모자를 구해 이 물동이처럼 당신 머리에 씌워 줄께요.) 하고 이리저리 옮기며 장난질을 하거늘

〔酷〕혹독할 혹　〔寒〕찰 한　〔盆〕동이 분　〔迎〕맞이할 영　〔覆〕덮을 복, 뒤집힐 복　〔面〕낯 면　〔耐〕견딜 내　〔苦〕괴로울 고, 쓸 고　〔顧〕돌아볼 고 ① 돌아보다 ② 마음 쓰다　※安得 = 安得不然 - 어찌 그러하지 않겠는가?　〔帽〕모자 모　〔着〕붙을 착 ① 붙다 ② 입다 ③ 쓰다　〔移〕옮길 이　〔玩〕놀 완　〔戲〕희롱할 희

其夫謂其妻愛渠而作此戲하야 笑而不禁하니 間夫乘此走逸이
기 부 위 기 처 애 거 이 작 차 희　　　소 이 불 금　　　간 부 승 차 주 일
라.

　　그 남편은 마누라가 그를 사랑해서 이런 장난을 치는 것으로 생각하여 웃으면서 금지하지 않으니 샛서방은 이 틈을 타서 도망쳐 버렸다.

〔謂〕이를 위 ① 비평·논술하다 ② 이르다(일컫다)　〔渠〕그 거, 클 거, 도랑 거, 우두머리 거　〔禁〕금할 금　〔乘〕탈 승　〔逸〕달아날 일, 편안할 일, 뛰어날 일

제13화

어리석은 남편 Ⅰ

옛날에 어떤 시골 사람이 못된 중과 친했는데 중은 그 집에 오면 번번이 며칠씩 묵어 가더니 그 마누라와 간통을 했다.

하루는 남편이 술에 만취하여 곯아 떨어졌는데 중은 기다렸다는 듯이 머리 깎는 체도로 남편의 머리카락을 모조리 깎아버리고는 자신의 승복과 두건을 입히고 자신은 주인의 옷과 삿갓으로 바꾸어 입었다.

중이 마당을 쓸고 있는데 남편이 술에서 깨어 일어나 앉아 자기 꼴을

보고 괴이하게 여겨 물었다.

"내가 어째서 갑자기 중이 되었지?"

"자네가 본래 중이거늘 어찌 갑자기 중이 되었다고 하는가? 여기 온
지도 꽤 오래 되었으니 이젠 절로 돌아가거라."

하고 중이 꾸짖었다.

남편이 즉시 "그런가" 하고 어물쩡 일어나 문을 나서 절로 향하는데
마음으로는 의심을 떨치지 못하여 돌아다보며 물었다.

"혹시 자네가 나이고, 내가 자네 아닌가?"

중이 빗자루를 휘두르며 성을 내어 꾸짖었다.

"자네 아직도 꿈을 깨지 못했는가? 어찌 자네와 나를 분별하지도 못
한단 말이냐? 쓸데없는 소리말고 속히 절로 돌아가거라."

남편은 드디어 절로 향해 사라졌다.

蠢夫癡騃 Ⅰ

昔有一村夫與一惡僧相親 到家則輒留連累日 僧因與其妻奸.
一日其夫太醉沈睡 僧乃以剃刀盡髡其髮 因自脫其僧衣巾着
之 渠卽擾着主人之衣笠.
其僧持箒掃庭 其夫醉醒起坐 自視而怪之曰
"吾何以忽爲僧耶?"
僧呵之曰
"汝本僧也 何云忽爲僧耶? 汝來旣久 今可還上汝寺."
其夫卽答曰
"然."
便起出門向寺 心不能無疑 回顧問曰
"君是我耶? 我是君耶?"
僧倚箒怒叱之曰
"汝夢未醒耶? 何以不辨爾我耶? 勿復雜談 速還汝寺."
其夫遂向寺而去.

蠢夫癡騃 Ⅰ

昔有一村夫가 與一惡僧으로 相親한대 到家則輒留連累日이어늘
석유일촌부　여일악승　　상친　　도가즉첩유연누일
僧因與其妻奸이라.
승인여기처간

옛날 어느 시골 남자가 어떤 못된 중과 서로 친했는데 (중은) 집에 오면 번번이 며칠씩 묵어 가더
니 중은 (그로 인해) 그 마누라와 간통을 했다.

※蠢夫 - 느리고 어리석어 사리에 어두운 남자 〔蠢〕어리석을 준, 꿈틀거릴 준 〔癡〕＝痴어리석을 치 〔騃〕어리석을 애 〔惡〕악할 악, 미워할 오 〔親〕친할 친, 어버이 친, 몸소 친 〔到〕이를 도 〔輒〕번번이 첩, 문득 첩 ※留連 - 노는 데 정신이 팔려 객지에 오래 머무름 〔留〕머물 류(유) 〔連〕잇닿을 연(련) 〔累〕여러 누(루), 포갤 누(루), 폐끼칠 루

一日其夫太醉沈睡어늘 僧乃以剃刀로 盡髡其髮하고 因自脫其
일일기부태취침수　　승내이체도　　진곤기발　　인자탈기
僧衣巾着之하고 渠卽擾着主人之衣笠이라.
승의건착지　　거즉요착주인지의립

　하루는 남편이 술에 만취하여 골아 떨어졌는데 중은 곧 체도로 그 머리털을 모조리 깎아버리고는 자신의 옷을 벗어 승복과 두건을 입히고 그는 곧 주인의 옷과 삿갓을 바꾸어 입었다.

〔太〕클 태 〔醉〕취할 취 〔沈〕잠길 침, 가라앉을 침, 성씨 심 〔睡〕잠 수, 잠잘 수 ※剃刀 - 머리를 깎을 때 쓰는 면도칼 〔剃〕머리깎을 체 〔盡〕다할 진 〔髡〕머리깎을 곤 〔髮〕터럭 발 〔巾〕두건 건, 수건 건 〔擾〕어지러울 요, 요란할 요, 길들일 요 ※擾着 - 옷을 어지럽게 입는다. 즉 자신의 옷과 주인의 옷을 바꾸어 입어 알아보지 못하게 한다.

其僧이 持箒掃庭한대 其夫醉醒起坐하야 自視而怪之曰 "吾何
기승　　지추소정　　기부취성기좌　　자시이괴지왈　　오하
以忽爲僧耶아?"
이홀위승야

　그 중이 빗자루를 들고 마당을 쓰는데 남편이 술에서 깨어 일어나 앉아서는 자기 꼴을 보고 괴이하게 여겨 말했다. "내가 어째서 갑자기 중이 되었지?"

〔持〕가질 지 〔箒〕＝帚 비 추 〔掃〕쓸 소 〔庭〕뜰 정 〔醉〕취할 취 〔醒〕깰 성 ① (술이)깨다 ② 깨닫다 〔坐〕앉을 좌 〔怪〕괴이할 괴

僧呵之曰 "汝本僧也어늘 何云忽爲僧耶오? 汝來旣久하니 今可
還上汝寺하라." 其夫卽答曰 "然이라." 하고 便起出門向寺한대 心
不能無疑하야 回顧問曰 "君是我耶아, 我是君耶아?"

중이 꾸짖어 말하기를 "너 본래 중이거늘 어찌 갑자기 중이 되었다고 하는가? 네가 온 지도 이미 오래 되었으니 이젠 너의 절로 돌아가거라." 남편이 즉시 답하기를 "그래." 하고 문득 일어나 문을 나서 절로 향하는데 마음으로는 의심을 떨치지 못하여 돌아다보며 물었다. "혹시 네가 나이고, 내가 너 아니냐?"

〔呵〕꾸짖을 가 〔久〕오랠 구 〔便〕문득 변, 편할 편, 똥오줌 변 〔疑〕의심할 의
〔顧〕돌아볼 고 ① 돌아보다 ② 돌보다

僧倚箒怒叱之曰 "汝夢未醒耶아? 何以不辨爾我耶오? 勿復雜
談하고 速還汝寺하라." 하니 其夫遂向寺而去라.

중이 빗자루에 의지하여(빗자루를 휘두르며) 성을 내어 꾸짖었다. "너 아직도 꿈을 깨지 못했느냐? 어찌 너와 나를 분별하지도 못한단 말이냐? 쓸데없는 소리 말고 속히 너의 절로 돌아가거라." 하니 남편은 드디어 절로 향해 사라졌다.

〔倚〕의지할 의 〔叱〕꾸짖을 질 〔夢〕꿈 몽 〔辨〕분별할 변 〔爾〕너 이, 어조사 이
〔遂〕드디어 수, 이룩할 수

제14화

어리석은 남편II

옛날 어떤 선비가 시골 아낙과 몰래 간통을 했는데 여자를 이끌고 수풀 속으로 데려가 서로 정을 통하려는 참에 땔나무를 지고 산에서 내려오는 남편과 서로 마주쳤다.

선비가 치마로 아낙의 얼굴을 가리고는 막아서며 남편을 꾸짖었다.

"양반이 계집질하는데 상놈이 어찌 빨리 피하지 않는가?"

이에 남편은 빠른 걸음으로 지나갔다.

한참 뒤 아낙이 집으로 돌아오니 남편이 웃으며 말했다.

"내가 조금 전에 아주 우스운 일을 하나 봤네."

아낙이 묻기를

"무슨 일인데요?"

"이웃 사는 모 양반이 어떤 여자와 숲 속에서 정을 통하고 있더군."

"다시는 그런 말을 하지 마시오. 상놈이 양반 일을 함부로 말하다가 잘못하면 말도 못 할 꼴을 당해요."

남편이 말했다.

"내 어찌 그런 꼴을 당하겠소? 감히 이런 말을 또 하겠소?"

평론가는 말한다.

속담에 '여자는 간사한 꾀가 많아 한 걸음 걸을 때마다 아홉 가지 꾀를 낸다' 하더니 이제 물동이를 덮어씌우고 귀를 끌어당기는 꾀를 보니 갑작스레 간사한 꾀를 내는 민첩함이 비길 데가 없다. 속담에 말하는 바를 어찌 믿지 않을 것인 가?

시골 남자가 집을 중에게 빼앗기고 자기 자신을 잊은 것과, 나무꾼이 다른 사 람이 마누라와 간음하는 것을 보고도 알아차리지 못한 것은 어찌 그 어리석음이 심한 것이 아니겠는가?

이와 같은 일은 또한 그 아낙네들의 간사함 때문이니 음탕한 여자들이 바라는 것이 이런 남편의 어리석음이다.

蠢夫癡駭 Ⅱ

昔有一士人與村婦潛通　携到林藪間方押之際　其夫負薪自山下來與之相値.

士人因據其女以女之裙掩女面　呵叱其夫曰

"兩班御女之處常漢何不速避?"

其夫疾走而過.

良久女還家　其夫笑謂之曰

"吾於向者見一可笑底事."

女問曰

"何事?"

夫曰

"隣居某兩班與何樣女人押於林間矣."

女謂之曰

"勿復爲如此之言. 常漢妄洩兩班之事　見過則不可說也."

夫曰

"此漢豈其遇哉? 敢爲如此之言也?"

野史氏曰

諺言婦人多奸　一步九謀. 今見覆盆提耳之謀

倉卒生奸機警無比.

諺所云豈不信哉.

村夫讓家與僧而自忘其身　樵氓見人奸妻而不自覺察　豈非癡

駭之甚者乎?

如此之事亦其妻之奸也　淫婦之要有如是夫.

蠢夫癡駭 II

昔有一士人이 與村婦로 潛通할새 携到林藪間하야 方押之際에
석유일사인　여촌부　　잠통　　　휴도임수간하야　방압지제

其夫負薪自山下來에 與之相值라.
기부부신자산하래　여지상치

　옛날에 한 선비가 있어 시골 아낙과 몰래 간통할 때 (여자를) 이끌고 수풀 사이로 데려가 바야흐로 내리 누르려는 참에 그 남편이 땔나무를 지고 산에서 내려오다가 서로 마주쳤다.

〔士〕선비 사 〔潛〕몰래 잠, 잠길 잠, 자맥질할 잠 〔通〕통할 통 ① 간통하다 ② 통하다 ③ 통달하다(알다) 〔携〕이끌 휴, 가질 휴 〔到〕이를 도 〔藪〕덤불 수, 숲 수, 큰늪 수 〔押〕누를 압 〔際〕즈음 제, 끝 제 〔薪〕땔나무 신 〔值〕만날 치, 값 치

士人因據其女하야 以女之裙으로 掩女面하고 呵叱其夫曰 "兩
사인인거기녀하야　이여지군　　엄여면　　가질기부왈　　양

班御女之處에 常漢이 何不速避오?"하니 其夫疾走而過라.
반어여지처　상한　　하불속피　　　　기부질주이과

　때문에 선비는 그 여자를 막아 지켜 치마로 여자 얼굴을 가리고는 그 남편을 꾸짖어 가로되 "양반이 계집질하는 곳에 상놈이 어찌 빨리 피하지 않는가? 하니 남편은 빠른 걸음으로 달려서 지나갔다.

〔因〕인할(말미암을) 인, 이을 인, 인연 인 〔據〕웅거할 거, 의지할 거 〔裙〕치마 군 〔掩〕가릴 엄 〔呵〕꾸짖을 가 〔叱〕꾸짖을 질 〔班〕양반 반, 나눌 반 〔御〕어거할 어 ① 다스리다 ② 말을 몰다 ③ 임금에 관한 사물이나 행위에 붙이는 경칭 ※常漢 - 상놈 〔常〕상사람 상, 보통 상, 항상 상 〔漢〕놈(사나이) 한, 물이름(나라이름) 한 〔避〕피할 피 〔疾〕빠를 질, 병 질

良久에 女還家하니 其夫笑謂之曰 "吾於向者에 見一可笑底事
양구　여환가하니　기부소위지왈　오어향자　　견일가소저사

라." 女問曰 "何事오?" 夫曰 "隣居某兩班이 與何樣女人으로 押
　　여문왈　　하사　　　부왈　　인거모양반　　여하양여인　　　압
於林間矣라."
어 임 간 의

　한참 뒤에 여자가 집으로 돌아오니 남편이 웃으며 말했다. "내가 조금 전에 아주 우스운 일을 하
나 봤네." 여자가 물었다. "무슨 일인데요?" 남편이 말했다. "이웃 사는 모 양반이 어떤 여자와 숲
속에서 누르고(정을 통하고) 있더라."

※良久 - 한참 뒤 〔良〕잠깐 량(양), 어질 량(양), 좋을 량(양) 〔向〕= 嚮접때 향
① 접때 ② 이전　※可笑底事 = 可笑之事 - 우스운 일 〔底〕밑 저 ① 밑 ② 속 ③
구석 〔隣〕이웃 린(인) 〔某〕아무 모 〔樣〕모양 양 ① 모양 ② 양식

　女謂之曰 "勿復爲如此之言하라. 常漢이 妄洩兩班之事하면 見
　여위지왈　물부위여차지언　　　상한　　　망설양반지사　　　　견
過則不可說也라." 하니 夫曰 "此漢이 豈其遇哉리오? 敢爲如此
과 즉 불 가 설 야　　　　부왈　　차한　　기기우재　　　감위여차
之言也리오?" 하다.
지 언 야

　여자가 이르기를 "다시는 이런 말을 하지 마시오. 상놈이 양반 일을 망령되이(함부로) 누설하면
허물이 보인즉 말못하게 되오.(말못하게 당해요.)" 하니 남편이 말하기를 "내 어찌 그런 꼴을 당하
겠소? 감히 이런 말을 (다시) 하겠소?"

〔妄〕망령될 망 〔洩〕샐 설, 퍼질 예 〔豈〕어찌 기(개) 〔遇〕만날 우, 대접할 우
〔敢〕감히 감, 용감할 감

　野史氏曰　　　평론가는 말한다.
　야 사 씨 왈
　諺言 '婦人多奸하야 一步九謀라.' 하더니 今見覆盆提耳之謀하
　인언 부인다간　　　일보구모　　　　　금견복분제이지모
니 倉卒生奸이 機警無比라. 諺所云豈不信哉리오.
　창졸생간　　기경무비　　　언소운기불신재

　속담에 '여자는 간사함이 많아 한 걸음에 아홉 가지 꾀라.'(한 걸음 걸을 때마다 아홉 가지 꾀를

낸다.) 하더니 이제 물동이를 덮어씌우고 귀를 끌어당기는 꾀를 보니 창졸간에 간사함을 내는 민첩함이 비길 데가 없다. 속담이 말하는 바를 어찌 믿지 않으리오?

〔諺〕속담 언, 상말 언 〔謀〕꾀할 모 〔覆〕덮을 복, 뒤집힐 복 〔盆〕동이 분 〔提〕끌 제, 내놓을 제 ※倉卒 - 미처 어찌할 새 없이 갑작스러운 사이 〔倉〕갑자기 당할 창, 창고 창 〔卒〕갑자기 졸, 군사 졸, 마칠 졸, 죽을 졸 ※機警 = 機敏(기민) - 눈치가 빠르고 민첩함 〔機〕틀 기 ① 기계 ② 베틀 ③ 기미 ④ 기회 〔警〕경계할 경 깨우칠 경

村夫讓家與僧而自忘其身과 樵氓見人奸妻而不自覺察은 豈非
촌 부 양 가 여 승 이 자 망 기 신　　초 맹 견 인 간 처 이 부 자 각 찰　　기 비
痴駿之甚者乎아?
치 준 지 심 자 호

　시골 남자가 집을 중에게 넘겨주고 자기 자신을 잊은 것과 나무꾼이 다른 사람이 마누라와 간음하는 것을 보고도 알아차리지 못한 것은 어찌 그 어리석음이 심한 것이 아니겠는가?

〔讓〕넘겨줄 양, 사양할 양, 겸손(할)양, 꾸짖을 양 〔忘〕잊을 망 〔樵〕나뭇군 초, 땔나무 초 〔氓〕백성 맹 〔覺〕깨달을 각 〔察〕살필 찰 ① 알아채다(알다) ② 살피다 (조사하다) 〔駿〕뛰어날 준, 준마 준, 엄할 준

如此之事는 亦其妻之奸也니 淫婦之要有如是夫인저.
여 차 지 사　　역 기 처 지 간 야　　음 부 지 요 유 여 시 부
이와 같은 일은 역시 그 마누라들의 간사함이니 음탕한 여자들 구하는 바가 이 같은 데 있도다.

〔淫〕음란할 음 〔要〕구할 요, 중요할 요, 요컨대 요 〔夫〕어조사 부, 지아비 부, 사내 부 ※어조사로서의 夫는 ① 구문의 끝에 붙여 哉와 그 쓰임이 비슷하게 상대방의 동의를 유도하여 자신의 의견을 강조하는 데 사용하거나, ② 발어사(發語詞)로 무릇, 대저의 뜻으로 사용된다(본문에서는 ①의 쓰임)

제15화

돌주어니를 머리 뒤로 던지는 것이
내 마음에 합당합니다

옛날에 한 재상의 딸이 있었는데 나이 16세에 이르러 청혼이 잇달았다.

어떤 이는 말하기를

"문장이 당대제일이라." 하며,

혹은 "무술이 매우 뛰어나서 말 위에서 나는 새를 쏘아 떨어뜨릴 수 있다." 하고

혹은 "못 밑에 좋은 논이 수십 경이라." 하여

하나 하나 낱낱이 들어 말할 수 없을 정도였다.

재상의 집과 인연을 맺어 행세하려는 자들이 마치 문 앞에 장터를 이룬 것 같았다. 그 많은 놈들 가운데 어느 놈이 진실하고, 어느 놈이 허튼 놈인지를 알겠는가?

재상의 이웃에 박씨 성을 가진 총각이 있었으니 지위는 천하고, 집은 가난한데다 늙은 홀어미만 있고, 가까이 힘있는 친족도 없어 청혼할 수도 없었으나 어느날 아침에 재상의 집으로 가서 바로 앞에 뛰어 들어 말하기를

"대감님은 잘 생각하십시오. 문장과 무술이 비록 뛰어나다 하지만 인품이 신실함만 같지 못하고, 천하의 재물이 모두 자기 것이라 하지만

그것이 대감의 것도 아닌데 무엇이겠습니까? 도대체 거짓된 모습에 어찌 자녀의 장래를 맡기려 하십니까?"

"너의 신실이란 것이 무엇이며, 너의 긍지라는 것이 무엇이냐?"

하고 재상이 물으니 총각이 대답했다.

"나에게는 한 물건이 있을 따름이니 나와 더불어 평생 미덥고 진실하여 좌우를 떠나지 않으며, 비록 칠흑 같은 밤중이라도 명령하는 즉시 대답하나니, 삼정승과도 바꾸지 않겠습니다."

"그 물건이 무엇인고? 나에게 한 번 보여봐라."

총각이 대감의 말에 따라 즉시 그 물건을 내놓으니 대가리가 크고, 줄기가 길며, 굳세고 굳센 모양이 가히 천하일품이라.

총각이 재상 앞에서 자랑하여 말하기를

"이 속에 진나라 장량의 철추가 있고, 한나라 소무의 절개가 있어 일격에 천자(진시황)의 머리를 깨부술 수 있습니다. 타국에서 처음 가진 마음의 절개를 변하지 않으니 어찌 장부라 하지 않겠습니까? 돌주머니를 양물 대가리에 매달아 한번 휘두르면 내 머리 뒤로 넘깁니다."

재상이 부럽기 짝이 없지만 딸의 뜻을 알지 못하여 딸에게 물으니 그 딸이 벼루를 당겨 절구 한 수로 읊어 가로되

"문장이 활발한 것은 노고만 많고, 활쏘기와 말타기에 재능이 있는 것은 싸움에서 죽을 것이라. 못 밑에 논이 있으면 물난리 만나 손해를 볼 것이니, 돌주머니를 머리 넘어 던지는 것이 내 마음에 합당합니다." 했다.

평론가는 말한다.

옛날에 이와 같은 사실이 있으니 진나라의 노애라는 자라. 양물의 굳셈이 오동 수레바퀴를 매달아 몇 걸음 걸을 수 있었던 까닭에 시황모후가 소문을 듣고 몰래 내시로 들이니 시황모후의 소중한 사람이 되어 장신후(長信侯 - 오랫동안 믿는 제후)로 봉해졌더라. 그러나 사실은 양물의 굳세고 단단함에 힘입은 때문이니 장신후(長臀侯 - 양물 긴 제후)라 일컬음이 옳을 것이다.

박 총각이 적중한 것은 첫째는 양물의 굳셈 때문이요. 둘째는 마음에 품은 의지가 밖으로 꾸밈이 없음이요. 셋째는 거리낌없이 용감하게 나아가는 기상이 대감의 마음에 들었기 때문이다.

처녀의 일로 말한다면, 참으로 평강공주와 같은 사람으로서 부귀에 아무 생각 없음이요. 근면 노력하여 성공을 기약하는 사람으로 어질면서 슬기와 분별이 있는 사람이로다.

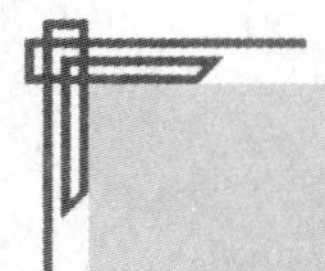

石囊踰首我心當

古有一宰相之女 年及二八 請婚簇出.

或云 "文章 當代第一."

或云 "武術絕倫 能於馬上 射落飛鳥."

或云 "池下良田 數十頃."

不可一一枚擧也.

結緣於宰相之家而欲藉勢者 正如門前成市.

數萬之衆 誰知烏之雌雄?

宰相之隣家 有朴總角者 地賤家貧 獨有老母 無强近之親族 無以請婚 一朝往於宰相之家 直前突入曰

"大監主試思之. 文章武術雖曰絕倫 不如人品之信實, 富有四海 非吾物 何? 都是 虛像 何以託子女之將來乎?"

宰相曰

"汝之信實者 何, 汝之矜持者 何?"

總角答曰

"吾有一物而已 與我平生信實 不離左右, 雖漆黑夜中 卽命卽對. 不以三公換."

宰相曰

"厥物云何? 使我一見 可也."

總角應聲卽出厥物 頭大莖長剛勁之象 可謂 天下一品也.

總角誇於宰相之前曰

"在秦張良椎 在漢蘇武節 一擊可破天子頭 異域不變初心之節 豈不曰丈夫哉? 石囊懸於腎頭 一揮之則踰我首也."

宰相欽羨不已 不知女意 問於女

其女引硯而卽題一絕曰

文章活潑多勞苦
射御才能戰死亡
池下有田逢水損
石囊踰首我心當

野史氏曰

古有如斯之事實　秦嫪毐者也.　壯陽可以擧梧桐車輪　行數步故
聞於始皇母后　潛入宦侍爲始皇母之所重　封長信侯.　實賴腎之
壯勁故也.　謂之長腎侯　可也.

朴總角之的中者
一則　壯陽之故也.
二則　心志無外飾.
三則　勇往邁進之氣像　可合於聘父大監故也.

處女之事言之則　實如平岡公主者　無念富貴，可以勤勉努力
期於成功者　賢而有慧識者也.

石囊踰首我心當

古有一宰相之女한대 年及二八하야 請婚簇出이라.
고유일재상지녀　　연급이팔　　청혼족출

옛날에 한 재상의 딸이 있었는데 나이 이팔(16세)에 이르러 청혼이 연달았다.

〔囊〕주머니 낭　〔踰〕넘을 유　※宰相 – 관리를 지휘 감독하는 2품 이상 벼슬의 총칭
〔宰〕재상 재, 주관할 재, 짐승죽일 재　〔婚〕혼인할 혼　※簇出 – 대가 솟아오르듯
떼를 지어 연달아 생겨남　〔簇〕가는대 족, 모을 족

或云 "文章이 當代第一이라." 하며, 或云 "武術이 絶倫하야 能
혹운　문장　당대제일　　　　　혹운　무술　절륜　　능

於馬上에 射落飛鳥라." 하며 或云 "池下良田이 數十頃이라." 하야
어마상　　사락비조　　　　　혹운　　지하양전　　수십경

不可一一枚擧也라.
불가일일매거야

　혹은(어떤 이는) 말하기를 "문장이 당대제일이라"하며, 혹은 말하기를 "무술이 매우 뛰어나서 말 위에서 나는 새를 능히 쏘아 떨어뜨릴 수 있다." 하며, 혹은 말하기를 "못 밑에 좋은 논이 수 십 경이라." 하여 하나 하나 낱낱이 들 수 없을 정도라.

[章]글 장 [第]차례 제 [武]굳셀 무, 날랠 무 [術]재주 술, 꾀 술 ※絶倫 - 남보다 월등하게 뛰어남 [倫]또래 륜, 인륜 륜(윤) [射]쏠 사 [落]떨어질 낙(락) [飛]날 비 [鳥]새 조 [池]못 지 ※數十頃 - 논이 아주 많음을 표현한 것 [頃]백 이랑 경, 잠깐 경, 요즈음 경 ※頃은 옛날 토지 면적 단위로 100a 정도이다. ※枚擧 - 낱낱이 들어서 말함 [枚]낱 매, 줄기 매 [擧]들 거

結緣於宰相之家하여　而欲藉勢者가　正如門前成市라. 數萬之
결연어재상지가　　　이욕자세자　　정여문전성시　　　수만지

衆에 誰知烏之雌雄이리요?
중　수지오지자웅

　재상의 집과 인연을 맺어 행세하려는 자들이 마치 문 앞에 장터를 이룬 것 같더라. 수만의 무리 중에 누가 까마귀의 암수를 알리오? (그 많은 놈들 중에 어느 놈이 진실한 놈이고, 어느 놈이 허튼 놈인지를 알겠는가?)

[結]맺을 결 [緣]인연 연 ※藉勢 - 자기나 남의 세력을 빙자하여 행세하려 함 [藉]핑게델 자, 빌릴 자, 위로할 자 [勢]권세 세, 형세 세 [衆]무리 중 [誰]누구 수 [烏]까마귀 오 ※雌雄 - ① 암수 ② 강약, 우열 [雌]암컷 자 [雄]수컷 웅

宰相之隣家에　有朴總角者하니　地賤家貧에　獨有老母요, 無强
재상지인가　　유박총각자　　　지천가빈　　독유노모　　무강

近之親族하야　無以請婚이나　一朝에　往於宰相之家하야　直前突入
근지친족　　　무이청혼　　　일조　　왕어재상지가　　　직전돌입

曰 "大監主는 試思之하라.
왈 대감주 시사지

　재상의 이웃집에 박총각이란 놈이 있으니 지위는 천하고 집은 가난한데다 늙은 홀어미만 있고 가까이 힘있는 친족도 없어 청혼할 수도 없으나 하루아침에 재상의 집에 가 바로 앞에 뛰어 들어 말하기를 "대감님은 잘 생각하시오.

〔隣〕이웃 인(린), 도울 인(린)　〔總〕통괄할 총, 거느릴 총　〔角〕뿔 각　〔賤〕천할 천
〔貧〕가난할 빈　〔獨〕홀로 독　〔强〕굳셀 강　〔族〕무리 족, 겨레 족　〔往〕갈 왕　〔突〕
갑자기 돌　〔監〕살필 감, 볼 감　〔試〕시험할 시

文章武術이 雖曰絶倫이나 不如人品之信實이오, 富有四海나 非
문장무술 수왈절륜 불여인품지신실 부유사해 비
吾物에 何오? 都是虛像에 何以託子女之將來乎아?" 하니
오물 하 도시허상 하이탁자녀지장래호

　문장과 무술이 비록 남보다 월등하게 뛰어나다 하지만 인품의 신실함만 같지 못하고, 넉넉함이 온 천하에 있다(천하의 재물이 모두 자기 것이라) 하지만 내 것도 아닌데 무엇이겠오? 도대체 거짓된 실상에 어찌 자녀의 장래를 맡기려 하오?" 하니

〔雖〕비록 수　〔品〕평할 품, 물건 품, 벼슬 차례 품　※信實 - 믿음성이 있고 진실함
〔信〕믿을 신　〔實〕참 실, 열매 실, 찰(채울) 실　〔富〕부자 부, 많을 부, 넉넉할 부
※四海 - 온 천하　※都是 - 도대체, 전혀　〔都〕도무지 도, 도시 도　※虛像 - 실체
와는 다른 평가　〔虛〕거짓 허, 헛될 허, 빌 허　〔像〕모양 상　〔託〕부탁할 탁

宰相이 曰 "汝之信實者가 何며, 汝之矜持者가 何오?"
재상 왈 여지신실자 하 여지긍지자 하
總角이 答曰 "吾有一物而已니 與我平生信實하야 不離左右하
총각 답왈 오유일물이이 여아평생신실 불리좌우
며 雖漆黑夜中이라도 卽命卽對하나니, 不以三公換이로소이다."
수칠흑야중 즉명즉대 불이삼공환

　재상이 말하기를 "너의 신실이란 것이 무엇이며, 너의 긍지라는 것이 무엇이냐?"
　총각이 대답해 말하기를 "나에게는 한 물건이 있을 따름이니 나와 더불어 평생 신실하여 좌우를

떠나지 않으며, 비록 칠흑 같은 밤중이라도 명령하는 즉시 대답하나니, 삼정승과도 바꾸지 않겠소이다."

※矜持 - 자신의 능력을 믿음으로써 가지는 자랑 〔矜〕불쌍히 여길 긍 〔答〕대답할 답 〔已〕따름 이, 뿐 이, 이미 이 〔離〕헤어질 리(이), 떼놓을 리(이) 〔漆〕옻 칠 〔黑〕검을 흑 ※三公 - 조선시대의 삼정승. 또는 각 시대 가장 지위가 높은 벼슬아치 〔公〕벼슬이름 공, 어른 공, 공적인 일 공 〔換〕바꿀 환

宰相이 曰 "厥物이 云何오? 使我一見이 可也니라." 總角이 應
재상 왈 궐물 운하 사아일견 가야 총각 응
聲卽出厥物하니 頭大莖長剛勁之象이 可謂天下一品也라.
성 즉 출 궐 물 두 대 경 장 강 경 지 상 가 위 천 하 일 품 야

재상이 말하기를 "그 물건이 무엇이라 하는고? 나로 하여금 한 번 보게 함이 옳으니라." ("그것이 무엇이냐? 나한테 한 번 보여 봐라.") 총각이 (대감의) 말에 따라 즉시 그 물건을 내놓으니 대가리가 크고 줄기가 길며 굳세고 굳센 모양이 말하자면 천하일품이라.

※厥物 - 그 물건 ※云何 - 무엇이라 하는고? 〔使〕하여금 사, 시킬 사 〔應〕응할 응 〔莖〕줄기 경 〔剛〕굳셀 강 〔勁〕굳셀 경 〔象〕모양 상, 코끼리 상

總角이 誇於宰相之前曰 在秦張良椎요, 在漢蘇武節하야 一擊
총 각 과 어 재 상 지 전 왈 재 진 장 량 추 재 한 소 무 절 일 격
可破天子頭라. 異域에 不變初心之節이니 豈不曰丈夫哉아? 石囊
가 파 천 자 두 이 역 불 변 초 심 지 절 기 불 왈 장 부 재 석 낭
을 懸於腎頭하야 一揮之則踰我首也라." 하니
현 어 신 두 일 휘 지 즉 유 아 수 야

총각이 재상 앞에서 자랑하여 말하기를 "(이 속에) 진나라 장량의 철추가 있고, 한나라 소무의 절개가 있어 일격에 천자의 머리를 깨부술 수 있소이다. 타국에서 처음 가진 마음의 절개를 변하지 않으니 어찌 장부라 하지 않으리요? 돌 주머니를 자지 대가리에 매달아 한 번 휘두르면 내 머리 뒤로 넘깁니다." 하니

〔誇〕자랑할 과 〔秦〕진나라 진, 성씨 진 〔張〕성씨 장, 베풀 장 ☞ 張良 - 진시황을 철추(鐵椎)로 때려죽이려 했던 장사 〔椎〕몽치 추 ※鐵椎 - 쇠로 만든 무기로 끝

이 둥글고 울퉁불퉁하여 적을 쳐죽이던 무기 〔蘇〕성씨 소, 깨어날 소 ☞ 蘇武 -
한 무제 때 젊은 나이로 흉노에 사신으로 갔던 인물. 인질로 붙들려 귀순을 강요당
했으나 끝까지 충절을 지켜 노인이 되어서야 한나라로 돌아왔다. 절개의 상징으로
일컬어진다. 〔擊〕칠 격, 부딪칠 격 〔破〕깨뜨릴 파 異域 = 他國 〔域〕지경 역
〔變〕변할 변 〔丈〕어른 장, 사람키 장 〔懸〕매달 현 〔揮〕휘두를 휘

宰相이 欽羨不已나 不知女意하야 問於女하니 其女 引硯而卽題
재상   흠선불이   부지여의   문어여   기녀 인연이즉제

一絶曰
일절왈

　재상이 부러움을 참지 못하나 딸의 뜻을 알지 못하여 딸에게 물으니 그 딸이 벼루를 당겨 절구
한 수를 짓기를

※欽羨 - 사모하고 부러워 함 〔欽〕사모할 흠, 공경할 흠 〔羨〕부러워할 선, 탐낼
선 ※不已 - 그치지 못함 〔引〕끌 인 〔硯〕벼루 연 〔題〕글 제, 제목 제

"文章活潑多勞苦요, 射御才能戰死亡이라. 池下有田逢水損하
문장활발다노고   사어재능전사망   지하유전봉수손

니, 石囊踰首我心當이라." 하다.
석낭유수아심당

　"문장이 활발한 것은 노고만 많고, 활쏘기와 말타기에 재능 있는 것은 싸움에서 죽을 것이라. 못
밑에 논이 있으면 물난리 만나 손해를 볼 것이니, 돌 주머니를 머리 넘어 던지는 것이 내 마음에 합
당합니다." 했다.

〔活〕생기있을 활, 살 활 〔潑〕뿌릴 발, 물을 뿌리다. 〔勞〕일할 노(로) 射御 - 활쏘
기와 말타기 〔才〕재주 재 〔戰〕싸울 전 〔池〕못 지 〔逢〕만날 봉 〔損〕감할 손, 잃
어버릴 손

野史氏曰　　　평론가는 말한다.
야 사 씨 왈

古有如斯之事實하니 秦嫪毒者也라. 壯陽하야 可以擧梧桐車輪
고유여사지사실　　진노애자야　　장양　　　가이거오동차륜

하야 行數步故로 聞於始皇母后하야 潛入宦侍하니 爲始皇母之所
행수보고　　문어시황모후　　잠입환시　　위시황모지소

重하야 封長信侯라. 實賴腎之壯勁故也니 謂之長腎侯가 可也라.
중　　봉장신후　　실뢰신지장경고야　　위지장신후　　가야

　옛날에 이와 같은 사실이 있으니 진나라의 노애라는 자라. 양물(자지)이 굳세어 오동 수레바퀴를 매달아 몇 걸음 걸을 수 있었던 까닭에 시황모후가 소문을 듣고 몰래 내시로 들이니 시황모후의 소중한 사람이 되어 장신후(長信侯)로 봉해졌더라. (이것은) 실로 양물의 굳세고 단단함에 힘입은 때문이니 장신후(長腎侯)라 일컬음이 옳을 것이다.

※如斯 = 如此 - 이와 같음. 〔斯〕이 사 ☞ 嫪毒 - 양물의 장대함으로 소문나 진시황의 어머니에게 총애를 받았다. 長信侯가 되어 위세를 떨쳤으나 나중에 진시황에게 처형당했다. 〔嫪〕사모할 노(로) 〔毒〕음란할 애 〔壯〕씩씩할 장, 굳셀 장 〔擧〕들 거 〔梧〕벽오동나무 오 〔桐〕오동나무 동 〔輪〕바퀴 륜(윤) 〔皇〕임금 황 〔后〕왕후 후, 뒤 후(＝後) 〔潛〕숨길 잠, 자맥질할 잠 〔宦〕내시 환, 벼슬 환 〔侍〕내시 시, 모실 시 〔重〕두터울 중, 무거울 중, 거듭할 중 〔封〕봉할 봉 ※長信侯 - 진시황 모후가 노애에게 내린 봉작으로 오래 동안 믿는 제후라는 뜻 〔賴〕힘입을 뢰 ※壯勁 - 굳세고 단단함 ※長腎侯는 長信侯 즉 노애를 자지가 긴 제후라고 조롱한 것.

朴總角之的中者는 一則 壯陽之故也오. 二則 心志無外飾이
박총각지적중자　　일즉 장양지고야　　　이즉 심지무외식

오. 三則 勇往邁進之氣像이 可合於聘父大監故也라.
　오. 삼즉 용왕매진지기상　　가합어빙부대감고야

　박총각이 적중한 것은 하나는 즉 양물의 굳셈 때문이요. 둘째는 심지가 밖으로 꾸밈이 없음이요. 셋째는 용왕매진하는 기상이 장인 대감의 마음에 들었기 때문이라.

〔的〕적실할 적, 과녁 적 ※心志 - 마음속에 지니는 뜻 〔志〕뜻 지 〔飾〕꾸밀 식 ※勇往邁進 - 거리낌없이 용감하게 나아감 〔勇〕날쌜 용, 용기 용 ※邁進 - 씩씩

하게 나아감 〔邁〕갈 매 ※氣像 - 기운과 형상 ※聘父 = 丈人 〔聘〕찾아갈 빙
〔監〕살필 감, 볼 감

處女之事로 言之則 實如平岡公主者로 無念富貴요, 可以勤勉
努力하야 期於成功者로 賢而有慧識者也로다.

처녀의 일로 말한즉 참으로 평강공주와 같은 자로 부귀에 아무 생각도 없음이요, 근면 노력하여
성공을 기약하는 자로 어질면서 슬기와 분별이 있는 자로다.

☞ 平岡公主 - 고구려 25대 평원왕의 딸. 바보 온달에게 시집간 공주 〔岡〕산등성
이 강 〔念〕생각할 념(염) 〔勤〕부지런할 근 〔勉〕힘쓸 면 〔努〕힘쓸 노(로) 〔期〕
기약할 기, 기간 기 〔賢〕어질 현 ※慧識 - 슬기와 판단력 〔慧〕슬기로울 혜 〔識〕
알 식

제16화

집을 부순 풀과 강을 건넌 풀

세속에 이른바 우엉을 '집을 부순 풀(파옥초)'이라 하고, 돌나물을 '강을 건넌 풀(월강초)'이라 하니 그 까닭이 무엇인가?

옛날에 박생이란 사람이 있었는데 여러 해 흉년으로 몹시 굶주리자 소나무 껍질을 벗기고, 도토리를 줍고, 칡뿌리를 잡아 뽑고, 겨자와 명아주를 캐는 등 풀뿌리와 나무껍질로 겨우겨우 살아갔다.

삼 년을 안방에 들어오지 않으니 그 마누라가 마음속으로 의심하면서 그 까닭을 알지 못했다.

겨울이 가고 봄이 와서 만물이 다시 소생하니 봄볕이 차츰 따뜻해지자 그 처가 담 밑에서 머리를 긁으면서 절구 한 수를 읊어 가로되

> 바닷가에 잔설이 녹고
> 시냇가 모래에 석양이 쪼인다.
> 집안이 가난한데 가진 것이 있는가?
> 봄풀이 자라는 걸 차츰차츰 살핀다.

읊기를 마치고 담 밑 한 귀퉁이를 보니 때마침 풀 한 포기가 싹 터 있기에 매우 이상하게 생각하며 저녁에 죽으로 끓여 먹였더니 밤중에 박생이 안방으로 들어와

"봄추위에 혼자 있는 방이 춥지 않았오?"

하니 그 처가 말했다.

"삼 년의 가뭄에 그림 속의 떡을 어찌 먹을 수 있었겠소?"

("당신이 삼 년 동안이나 안방 출입을 안 했는데 어찌 함께 즐기기를 바랐겠소?")

"나 또한 그렇게 된 까닭을 알지 못하겠소. 그러나 맹자에 말하지 않았소? '칠팔월 사이에 가물면 모가 마르지만 하늘이 뭉게뭉게 구름을 일으켜 패연히 비를 쏟으면 그 기세를 감당 못 하리라.' 했으니 봄꽃에 벌 나비가 날아들고 춘향이에게 이도령이 접근하는 것은 만물의 이치로 보통이요, 한 번 쇠퇴하고 한 번 일어남은 이치에 따라 당연한 것이니 어찌 괴이함이 있겠오?"

(봄꽃에 벌과 나비가 날아들고 춘향이에게 이도령이 접근하듯 암컷에게 수컷이 접근하는 것은 만물의 이치로 보통 있는 일이요, 한 번 쇠퇴했다 다시 일어나는 것은 순리이고 당연한 것이니 내가 오래간만에 여기 온 것을 이상하게 생각하지 마시오.)

그리하여 함께 잠자리에 드니 칠 년 큰 가뭄에 단비를 만남이요, 봄밤의 짧은 순간이 천금의 가치라.

박생이 낭랑하게 절구 한 수를 읊어 가로되

> 사창을 향해 안고 쉬지 않고 희롱하니
> 반은 교태를 머금고 반은 부끄러움을 머금었더라.
> 낮은 소리로 '곰곰이 생각하지 않았던가?' 하니
> 금비녀를 가지런히 하면서 웃으며 고개를 끄덕이더라.

했으니 마음에 흡족한 것이라.

("끌어안고 쉴새없이 희롱하니 부끄러워하면서도 교태를 부리더라. 낮은 소리로 '내가 안방에 와주기를 속으로 바라지 않았소?' 하고 가만히 물으니 흩어진 머리를 매만지며 웃으면서 고개를 끄덕이더라." 했으

니 박생의 마음이 흡족한 것이다.)

그 마누라가 속으로 생각하기를 '이것은 틀림없이 저녁 죽으로 먹였던 나물 때문이다.' 하고 여종에게 물었다.

"어제 저녁 죽으로 올린 나물이름을 무엇이라 하는고?"

"우엉입니다."

그 마누라가 웃으며 말했다.

"과연이로다! 어찌 이런 신약이 있단 말인가? 어젯밤에 황소가 봉우리를 넘은 일이 있었느니라."

하고는 다시 물었다.

"씨앗이 있는가?"

"있습니다. 어디에 쓰실 것인지 감히 묻습니다"

"오늘 행랑간을 부수고 우엉씨를 뿌려라. 바람과 비에 기울어진 것을 어디다 쓸 것인가? 춘궁에 나물을 심어 창자나 채우리라."

드디어 집을 때려부수니 이로부터 우엉(우봉채)을 일컬어 집을 부순 풀(파옥초)이라 했다.

그러면 삼 년의 가뭄은 그 까닭이 무엇인가?

우연히 김삿갓의 시를 얻어 읽었더니 시골 선비들과 더불어 시를 읊어 가로되

> 돌 위에 풀이 나기 어렵고,
> 방안에 구름이 일지 않는다.

했는데, 나 스스로 의심하기를, 돌 위에 과연 풀이 없는가? 오로지 풀 하나가 있으니 일컬어 '돌나물'이요, 운은 필시 운우의 운이로다. 담 위의 돌나물 때문에 삼 년을 남편과 가까이 못 했다. 풀뿌리를 캐서 강 건너로 던져 버려 후세 사람들이 먹지 못하게 하리라." 하고 또 웃으

며 말하기를 "시문 중에 우연히 터득한 삼 년 가뭄의 이치로다." 했다.
이로부터 이름하여 월강초라.

  ☞ 김삿갓이 시골 선비와 주고받은 시 가운데 시골 선비가 읊은 시구에 '돌 위에 풀
이 나기 어렵고 방안에 구름이 일어나지 않는다' 는 구절이 있다.

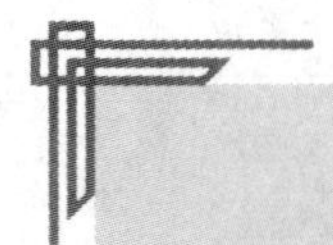

破屋草與越江草

世俗 所謂牛峯荣 謂之破屋草, 石上荣 謂之越江草 其故 何哉?

古有朴生者 世凶大飢 脫松肌, 拾橡栗, 握葛根, 採芥藜 等 草根木皮 僅僅圖生. 三年不入內房 其妻疑于心而不知所以然.

冬去春來 萬物回蘇 春陽漸暖 其妻搔頭於墙下 乃吟曰

> 海岸耕殘雪
> 溪沙釣夕陽
> 家貧何所有
> 春草漸看長

吟罷視墙下一角 適有一草出芽 大奇之 饋於夕粥

夜中朴生入於內房曰 "春寒空閨 不亦冷乎否?"

其妻曰 "三年之旱 畵中之餅 安能食之?"

生曰

"我亦不知所以然. 孟子不云乎? '七八月之間旱則 苗枯矣 天油然作雲 沛然下雨則 其勢莫敢當也.' 蜂蝶之於春花, 李道令之於春香 物理之常也. 一衰一興順理而然也. 何怪之有?"

因以就寢 七年大旱逢甘雨 春宵一刻值千金.

朴生朗吟一絶曰

> 抱向紗窓弄未休
> 半含嬌態半含羞
> 低聲暗問想思否
> 手整金釵笑點頭

於心洽然也.

其妻暗思曰 "此必是因於夕粥供饋之荣也."

問於婢曰　"昨日夕粥供饋之菜　草名云何?"
婢曰　"牛峯菜."
其妻笑曰
"果然! 何有如是神藥乎? 昨夜有黃牛越峯之事."
又曰　"有種子乎?"
婢曰　"有! 小婢敢問所用?"
其妻曰
"今日破行廊間而播種牛峯菜. 風雨所頹　焉用乎? 春窮種菜充腸."
遂破屋　自此　牛峯菜謂之破屋草.

然而　三年之旱　其故何哉?
偶得金笠詩讀之　與鄕村儒吟曰
石上難生草　房中不起雲　自疑曰
"石上果無草乎? 只有一草　謂之'돌나물'雲者必是雲雨之雲. 因以墻頭石上草　如此三年之旱. 掘草根而投之越江　毋使後人食之"
又笑曰　"詩文中　偶得三年旱之理"
自此　名之越江草.

破屋草與越江草

世俗에 所謂 牛峯菜를 謂之破屋草요, 石上菜를 謂之越江草라
세속 소위 우봉채 위지파옥초 석상채 위지월강초
하니 其故何哉아?
기 고 하 재

세속에 이른바 우엉(우봉채)을 집을 부순 풀(파옥초)이라 하고, 돌나물(석상채)을 강을 건넌 풀
(월강초)이라 하니 그 까닭이 무엇인가?

[屋]집 옥, 지붕 옥 〔與〕더불어 여, 줄 여 〔越〕건널 월 ※牛峯菜 - 우엉 〔峯〕봉
우리 봉 〔菜〕나물 채 ※石上菜 : 돌나물

古有朴生者한데 世凶大飢하야 脫松肌, 拾橡栗, 握葛根, 採芥
고유박생자 세흉대기 탈송기 습상율, 악갈근, 채개
藜等 草根木皮로 僅僅圖生이라.
려등 초근목피 근근도생

옛날에 박생이란 자가 있었는데 흉년이 들어 크게 굶주리자 소나무 껍질을 벗기고, 도토리를 줍
고, 칡뿌리를 움켜잡고, 겨자와 명아주를 캐는 등 풀뿌리와 나무껍질로 겨우겨우 살아갔더라.

[凶]재앙 흉, 흉할 흉 〔飢〕주릴 기, 기아 기 〔肌〕살 기, 근육, 피부 〔拾〕주울 습
〔橡〕도토리 상 〔栗〕밤 율(률) 〔握〕쥘 악 〔葛〕칡 갈 〔根〕뿌리 근 〔採〕캘 채
〔芥〕겨자 개 〔藜〕명아주 려(여) 〔等〕가지런할 등, 등급 등 〔皮〕껍질 피, 가죽 피
〔僅〕겨우 근 〔圖〕꾀할 도, 그림 도

三年을 不入內房하니 其妻 疑于心而不知所以然이라.
삼 년 불입내방 기처 의우심이부지소이연

삼 년을 안방에 들어오지 않으니 그 마누라가 마음속으로 의심하면서 그 까닭을 알지 못하더라.

☞ 삼 년이나 부부 관계를 갖지 않으니 그 마누라가 남편이 왜 이런가 하고 속으로
이상하게 생각하더라.

※所以然 – 그렇게 된 까닭 〔然〕- ① 그러하다 ② 그러면 ③ 그러나 ④ 상태를 나타내는 접미사

> 冬去春來에 萬物이 回蘇하니 春陽漸暖에 其妻가 搔頭於墙下라가 乃吟曰
> 동거춘래   만물   회소   춘양점난   기처   소두어장하   내음왈
>
> 겨울이 가고 봄이 와서 만물이 다시 깨어나니 봄볕이 차츰 따뜻해지자 그 처가 담 밑에서 머리를 긁으면서 곧 (절구 한 수를) 읊어 가로되

※回蘇 – 다시 살아남 〔蘇〕깨어날 소 〔漸〕점점 점 〔暖〕따뜻할 난 〔搔〕긁을 소 〔墙〕담 장

> "海岸에 耕殘雪이오, 溪沙에 釣夕陽이라. 家貧何所有오? 春草漸看長이라."
> 해안   경잔설   계사   조석양   가빈하소유   춘초점간장
>
> "바닷가에 잔설을 갈고, 시냇가 모래에 석양을 낚는다. 집안이 가난한데 가진 게 무엇이요? 봄풀이 자라는 걸 차츰차츰 살핀다."
>
> ☞ (봄볕에) 바닷가에 남은 눈이 조금씩 녹고, 시냇가 모래톱에 석양이 쪼인다. 집안이 가난한데 먹을 것이 있는가? (나물을 먹기 위해) 봄풀이 자라는 걸 차츰차츰 살핀다.

〔岸〕언덕 안, 기슭 안 ※耕殘雪 – 햇볕이 남은 눈을 녹이다. 〔耕〕밭갈 경 〔殘〕나머지 잔 〔溪〕시내 계 〔沙〕모래 사 ※釣夕陽 – 석양이 쪼이다. 〔釣〕낚시(낚을) 조 〔貧〕가난할 빈 〔漸〕차츰 점 〔看〕살필 간 〔長〕자랄 장, 길 장, 장점 장

> 吟罷에 視墙下一角하니 適有一草가 出芽하야 大奇之하며 饋於夕粥이러니
> 음파   시장하일각   적유일초   출아   대기지   궤어석죽
>
> 읊기를 마치고 담 밑 한 귀퉁이를 보니 때마침 풀 한포기가 싹을 내서 매우 이상하게 생각하며

저녁 죽으로 먹였더니

〔罷〕그칠 파 〔適〕때마침 적(시집 또는 귀양), 갈 적 〔芽〕싹 아 〔奇〕기이할 기
〔饋〕먹일 궤 〔粥〕죽 죽

夜中에 朴生이 入於內房曰 "春寒空閨가 不亦冷乎否아?" 하니
야중　박생　입어내방왈　춘한공규　불역냉호부

其妻曰 "三年之旱에 畵中之餠을 安能食之리오?" 하다. 生曰
기처왈　삼년지한　화중지병　안능식지　　　　생왈

"我亦不知所以然이라. 孟子에 不云乎아?"
아역부지소이연　　　맹자　불운호

　밤중에 박생이 안방에 들어와 가로되 "봄추위에 혼자 있는 방이 춥지 않던가?" 하니, 그 처가 말하기를 "삼 년의 가뭄에 그림 속의 떡을 어찌 능히 먹으리요?" (당신이 삼 년 동안이나 안방 출입을 안 했는데 어찌 함께 있기를 바랐겠소?) 박생이 말하기를 "나 또한 그렇게 된 까닭을 알지 못하겠더라. (그러나) 맹자에 말하지 않았소?

〔寒〕추울 한, 찰 한 〔空〕빌 공, 하늘 공 〔冷〕찰 냉(랭) 〔旱〕가물 한 〔畵〕그림 화
〔餠〕떡 병 ※孟子 – 맹자의 제자들이 맹자의 언행을 모아 기록한 책 〔孟〕맏맹
☞ 孟子 – 중국 전국시대 추(鄒)나라 사람. 이름은 가(軻). 공자의 도(道)를 이어
여러 제후국을 순회하며 왕도정치(王道政治)와 인의(仁義)를 주창했다.

'七八月之間에 旱則 苗枯矣라가 天이 油然作雲하야 沛然下雨
칠팔월지간　한즉 묘고의　　천　유연작운　　패연하우

則 其勢莫敢當也라.' 하니
즉 기세막감당야

　'칠팔월 사이에 가문즉 모가 마르지만 하늘이 뭉게뭉게 구름을 일으켜 패연히 비를 쏟은즉 그 기세를 감당 못하리라.' 했으니

〔苗〕모 묘 〔枯〕마를 고 ※油然 – ① 구름이 뭉게뭉게 이는 모양 ② 잘 전진하지
못하는 모양 〔油〕구름 일, 기름 유 ※沛然 – 비가 쏟아지는 기세가 세찬 모양
〔沛〕비쏟아질 패, 넉넉할 패 〔勢〕기세(세력) 세 〔莫〕말(勿) 막, 아닐(없을) 막,

저물 모, 고요할 맥 [敢]감히 감

蜂蝶之於春花와 李道令之於春香은 物理之常也요. 一衰一興
봉접지어춘화   이도령지어춘향   물리지상야   일쇠일흥
은 順理而然也니 何怪之有리오?
순리이연야   하괴지유

봄꽃에 벌·나비와 춘향에게 이도령은 만물의 이치로 보통이요, 한 번 쇠퇴하고 한 번 일어남은
이치에 따라서 당연한 것이니 어찌 괴이함이 있으리요?

☞ 꽃에 벌과 나비가 날아들고 춘향이에게 이도령이 접근하듯 암컷에게 수컷이 접근
하는 것은 만물의 이치로 보통 있는 일이요, 한 번 쇠퇴했다 다시 일어나는 것은 순리이
고 당연한 것이니 내가 오랜만에 여기 온 것을 이상하게 생각하지 말라.

[蜂]벌 봉 [蝶]나비 접 [道]길 도, 이치 도 [令]명령 령(영) [香]향기 향 [常]
보통 상, 항상 상 [衰]쇠퇴할 쇠 [順]순할 순 [怪]기이할 괴

因以就寢하니 七年大旱逢甘雨요. 春宵一刻値千金이라. 朴生
인이취침   칠년대한봉감우   춘소일각치천금   박생
이 朗吟一絶曰
낭음일절왈
"抱向紗窓弄未休하니 半含嬌態半含羞라. 低聲暗問想思否
포향사창농미휴   반함교태반함수   저성암문상사부
아? 手整金釵笑點頭라." 하니 於心에 洽然也라.
수정금차소점두   어심   흡연야

그리하여 잠자리에 드니 칠 년 큰 가뭄에 단비를 만남이요. 봄밤의 짧은 순간이 천금의 가치라.
박생이 낭랑하게 절구 한 수를 읊어 가로되

"사창을 향해 안고 쉬지 않고 희롱하니 반은 교태를 머금고 반은 부끄러움을 머금었더라. 낮은
소리로 '곰곰이 생각하지 않았던가?' 몰래 물으니, 손으로 금비녀를 가지런히 하면서 웃으며 고개
를 끄덕이더라." 했으니 (박생의) 마음에 흡족한 것이라.

[就]이룰 취 [寢]잠잘 침 [逢]만날 봉 [朗]밝을 낭(랑) [抱]안을 포 ※紗窓 -
깁으로 바른 창 [紗]깁 사 ※깁 - 명주실로 바탕을 거칠게 짠 비단 [弄]희롱할
농(롱) [休]쉴 휴 [含]머금을 함 [嬌]아리따울 교 [羞]부끄러울 수 [低]낮을

저 〔暗〕몰래할 암, 어두울 암 〔整〕가지런할 정 〔釵〕비녀 차 ※點頭 - 수긍하는
뜻으로 머리를 끄덕임 〔洽〕넉넉할 흡, 젖을 흡, 두루 흡

其妻가 暗思曰 "此必是因於夕粥供饋之菜也라." 하고 問於婢
기처　암사왈　차필시인어석죽공궤지채야　　　　　　문어비
曰 "昨日夕粥供饋之菜는 草名이 云何오?" 하니
왈　작일석죽공궤지채　초명　운하

　마누라가 속으로 생각하여 말하기를 "이것은 틀림없이 저녁 죽으로 먹였던 나물로 인한 것이
라." 하고 여종에게 묻기를 "어제 저녁 죽으로 올린 나물은 풀이름을 무엇이라 하는고?" 하니

〔粥〕죽 죽 ※供饋 - 윗사람에게 음식을 드림 〔供〕받들 공, 베풀 공 〔饋〕먹일 궤
〔婢〕여종 비 〔昨〕어제 작

婢曰 "牛峯菜로소이다." 其妻笑曰 "果然이로다! 何有如是神
비왈　우봉채　　　　　　기처소왈　과연　　　　　하유여시신
藥乎아? 昨夜에 有黃牛越峯之事하니라." 하고 又曰 "有種子乎
약호　　작야　유황우월봉지사　　　　　　우왈　유종자호
아?" 하니 婢曰 "有라. 小婢敢問所用하로이다."
　　　　　비왈　유　소비감문소용

　여종이 대답했다. "우봉채(우엉)로소이다." 그 마누라가 웃으며 말하기를 "과연이로다! 어찌 이
런 신약이 있단 말인가? 어젯밤에 황소가 봉우리를 넘은 일이 있었느니라." 하고 또 가로되 "씨앗
이 있는가?" 하니 여종이 말하기를 "있습니다. 소녀는 어디에 쓸 것인지 감히 묻습니다."

〔峯〕봉우리 봉 ※如是 - 이와 같음 〔神〕귀신 신 〔藥〕약 약 〔越〕넘을(건널) 월
〔又〕또 우 〔種〕씨 종 〔敢〕감히 감, 용감할 감

其妻曰 "今日破行廊間하고 而播種牛峯菜하라. 風雨所頹를 焉
기처왈　금일파행랑간　　　이파종우봉채　　　풍우소퇴　언
用乎아? 春窮에 種菜充腸하리라." 하고 遂破屋하니 自此로 牛峯
용호　춘궁　종채충장　　　　　　수파옥　　　자차　우봉
菜를 謂之破屋草라.
채　위지파옥초

그 마누라가 말하기를 "오늘 행랑간을 부수고 우엉씨를 뿌려라. 바람과 비에 기울어진 것을 어디에 쓸 것인가? 춘궁에 나물을 심어 창자나 채우리라." 하고 드디어 집을 때려부수니 이로부터 우엉(우봉채)을 일컬어 집을 부순 풀(파옥초)이라 했다.

※行廊 - 대문 양쪽이나 문간 옆에 있는 방 〔廊〕복도 랑(낭) 〔播〕뿌릴 파, 퍼뜨릴 파 〔頹〕기울어질 퇴, 무너질 퇴 〔焉〕어찌 언, 어조사 언 ※春窮 - 봄에 묵은 곡식은 다 떨어지고 햇곡식은 아직 익지 아니하여 식량이 궁핍한 상태 〔窮〕다할 궁 〔充〕채울(찰) 충 〔腸〕창자 장 〔遂〕마침내 수, 이룰 수 ※自此 - 이로부터

然而三年之旱은 其故가 何哉아?
연 이 삼 년 지 한　　기 고　　하 재

偶得金笠詩讀之러니 與鄕村儒吟曰 "石上難生草요, 房中不起
우 득 김 립 시 독 지　　여 향 촌 유 음 왈　석 상 난 생 초　　방 중 불 기

雲이라." 하거늘 自疑曰 "石上에 果無草乎아? 只有一草하니 謂
운　　　　　　자 의 왈　석 상　　과 무 초 호　　지 유 일 초　　위

之 '돌나물'이오, 雲者는 必是雲雨之雲이로다.
지　　　　　　　　운 자　필 시 운 우 지 운

그러면 삼 년의 가뭄은 그 까닭이 무엇인가?

우연히 김삿갓의 시를 얻어 읽었더니 시골 선비들과 더불어 (시를) 읊어 가로되 "돌 위에 풀이 나기 어렵고, 방안에 구름이 일지 않는다." 했거늘 스스로 의심하기를 "돌 위에 과연 풀이 없는가? 오로지 풀 하나가 있으니 일컬어 '돌나물' 이요, 운은 필시 운우의 운이로다."

※然而 - 그러면 〔偶〕뜻밖에 우, 짝 우, 허수아비 우 〔讀〕읽을 독 〔笠〕삿갓 립 〔儒〕선비 유, 유학 유

☞ 金笠(1807 ~ 1863) - 조선시대의 방랑시인. 순조 때 선천부사였던 조부 김익순이 홍경래의 반군에 항복한 죄로 집안이 폐족되었다. 종의 도움으로 성장했으나 자신의 출생 비밀을 안 이후 벼슬을 단념하고 일생을 방랑으로 보냈다. 삿갓으로 얼굴을 가리고 다니며 세상을 풍자하고 조롱하는 시를 많이 남겼으므로 김삿갓이란 별명으로 더 잘 알려졌다.

因以墻頭石上草하야 如此三年之旱이로다. 掘草根而投之越江
인 이 장 두 석 상 초　　　여 차 삼 년 지 한　　　굴 초 근 이 투 지 월 강

하야 毋使後人食之하리라." 하고 又笑曰 "詩文中에 偶得三年旱
무 사 후 인 식 지　　　　　　우 소 왈　시 문 중　　우 득 삼 년 한

之理로다." 하니 自此로 名之越江草라.
지 리　　　　　　자 차　명 지 월 강 초

"담 위의 석상초로 인하여 이 같은 삼 년의 가뭄이로다. 풀뿌리를 캐서 강 건너 던져 후세 사람들로 하여금 먹지 못하게 하리라." 하고 또 웃으며 말하기를 "시문 중에 우연히 터득한 삼 년 가뭄의 이치로다" 하니 이로부터 이름하여 월강초라.

☞ 김삿갓이 시골 선비와 주고받은 시 가운데 시골 선비의 시구에 '돌 위에 풀이 나기 어렵고, 방안에 구름이 일어나지 않는다' 했으나 분명히 돌로 만든 담 위에도 돌나물은 자란다. 따라서 그 돌나물 때문에 남편과 운우의 정을 나눌 수 없었다고 그 마누라는 생각한 것이다.

〔掘〕팔 굴 〔投〕던질 투 〔越〕건널(넘을) 월 〔毋〕말 무, 말라의 뜻을 나타내는 금지어

제17화

개 눈에 진수성찬

사문(유학자) 김은 애꾸눈이었다.

채지기가 말하기를

"내 일찍이 경험 많은 노인한테 들었는데 옛날 고려 말에 한 선비의 눈이 자네와 같았다네. 신통한 중이 가르쳐 주기를 급히 눈동자를 빼내고 강아지 눈알을 빼서 넣으면 뜨거운 피가 자연스레 서로 맞아서 며칠 지나지 않아 정상이 된다고 하더군."

곁에 있던 사람들이 말했다.

"과연 그 이치가 허튼 것은 아닌 것 같군."

그래도 사문이 크게 의심하는데 채기지가 덧붙여 말하기를

"그렇게 하면 좋기는 좋은데 단지 꺼림칙한 것은 만약 뒷간의 똥을 보면 모두 잔치 음식 같아서 먹고 싶은 생각이 난다는 것이지."

이에 사문이 크게 화를 내며 채기지를 꾸짖었고, 옆에 있던 사람들은 모두 배꼽 잡고 웃지 않는 사람이 없었다.

☞ 耆之 - 조선시대 성종 때 문인인 채수(蔡壽, 1449~1515)의 字. 예종 1년의 춘장(春場) 문과의 초시·복시·전시에 연이어 장원함으로서 이석형(李石亨)과 함께 조선 개국이래 삼장(三場)에 연이어 장원한 두 사람 중 한 사람이다. 시문에 능했으며, 음악에도 조예가 깊었다.

犬目盛饌

金斯文 瞎一眼.
蔡耆之曰
"我嘗聞於古老 昔有在麗季 有一儒之眼 亦如足下. 神僧敎
云 急割去瞳子 又 割狗兒目瞳而納之 熱血自然相附 不過數日
如常."
左右曰
"果如其理不虞."
斯文大疑 耆之曰
"好則好矣 只有所憚 若見厠中糞濊 皆如宴饌而思食之."
斯文大怒叱之 左右無不絶倒.

犬目盛饌

金斯文은 瞎一眼이라. 蔡耆之曰 "我嘗聞於古老하니 昔有在
김사문　　　할일안　　　　채기지왈　　　아상문어고로　　　　석유재
麗季에 有一儒之眼이 亦如足下라.
여계　　유일유지안　　역여족하

유학자 김은 애꾸눈이었다. 채 기지가 말하기를 "내 일찍이 경험 많은 노인에게 들었더니 옛날
고려 말에 한 선비의 눈이 역시 자네와 같았다네.

※盛饌 - 푸짐하게 잘 차린 음식 〔盛〕성할 성, 담을 성 〔饌〕반찬 찬 ※斯文 - 유
학자 또는 유교의 도의 〔斯〕이 사, 사물을 가리키는 대명사 ※斯文亂賊 - 유교의

도의를 어지럽히는 도적 〔瞎〕애꾸눈 할 〔眼〕눈 안 〔蔡〕성씨 채, 나라이름 채, 거북 채. 점치는 데 쓰는 큰 거북 〔耆〕늙은이 기 〔之〕갈 지, 이 지 ① 가다. ② ~의 (관형격) ③ 이(지시 대명사) 〔嘗〕일찍이 상, 맛볼 상 ※古老 - 오래 살아 경험이 많은 늙은이 〔昔〕옛 석 ※麗季 - 고려 말 〔麗〕고울 여(려) ① 곱다 ② 고구려와 고려의 준말 〔季〕끝 계, 철 계 ① 끝 ② 막내 ③ 음력으로 삼 개월 〔儒〕선비 유, 유학 유 ※足下 - 같은 연배에 대한 존칭

神僧이 敎云 '急割去瞳子하고 又割狗兒目瞳而納之면 熱血이
신 승 교 운 급 할 거 동 자   우 할 구 아 목 동 이 납 지   열 혈

自然相附하야 不過數日이면 如常이리라.' 하더라."
자 연 상 부   불 과 수 일   여 상

신통한 중이 가르쳐 주기를 '급히 눈동자를 빼내고 강아지 눈알을 넣으면 뜨거운 피가 자연스레 서로 맞아서 며칠 지나지 않아 정상이 된다.' 하더군."

〔急〕급할 급, 빠를 급 〔割〕나눌 할 ① 나누다 ② 베다 ③ 1/10의 비율 〔瞳〕눈동자 동 〔子〕아들 자, 어조사 자 ① 아들 ② 공자 ③ 성도(聖道)를 전하거나 일가의 학설을 세운 사람의 존칭 ④ 별 뜻 없이 낱말 끝에 붙는 어조사 〔狗〕개 구 〔納〕들일 납, 바칠 납 〔熱〕더울 열 〔附〕붙을 부 〔數〕셀 수, 자주 삭, 촘촘할 촉

左右曰 "果如其理不虛라." 斯文이 大疑한대 耆之曰 "好則好
좌 우 왈 과 여 기 리 불 허   사 문 대 의   기 지 왈   호 즉 호

矣나 只有所憚은 若見厠中糞濊면 皆如宴饌而思食之라." 斯文이
의 지 유 소 탄   약 견 측 중 분 예 개 여 연 찬 이 사 식 지   사 문

大怒叱之하고 左右無不絶倒라.
대 노 질 지   좌 우 무 불 절 도

옆에 있던 사람들이 말했다. "과연 그 이치가 허튼 것은 아닌 것 같군." (그래도) 유학자가 크게 의심하는데 기지가 말했다. "(그렇게 하면) 좋기는 좋은데 단지 꺼림칙한 것은 만약 변소의 똥을 보면 모두 잔치 음식 같아서 먹고 싶은 생각이 난다는 것이지." 유학자가 크게 화를 내며 (채기지를) 꾸짖었고, 옆에 있던 사람들 중 포복절도하지 않는 사람이 없었다.

〔憚〕꺼릴 탄 〔厠〕뒷간 측, 기울 측 〔糞〕똥 분 〔穢〕더러울 예 〔皆〕모두 개 〔宴〕잔치 연 〔饌〕반찬 찬 〔怒〕성낼 로(노) 〔叱〕꾸짖을 질 ※絶倒 = 抱腹絶倒 - 허리가 끊어지도록 웃음 〔抱〕안을 포 〔腹〕배 복 〔絶〕끊을 절 〔倒〕넘어질 도

제18화

세 사람의 지혜 겨루기

옛날에 청주인 · 죽림호 · 동경귀 세 사람이 함께 말 한 마리를 샀다.

청주인은 성품이 약아서 먼저 허리를 사고, 죽림호는 머리를, 동경귀는 그 꼬리를 샀다.

청주인이 꾀를 내어 말하기를

"허리를 산 사람이 당연히 타고 가야 한다."

하고는 시험삼아 제멋대로 말을 치달리니 죽림호는 꼴을 주면서 말머리를 끌고, 동경귀는 무명조개로 말똥을 쓸면서 따라가다가 두 사람이 그 괴로움을 견디지 못하여 서로 의논하여 말하기를

"지금부터는 높고 먼 곳에서 놀았던 사람이 말을 타기로 하자."

죽림호가 말했다.

"내 일찍이 하늘 위에 오른 일이 있다."

동경귀는

"나는 네가 다다랐던 하늘 위의 하늘에 오른 적이 있다." 고 하자

청주인이 말하기를

"그 때 네 손이 닿은 곳에 어떤 물건이 있지 않던가? 허리뼈 같이 긴 것이 없던가?"

동경귀가 "그렇더라." 하니

청주인이 말했다.

"그 허리뼈 같이 긴 것이 내 다리였네. 자네가 내 다리를 쓰다듬었으

니 반드시 내 아래에 있었을 것이네."
　이에 두 사람이 아무 대꾸도 못 하고 오래도록 청주인의 하인이 되어
모셨다.

三人爭慧

昔有靑州人·竹林胡·東京鬼 三人 共買一馬.
靑人性黠 先買腰脊, 胡買其首 鬼買其尾,
靑人議曰
"買腰者當騎之."
嘗馳突任其所之.
胡供芻秣而牽其首 鬼執箕掃屎而後行 兩人不堪其苦 相議曰
"自今以後 能遊高遠者當騎."
胡曰
"我曾到天上."
鬼曰
"我到爾所到天上之上."
靑人曰
"汝手所觸無乃有物乎? 無乃有觡而長者乎?"
鬼曰
"是矣."
靑人曰
"彼觡長者是吾脚 汝捫吾脚 必在吾下."
二人莫對 長爲靑人僕從.

三人爭慧

昔有青州人 · 竹林胡 · 東京鬼 三人이 共買一馬라. 青人性點
하야 先買腰脊하고, 胡買其首하고, 鬼買其尾라. 青人議曰 "買
腰者當騎之라." 하고 嘗馳突任其所之하니

　옛날에 청주인 · 죽림호 · 동경귀 세 사람이 함께 말 한 마리를 샀다. 청주인은 성품이 약아서 먼저 허리를 사고, 죽림호는 머리를 사고, 동경귀는 그 꼬리를 샀다. 청주인이 꾀를 내어 말하기를 "허리를 산 사람이 당연히 타고 가야 한다." 하고는 시험삼아 제멋대로 말을 치달리니

〔爭〕다툴 쟁, 간할 쟁 〔慧〕지혜 혜, 슬기로울 혜 〔州〕고을 주, 행정구역의 하나
〔胡〕오랑캐 호 〔京〕서울 경 〔鬼〕귀신 귀 〔共〕함께 공 〔買〕살 매 〔點〕약을 힐
〔腰〕허리 요 〔脊〕등뼈 척 〔尾〕꼬리 미 〔議〕꾀할 의, 의논할 의 〔當〕마땅할 당,
당할 당 ※馳突 – 마구 말을 달려 돌진함 〔馳〕달릴 치 〔突〕갑자기 돌, 부딪칠 돌
〔任〕마음대로 임, 맡길 임

　胡는 供芻秣而牽其首하고, 鬼는 執蜃掃屎而後行이라가 兩人이
不堪其苦하야 相議曰 "自今以後로 能遊高遠者當騎라."

　죽림호는 꼴을 주면서 말머리를 끌고, 동경귀는 무명조개로 말똥을 쓸면서 따라가다가 두 사람이 그 괴로움을 견디지 못하여 서로 의논하여 말하기를 "지금부터는 높고 먼 곳에서 놀았던 사람이 말을 타기로 하자"

〔供〕공급할 공, 이바지할 공, 진술할 공 ※芻秣 – 꼴(말린 풀로 만든 말먹이)
〔芻〕꼴 추 〔秣〕말먹이 말 〔牽〕끌 견 〔蜃〕무명조개 신, 이무기 신 〔掃〕쓸 소
〔屎〕똥 시 〔堪〕견딜 감, 하늘 감

胡曰 "我曾到天上이라." 하니 鬼曰 "我到爾所到天上之上이
라." 하다. 靑人曰 "汝手所觸에 無乃有物乎아? 無乃有骻而長
者乎아?"

죽림호가 말하기를 "내 일찍이 하늘 위에 오른 일이 있다." 하니 동경귀는 "나는 네가 다다랐던 하늘 위의 하늘에 오른 적이 있다."고 했다. 청주인이 말하기를 "(그 때) 네 손이 닿은 곳에 어떤 물건이 있지 않던가? 허리뼈 같이 긴 것이 없던가?"

〔曾〕일찌기 증 〔到〕이를 도 〔爾〕너 이 〔汝〕너 여 〔觸〕닿을 촉 〔乃〕이에(곧) 내, 접때 내 〔骻〕허리뼈 과, 사타구니 과

鬼曰 "是矣라." 하니 靑人曰 "彼骻長者是吾脚이요. 汝捫吾脚
이니 必在吾下라." 二人이 莫對하고 長爲靑人僕從이라.

동경귀가 말하기를 "그렇더라." 하니 청주인이 말했다. "그 허리뼈 같이 긴 것이 내 다리였네. 자네가 내 다리를 쓰다듬었으니 반드시 내 아래에 있었을 것이네." 두 사람이 아무 대꾸도 못 하고 오래도록 청주인의 하인이 되어 모셨다.

〔脚〕다리 각 〔捫〕어루만질 문, 쓰다듬을 문 〔莫〕말(아니할) 막, 없을 막, 저물 모, 고요할 맥 〔僕〕종 복 ① 종, 하인 ② 자기의 겸칭 〔從〕모실(좇을) 종, 세로 종

제19화

홀로 푸른 깃발 아래에 서다

예로부터 교화시키기 어려운 것은 부인네들이다. 배짱 좋다는 남자치고 부인을 두려워하지 않는 사람이 몇 사람이나 있겠는가?

옛날 어떤 장군이 있었는데 마누라를 매우 두려워했다. 십만 병사를 거느리고 넓은 사막에 진을 칠 때 동서로 갈라 큰 깃발을 세웠으니 하나는 푸른 색이요, 하나는 붉은 색이었다.

장군이 전군에 명령을 내리기를

"마누라를 두려워하는 자는 붉은 깃발 아래 서고, 마누라를 두려워하지 않는 자는 푸른 깃발 아래 서라."

하니 십만의 군사가 모두 붉은 깃발 아래에 모였는데 어떤 병졸이 홀로 푸른 깃발 아래 서 있었다. 이에 장군이 장하게 여겨 물었다.

"네가 정말 대장부다. 세상 사람들이 아내를 두려워하는 것이 유행처럼 되어 버려 나 자신도 한 나라의 대장으로 십만 병사를 이끌고 적을 만나 온 힘을 다하여 싸울 때는 돌과 화살이 비처럼 쏟아져도 오히려 간담은 더욱 매서워져서 공포심이란 아예 없는 사람이다. 그러나 오로지 아내 방에 들어가 잠자리에만 들면 사랑하는 마음을 이기지 못해 마누라에게 제압당해 버린다. 대체 너는 어찌하여 그렇게 강할 수가 있느냐?"

"제 마누라가 항상 제게 훈계하기를 '남자 세 사람이 모이면 반드시 여색을 논하니 세 사람이 모인 장소에 당신은 일체 들어가지 말라.' 했습니다. 하물며 지금 십만 명의 남자가 모인 장소가 아닙니까? 그래서 혼자 푸른 깃발 아래 서 있는 것입니다."

하고 군졸이 대답하자 장군이 크게 웃으며 말했다.

"네가 마누라 두려워하는 것은 나보다 한 수 위다"

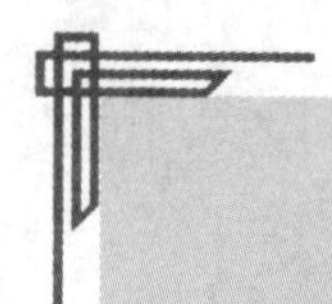

獨立靑旗

自古難化者婦人. 男子剛腸者幾人能不畏婦人?

古有一將軍酷畏妻. 領十萬兵陣于廣漠之坰 分東西樹大旗 一旗靑, 一旗紅. 遂下命於三軍曰

"畏妻者立紅旗下, 不畏妻者立靑旗下."

十萬之軍皆聚紅旗下 有一卒獨立靑旗下.

將軍壯之問曰

"爾眞大丈夫也. 天下之人滔滔畏妻 我爲國之大將 領十萬之衆 臨敵鏖戰 矢石如雨 膽氣益烈 了無怖心 至於閨門之內 袵席之上 恩不捲義爲婦人所制 爾何能乃爾强也?"

其卒對曰

"吾妻常戒我曰 '男子三人會 必論女色 三男會處 汝一切勿入云' 況今十萬男所會處乎? 是以獨立靑旗下"

將軍大笑曰

"爾之畏妻 居吾上也."

獨立靑旗

自古로 難化者는 婦人이라. 男子剛腸者로 幾人이 能不畏婦人
_{자고   난화자   부인   남자강장자   기인   능불외부인}
이리요?

자고로 교화시키기 어려운 것은 부인네들이다. 배짱 좋다는 남자들 중 몇 사람이나 부인을 두려

136

워하지 않는 사람이 있겠는가?

〔獨〕홀로 독 〔旗〕기 기 〔化〕교화할 화, 될 화 〔剛〕굳셀 강, 강철 강 〔腸〕창자 장
① 창자 ② 마음 〔幾〕몇 기, 기미 기, 거의 기 〔畏〕두려워할 외

古有一將軍한데 酷畏妻라. 領十萬兵하야 陣于廣漠之洞할새 分
東西로 樹大旗하니 一旗靑이오, 一旗紅이라. 遂下命於三軍曰
"畏妻者는 立紅旗下하고, 不畏妻者는 立靑旗下하라." 하니 十萬
之軍이 皆聚紅旗下어늘 有一卒이 獨立靑旗下라.

옛날 어떤 장군이 있었는데 마누라를 매우 두려워했다. 십만 병사를 거느리고 넓은 사막에 진을
칠 때 동서로 갈라 큰 깃발을 세웠으니 하나는 푸른 색이요, 하나는 붉은 색이었다. 드디어 삼군(전
군)에 명령을 내려 말하기를 "마누라를 두려워하는 자는 붉은 깃발 아래 서고, 마누라를 두려워하
지 않는 자는 푸른 깃발 아래 서라." 하니 십만의 군사가 모두 붉은 깃발 아래 모였는데 어떤 병졸이
홀로 푸른 깃발 아래에 서 있었다.

〔酷〕혹독할 혹 〔領〕거느릴 령(영), 다스릴 령(영), 옷깃 령(영) 〔陣〕진칠 진 ※
廣漠 - 끝없이 넓음 〔廣〕넓을 광 〔漠〕사막 막 〔洞〕동막이(둑을 막아 쌓음) 동,
항아리 동 〔樹〕세울 수, 나무 수 ※三軍 - 전체 군대 〔聚〕모일(모을) 취

將軍이 壯之하야 問曰 "爾眞大丈夫也라. 天下之人이 滔滔畏
妻하고, 我爲國之大將으로 領十萬之衆하야 臨敵鏖戰에 矢石如
雨라도 膽氣益烈하야 了無怖心이나 至於閨之內하야 衽席之上하면
恩不捲義하야 爲婦人所制라. 爾何能乃爾强也오?"

장군이 장하게 여겨 물었다 "네가 정말 대장부다. 세상 사람들이 아내를 두려워하는 것이 유행
처럼 되어 버려 나 자신도 한 나라의 대장으로 십만 병사를 이끌고 적을 만나 온 힘을 다하여 싸울

때는 돌과 화살이 비처럼 쏟아져도 오히려 간담은 더욱 매서워져서 공포심이란 아예 없는 사람이다. 그러나 오로지 아내 방에 들어가 요자리 위에만 오르면 사랑하는 마음을 이기지 못해 마누라에게 제압당해 버린다. 너는 어찌 그렇게 강할 수가 있느냐?"

〔壯〕장할 장, 씩씩할 장 〔眞〕참 진 〔丈〕어른 장, 길이 단위 장(10尺) ※滔滔 - ① 물이 넘쳐서 흐르는 모양 ② 거침없이 말을 잘하는 모양 ③ 넓고 큰 모양 ④ 세상이 유행에 따라 흘러가는 모양(본문에서는 ④의 뜻으로 쓰임) 〔滔〕물 넘칠 도 〔衆〕무리 중 〔臨〕임할 임 〔敵〕대적할 적, 원수 적 ※鏖戰 - 온 힘을 다해 적을 몰살할 때까지 싸움 〔鏖〕무찌를 오, 모조리 죽일 오 〔膽〕담력 담, 쓸개 담 〔袵〕= 衽 요 임, 옷섶 임 〔恩〕은혜 은 〔捲〕걷을 권, 말 권 〔義〕옳을 의 〔制〕억제할 제, 마를 제, 규정 제

其卒對曰 "吾妻常戒我曰 '男子三人會면 必論女色하니 三男
기졸대왈   오처상계아왈   남자삼인회   필논여색   삼남

會處에 汝一切勿入云'하야늘 況今十萬男所會處乎아? 是以로 獨
회처   여일체물입운   황금십만남소회처호   시이   독

立靑旗下로소이다." 將軍大笑曰 "爾之畏妻는 居吾上也라."
립청기하   장군대소왈   이지외처   거오상야

  그 군졸이 대답했다. "내 마누라가 항상 내게 훈계하기를 '남자 세 사람이 모이면 반드시 여색을 논하니 세 사람이 모인 장소에 당신은 일체 들어가지 말라.' 했습니다. 하물며 지금 십만 명의 남자가 모인 장소가 아닙니까? 그래서 혼자 푸른 깃발 아래 서 있는 것입니다." 장군이 크게 웃으며 말했다. "네가 마누라 두려워하는 것은 나보다 한 수 위다."

〔戒〕경계할 계 〔會〕모일 회 〔論〕말할(의논할) 론(논) 〔切〕모두 체, 끊을 절 〔況〕= 况 - 하물며 황, 형편 황

제20화

닭을 빌려 타고 가지

김 선생은 우스운 이야기를 잘했다. 일찍이 친구 집을 방문했더니 주인이 술자리를 베풀었는데 안주라고는 채소뿐이었다.

주인이 먼저 사과하며 말했다.

"집이 가난하고 시장은 멀어 다른 안주는 전혀 없고 오로지 담백할 뿐이니 부끄럽기 짝이 없네."

때마침 닭들이 마당에서 어지러이 모이를 쪼고 있는 것을 본김 선생이 말했다.

"대장부는 천금을 아까워하지 않네. 당장 내 말을 베어 술안주로 삼으리라."

“말을 베면 무엇을 타고 돌아간단 말인가?”
“닭을 빌려 타고 가지.”
주인이 크게 웃고는 닭을 잡아 대접했다.

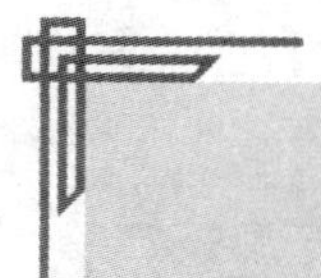

借鷄騎還

金先生 善談笑. 嘗訪友人家 主人設酌 只佐蔬菜.
主人先謝曰
"家貧市遠 絶無兼味 惟淡泊 是愧耳."
適有群鷄 亂啄庭除.
金曰
"大丈夫不惜千金. 當斬吾馬佐酒."
主人曰
"斬馬騎何物而還?"
金曰
"借鷄騎還."
主人大笑 殺鷄餉之.

 해 설

借鷄騎還

金先生은 善談笑라. 嘗訪友人家하니 主人이 設酌에 只佐蔬菜
라.
김선생 선담소   상방우인가   주인 설작   지좌소채

김선생은 우스개를 잘했다. 일찍이 친구 집을 방문했더니 주인이 술자리를 베풀었는데 안주라
고는 채소뿐이었다.

〔借〕빌릴 차 〔還〕돌아갈(올) 환 〔訪〕찾을 방 〔設〕베풀 설, 세울 설 〔酌〕잔질할
작, 술따를 작 ※只佐蔬菜 - (술자리를) 채소만으로 도운다. 즉 안주는 채소뿐이

다. 〔佐〕도울 좌 〔蔬〕푸성귀(채소) 소

主人이 先謝曰 "家貧市遠하야 絕無兼味하고 惟淡泊하니 是愧耳라."
주인 선사왈 가빈시원 절무겸미 유담박 시괴이

　주인이 먼저 사과하며 말하기를 "집이 가난하고 시장은 멀어 맛있는 안주가 전혀 없고 오로지 담백할 뿐이니 이것 참 부끄러울 뿐일세."

〔謝〕사죄할 사, 사례할 사 ※絕無兼味 - 맛을 겸할 것이 전혀 없다. 즉 다른 맛있는 안주나 반찬이 없다. 〔兼〕겸할 겸 〔惟〕= 唯오직 유, 생각할 유 ※淡泊 = 淡白 - ① 맛이나 빛이 산뜻함 ② 욕심이 없고 마음이 깨끗함 〔淡〕조촐할 담, 묽을 담, 민물 담 〔泊〕산뜻할 박, 배댈 박 〔愧〕부끄러워할 괴 〔耳〕어조사 이, 귀 이 ① 귀 ② 종결형 어조사로 따름, 뿐

適有群鷄하야 亂啄庭除어늘 金曰 "大丈夫는 不惜千金이라. 當
적유군계 난탁정제 김왈 대장부 불석천금 당
斬吾馬하야 佐酒하리라."
참오마 좌주

　때마침 닭의 무리들이 있어 마당에서 어지러이 쪼고 있기에 김 선생이 말했다. "대장부는 천금을 아까워하지 않는다. 당장 내 말을 베어 술안주로 삼으리라."

〔群〕무리 군 〔啄〕쪼을 탁 〔庭〕뜰(마당) 정 〔除〕뜰 제, 덜 제, 나눗셈 제, 섬돌 제 〔惜〕아낄 석 〔斬〕벨 참 ※佐酒 - 술을 돕는다. 즉 안주로 삼는다.

主人曰 "斬馬면 騎何物而還고?" 하니 金曰 "借鷄騎還하리라."
주인왈 참마 기하물이환 김왈 차계기환
主人이 大笑하고 殺鷄餉之러라.
주인 대소 살계향지

　주인이 말하기를 "말을 베면 무엇을 타고 돌아가겠나?" 하니 김 선생이 말했다. "닭을 빌려 타고 가지." 주인이 크게 웃고는 닭을 잡아서 대접했다.

〔殺〕죽일 살　〔餉〕대접할 향, 건량 향　※乾糧 - 먼길을 다닐 때 가지고 다니기 쉽게 만든 양식　※餉은 먹을 食에 음을 나타내는 향할 向이 붙어 음식을 보낸다. 즉 대접한다는 뜻

제21화

소나기 소리를 듣고 약장사가 아들을 얻다

장동의 약거간꾼이 늙어 홀아비로 살며 자식도 없고 살 집도 없어 약방을 돌아다니며 숙식을 했다. 어느 날 영조께서 육상궁에 거동하시니 때는 마침 4월인데 소나기가 쏟아져 개천과 도랑물이 불어났다. 구경 나온 여러 사람들이 약방 안에서 비를 피하며, 처마 밑과 문간방에 가득 옹기종기 모여 섰다.

약거간꾼이 그 때 방안에 있다가 갑자기 말을 꺼냈다.

"오늘 비가 마치 내 젊을 때 조령 넘을 때 비 같구나."

"비에 어찌 고금이 있으리오?"

하고 곁에 사람들이 말하자 약거간꾼이 말하기를

"그 때 우스운 일을 겪은 고로 여태 잊지 못할 뿐일세."

"좀 들어볼 수 있을까요?"

하고 곁에 사람들이 청했다. 약거간꾼이 말했다.

"어느 해 여름에 서울 약국에도 왜황이 모두 동이나 내가 빠른 걸음으로 동래부에 가서 사오는데 한낮에 조령을 넘어 빨리빨리 여러 진점들을 지나오는데 무인지경에 소나기가 갑자기 쏟아져 지척을 분별하기 힘들 정도였네. 이곳 저곳으로 방황하며 비를 피하려 하는 참에 산 옆에 초막이 하나 있더군. 바로 뛰어들어가니 노처녀가 있었네. 우선 옷을 벗어 빨고 있는데 처녀가 옆에 있으며 피하지를 않더군. 갑자기 마음이 동하여 일을 치르려 하니 처녀 역시 어려워하지 않아 흔연히 일을 치렀다네. 조금 후 비가 그친지라 그녀의 사는 곳도 묻지 않고 즉시 떠났는데 오늘 비가 꼭 그 때 비 같은 고로 그런 말을 했을 뿐이네."

갑자기 처마 밖에서 머리를 땋은 총각 하나가 곧장 마루위로 올라와 물었다.

"아까 조령비 이야기를 하신 분이 누구십니까?"

곁에 사람이 가리켜주니 총각이 곧 절을 하며 말했다.

"이제야 비로소 아버님을 찾았으니 천행입니다."

옆에서 보고 있던 많은 사람들이 괴이하다고 의심하지 않을 리 없고, 약거간꾼 역시 이상해 하며

"이 무슨 이야긴고?"

"예전에 듣기를 아버님 몸에 표시가 있다합니다. 청컨대 잠시 옷을 벗어 주소서."

곧 옷을 벗겨 자지머리를 살펴 본 뒤에 총각이 더 의심할 것 없다면서 말했다.

"정말 제 아버님입니다."

"그 연유를 들려주기 바라네." 하고 좌중이 청하자

"제 어머님이 처녀 때 산막을 지키셨는데 한 번 빗속의 나그네를 겪은 후 그로 인해 태기가 있어 저를 낳았습니다. 제가 점점 자라 나이 열다섯에 이웃 아이들은 아버지가 있어 부르는 것이 부러웠지만 저는 아버지가 없어 부르지 못하는 까닭에 제 어머니께 상세히 여쭈어 보니 하시는 말씀이 조금 전 아버지께서 하신 말씀과 똑같았습니다. 또 듣기에 그 때 옷을 벗었을 때 잠시 자지머리의 검은 점을 보았다 했습니다. 제가 그 말을 한 번 듣고 열다섯 살부터 집을 떠나 아버지를 찾아 팔도를 돌아다녔고, 세 차례나 서울에 왔었습니다. 이제 6년째 되어 다행히 아버님을 찾았으니 하늘이 시킨 일이라. 어찌 천만다행한 일 아니겠습니

까?"

총각이 이어서 그 아비에게 말했다.

"아버님은 더 이상 서울에 계실 필요가 없습니다. 원컨대 저와 함께 가시면 제가 마땅히 힘껏 농사지어 봉양할 것입니다. 또 어머님께서 아직 수절하고 계시며, 그 친정댁에 자녀가 없으니 끼니 걱정은 없을 듯합니다."

듣고 있던 사람들이 모두 이구동성으로 기특하다고 칭찬하며

"목마른 자 마시기 쉽게 함이요, 봄에 갈고 씨뿌리지 않으면 가을에 어찌 열매를 얻으리오?" 했다.

약방 주인이 마침 안에서 듣고 나오며 말했다.

"누구가 자식을 얻었으니 세상에 어찌 이런 희귀한 경사가 있겠는가? 친지들 마음에도 오히려 기쁨이 솟구치는데 하물며 당사자 마음에야 오죽하겠는가?" 하고 또한 아들과 함께 떠나기를 권유했다.

약거간꾼이 기쁘기는 하나 오랜 동안 서울에서 노닐다가 졸지에 떠나려니 서운한 생각이 없지 않고, 또 노자 때문에 걱정하니 그 아들이

“걱정하지 마세요. 제 수중에 약간의 돈이 있습니다.”

하고 말했다.

여러 사람들이 모두 따라가기를 권하며 주머니에 있는 돈을 거두어 도와주니 대여섯 푼은 되고 주인 역시 열 냥이 넘는 돈을 주니 비가 갠 후 곧 여러 사람들과 이별하고 그 아들과 함께 떠났다.

이후 약거간꾼은 집 있고, 아내 있고, 자식 있고, 먹을 것 있어 잘 놀다 죽었다 한다.

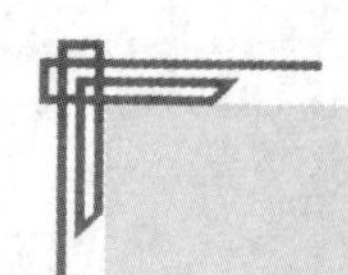

聽驟雨藥商得子

　壯洞藥儈　老而鰥居無子無家　輪回藥肆而宿食矣．

　時　英廟方行毓祥宮　時當四月　驟雨注下　渠溝漲流　觀光諸人避雨於藥肆房室　簷廡彌滿簇立．

　藥儈時在房中　忽發言曰

"今日之雨　若吾少時　踰鳥嶺時雨也．"

　傍人曰

"雨豈有古今矣？"

　藥儈曰

"其時　經可笑事故　尙今不忘耳．"

　傍人曰

"可得聞乎？"

　藥儈曰

"某年夏　倭黃　連乏絶於京藥局　吾以急步　將貿於東萊府矣日午越鳥嶺　速速過鎭店　無人之境　驟雨急注　咫尺難分．彷徨圖避之際　山涯有一草幕．直向入去　有老處女焉．爲先脫衣而瀚之　而處女在傍不避．忽焉心動　仍爲作事則　處女亦無難意欣然作事．少焉　雨止故　不問其女之居住而卽來矣　今日之雨如伊時之雨故　如是言之耳．"

　俄而　自簷外有一平頭兒　直上軒問

"俄者　言鳥嶺雨者　誰也？"

　傍人指之　厥童卽拜曰

"今始得父　天幸．"

　許多傍觀者　無不疑怪　藥儈亦異之曰

"是何說也？"

　厥童曰

"曾聞父親身上有標　請暫脫衣也．"

　仍脫見腎頭後　厥童尤以爲無疑曰

"眞是吾父也．"

座中曰
"願聞其由."
厥童曰
"吾之母親 兒時守幕 一經雨中行人後 因以有胎以生吾. 吾漸長志學 羨隣兒則有父呼之 吾則無父不可呼故 詳問于吾母親所說 一如俄者父親之言, 且聞其脫衣時暫見腎頭黑點云云矣. 吾一聞其言 自十五歲離家 尋父周回八路, 三入京城 今爲六年而幸以得父 天之所使. 豈非萬幸?"
仍謂其父曰
"父主不必久在於京. 願與偕往則 吾當力穡奉養, 且母親方在守節而 以其親家之無子女 似無朝夕之憂矣."
聽者皆異口同聲稱奇曰
"渴者易爲飮 春不耕種 秋豈得實?"
藥肆主人 方自內聞而出來曰
"某也得子 世間豈有如許稀貴慶賀之事乎? 其在親知之心猶尙聳喜 況當者之心 尤如何哉?" 亦勸與子同去.
藥儈喜則喜矣 久遊京中 猝地離去 不無怊悵之意, 又以盤纏爲憂 其兒曰
"勿慮. 子有行中若干錢矣."
衆人皆力勸隨去 收囊中所有 助給之 爲五六文, 主人亦給十餘兩 雨晴後 仍別諸人而與其子發行.
以後 藥儈有家有妻, 有子有食. 優遊以終身云云.

聽驟雨藥商得子

壯洞藥儈가 老而鰥居하며 無子無家하여 輪回藥肆而宿食矣러
라. 時에 英廟가 方行毓祥宮하니 時當四月에 驟雨注下하여 渠溝
漲流라. 觀光諸人이 避雨於藥肆房室하고 簷廡彌滿簇立이라.

　장동의 약거간꾼이 늙어서 홀아비로 살며 자식도 없고 집도 없어 약가게를 돌아다니며 숙식을 했다. 어느 때 영조께서 바야흐로 육상궁에 거동하니 때는 마침 4월인데 소나기가 쏟아져 개천과 도랑이 불어났다. 구경 나온 여러 사람들이 약가게 방에서 비를 피하고, 처마 밑과 문간방에 가득 차 옹기종기 모여 섰다.

〔壯〕씩씩할 장, 장할 장 〔洞〕골(동네) 동, 빌 동, 꿸 동 〔儈〕거간 쾌 ※居間 - 사이에 들어 흥정을 붙이는 사람 ※鰥居 - 늙어서 홀아비로 삶 〔鰥〕홀아비 환 〔輪〕돌 륜(윤), 바퀴 륜(윤) 〔回〕돌(돌이킬) 회, 둘레 회, 번(횟수) 회 ※藥肆 - 약가게 〔肆〕저자(시장) 사, 베풀 사, 방자할 사 〔宿〕잘 숙 ※英廟 - 종묘에 모셔진 영조 〔英〕꽃부리 영 〔廟〕사당 묘 ※毓祥宮 - 조선 영조 때 영조의 생모인 숙빈 최씨를 모신 사당. 현재 종로구 궁정동의 청와대 경내에 있다. 〔毓〕기를 육 〔祥〕상서러울 상 〔宮〕궁궐 궁 ※驟雨 - 소나기 〔驟〕(말)달릴 취, 몰아갈 취

☞ 驟雨不終日 - 老子의 말로서 소나기는 종일 오지 않는다. 즉 세력이 강한 자는 오래 지탱하지 못한다는 뜻 〔注〕물쏟길 주, 물댈 주, 기록할(주낼) 주 〔渠〕도랑 거, 클 거, 그(저) 거 〔溝〕개천 구, 봇도랑 구, 성밑 해자 구 〔漲〕(물)불을 창, (물)넘칠 창 〔流〕흐를 류(유) 〔觀〕볼 관 〔避〕피할 피 〔室〕집 실 〔簷〕처마 첨 〔廡〕문간방 무, 더부룩할 무 ※彌滿 - 널리 가득 차 그들먹함 〔彌〕두루 미 〔滿〕찰 만 ※簇立 - 가는 대가 빽빽하게 난 것처럼 무더기로 섬 〔簇〕가는 대 족, 모을 족

藥儈가 時在房中이라가 忽發言曰 "今日之雨가 若吾少時에 踰
鳥嶺時雨也라." 傍人曰 "雨豈有古今矣리오?" 하니 藥儈曰 "其
時에 經可笑事故로 尙今不忘耳라."

약거간꾼이 그 때 방안에 있다가 갑자기 말을 꺼냈다. "오늘 비가 마치 내 젊을 때 조령을 넘을 때 비 같구나." 곁에 사람들이 말하기를 "비에 어찌 고금이 있으리오?" 하니 약거간꾼 가로되 "그 때 우스운 일을 겪은 고로 여태 잊지 못할 뿐일세."

〔忽〕갑자기 홀, 소홀히 할 홀 〔發〕발설할 발, 일어날 발, 필 발, 쏠 발 〔踰〕넘을 유 ※鳥嶺 - 경북 문경과 충북 괴산 사이에 있는 고개. 일명 문경새재 〔嶺〕재(산 봉우리) 령(영) 〔傍〕곁 방 〔經〕겪을 경, 경서 경, 경영할 경, 지날 경 ※尙今 - ① 지금까지 ② 오히려 〔尙〕오히려 상, 숭상할 상 〔忘〕잊을 망

傍人曰 "可得聞乎이까?" 하니 藥儈曰 "某年夏에 倭黃이 連乏
絶於京藥局하야 吾以急步로 將貿於東萊府矣러니 日午에 越鳥嶺
하여 速速過鎭店이러니 無人之境에 驟雨急注하여 咫尺難分이라.

곁에 사람들이 말하기를 "좀 들어볼 수 있을까요?" 하니 약거간꾼이 말했다. "어느 해 여름 서울 약국 모두 왜황이 품절되어 내가 빠른 걸음으로 동래부에 가서 사 오는데 한낮에 조령을 넘어 빨리 빨리 여러 진점들을 지나오는데 무인지경에 소나기가 갑자기 쏟아져 지척을 분별할 수 없었네.

〔夏〕여름 하 ※倭黃 - 일본산 한약재의 하나 〔倭〕왜나라(일본) 왜 〔連〕잇닿을 련 (연), 끌릴 련(연) ※乏絶 - 아주 없어짐 〔乏〕다할 핍, 없을 핍, 가난할 핍 〔局〕 방(구획) 국, 판(부분, 장면) 국, 마을 국, 국량(局量) 국 〔貿〕무역할 무, 바꿀 무 ※東萊府 - 부산 동래. 조선 후기에 이곳에 왜관개시(倭館開市)가 있어 일본과의 무역이 이루어졌다. 〔萊〕명아주 래(내) ※日午 - 한낮. 정오 〔午〕낮 오, 일곱째 지지오 〔過〕지날 과, 넘을 과, 허물 과 〔鎭〕수(戍)자리 진, 누를 진, 진정할 진

〔店〕가게 점 ☞ 鎭은 지방 군사가 주둔한 군영. 店은 토기나 철기 등의 수공업품
생산지 〔境〕지경(곳, 장소) 경, 마침 경, 처지 경 ※咫尺 - 매우 가까운 거리
〔咫〕여덟 치 지, 적을 지 〔尺〕자 척

彷徨圖避之際에 山涯에 有一草幕이라. 直向入去하니 有老處
방황도피지제   산애   유일초막   직향입거   유노처
女焉이라. 爲先脫衣而瀚之하니 而處女在傍不避라. 忽焉心動하
녀언   위선탈의이한지   이처녀재방불피   홀언심동
야 仍爲作事則 處女亦無難意하야 欣然作事라. 少焉에 雨止故로
잉위작사즉 처녀역무난의   흔연작사   소언   우지고
不問其女之居住而卽來矣러니 今日之雨가 如伊時之雨故로 如是
불문기녀지거주이즉래의   금일지우   여이시지우고   여시
言之耳라."
언 지 이

  방황하며 비를 피하려 하는 참에 산 옆에 초막이 하나 있더군. 곧바로 들어가니 노처녀가 있었
네. 우선 옷을 벗어 빠니 처녀가 옆에 있으며 피하지를 않더군. 갑자기 마음이 동하여 곧 일을 치르
려 하니 처녀 역시 어려워하지 않아 흔연히 일을 치렀네. 조금 후에 비가 그친지라 그녀의 사는 곳
도 묻지 않고 즉시 왔는데 오늘 비가 꼭 그 때 비 같은 고로 그런 말을 했을 뿐이네."

〔彷〕어슷거릴 방, 비슷할 방, 거닐 방 〔徨〕어슷거릴 황 〔圖〕꾀할 도, 그림 도
〔避〕피할 피 〔涯〕(물)가 애, 다할 애 〔幕〕장막(군막) 막 〔直〕곧을 직, 번(番)들
직 ※爲先 - 우선 〔瀚〕빨 한, 넓고 큰 모양 한 〔仍〕인할 잉, 거듭 잉, 후손 잉 ※
欣然 - 기뻐하는 모양 〔欣〕기쁠 흔, 좋아할 흔 〔止〕그칠 지 ※伊時 - 그 때 〔伊〕
저(그) 이, 이 이, 오직 이, 누구 이

俄而오 自簷外有一平頭兒가 直上軒問하되 "俄者 言鳥嶺雨者
아이   자첨외유일평두아   직상헌문   아자 언조령우자
가 誰也오?" 傍人이 指之하니 厥童이 卽拜曰 "今始得父하니 天
수야   방인 지지   궐동 즉배왈 금시득부   천
幸이로소이다."
행

  갑자기 처마 밖에서 머리를 땋은 총각 하나가 곧장 위로 올라와 헌걸차게 묻기를 "아까 조령비

이야기를 하신 분이 누구십니까?" 곁엣 사람이 가리키니 총각이 곧 절을 하며 말했다. "이제 비로소 아버님을 찾았으니 천행입니다."

※俄而 - 갑자기 〔俄〕갑자기 아, 잠깐 아, 아라사(러시아) 아 〔簷〕처마 첨 ※平頭兒 - 아직 상투를 올리지 않은 총각 〔軒〕헌걸찰 헌, 추녀끝 헌, 초헌 헌, 껄껄 웃을 헌 ※헌걸차다 - ① 풍채가 좋고 의기가 당당하다. ② 키가 매우 크다. ※俄者 - 아까 〔指〕가리킬 지, 손가락 지 〔厥〕그 궐 〔始〕처음 시, 비롯할 시 〔幸〕다행할 행, 총애할 행, 바랄 행, 거동 행

許多傍觀者가 無不疑怪하고 藥儈亦異之曰 "是何說也오?" 하니 厥童曰 "曾聞父親身上에 有標라 하니 請暫脫衣也하소서." 仍脫見腎頭後에 厥童이 尤以爲無疑曰 "眞是吾父也라." 座中曰 "願聞其由하노라."

허다한 방관자들이 괴이하다고 의심하지 않을 리 없고, 약거간꾼 역시 이상해 하며 가로되 "이 무슨 이야긴고?" 하니 총각이 말했다. "예전에 듣기를 아버님 몸에 표시가 있다하니 청컨대 잠시 옷을 벗어 주소서." 곧 옷을 벗겨 자지 대가리를 본 뒤에 총각이 더욱 의심하지 않으면서 말했다. "정말 제 아버님입니다." 좌중이 말하기를 "원컨대 그 연유를 들려주기 바라네."

※許多 - 매우 많음 〔許〕허락할 허, 기약할 허, 어조사 허, 여럿이 힘쓰는 소리 호 ※傍觀者 - 곁에서 보는 사람 〔疑〕의심할 의 〔怪〕괴이할 괴, 기이할 괴 〔異〕기이할 이, 다를 이 〔曾〕일찍 증, 지난번 증, 거듭 증 〔標〕표할 표, 기록할 표 〔暫〕잠간 잠 〔腎〕자지 신, 콩팥 신 〔尤〕더욱 우 〔座〕자리 좌 〔願〕원할 원 〔由〕말미암을 유

厥童曰 "吾之母親이 兒時에 守幕이러니 一經雨中行人後에 因

以有胎以生吾라. 吾漸長志學에 羨隣兒則有父呼之나 吾則無父
이유태이생오　　오점장지학　　선인아즉유부호지　　오즉무부

不可呼故로 詳問于吾母親하니 所說이 一如俄者父親之言이요,
불가호고　　상문우오모친　　　소설　　일여아자부친지언

且聞其脫衣時暫見腎頭黑點云云矣라.
차문기탈의시잠견신두흑점운운의

　　총각이 말했다. "제 어머님이 처녀 때 산막을 지켰는데 한 번 빗속의 행인을 겪은 후 그로 인해
아이를 배어 저를 낳았습니다. 제가 점점 자라 나이 열다섯에 이웃 아이들은 아비 있어 부르는 것이
부러웠지만 저는 곧 아비 없어 부르지 못하는 고로 제 모친께 상세히 여쭈어 보니 하시는 말씀이 조
금 전 부친 하신 말씀과 똑같았고, 또 듣기에 그 때 옷을 벗었을 때 잠시 자지 대가리의 검은 점을 보
았다 했습니다.

〔胎〕아이 밸 태　〔漸〕점점 점, 차차 점, 번질 점　※志學 - ① 열다섯의 나이 ② 학
문에 뜻을 둠　☞ 子曰 "吾十有五而志于學하고 三十而立하고 四十而不惑하고 五十
而知天命하고 六十而耳順하고 七十而從心所欲하야 不踰矩니라."(공자 가라사대
"나는 열다섯에 학문에 뜻을 두었고, 삼십에 홀로 섰고, 사십에 혹하지 아니 하고,
오십에 천명을 알고, 육십에 귀가 순해지고, 칠십에 마음이 바라는 바를 좇아 법도
를 넘지 아니했느니라."〈論語 爲政篇〉)　〔羨〕부러워할 선　〔隣〕이웃 린(인)　〔詳〕
자세할 상　〔且〕또 차　〔黑〕검을 흑　〔點〕점 점

吾一聞其言하고 自十五歲離家하여 尋父周回八路하고, 三入京
오일문기언　　자십오세이가　　심부주회팔로　　　삼입경

城에 今爲六年而幸以得父하니 天之所使라. 豈非萬幸이리오?"
성　금위육년이행이득부　　천지소사　　기비만행

　　제가 그 말을 한 번 듣고 열다섯 살부터 집을 떠나 아버지를 찾아 팔도를 두루 다녔고, 세 차례나
서울에 왔으니 이제 6년째 되어 다행히 아버님을 얻었으니 하늘이 시킨 일이라, 어찌 천만다행한
일이 아니겠습니까?"

〔離〕떠날 이(리), 떼놓을 이(리)　〔尋〕찾을 심　〔周〕두루 주, 둘레 주, 주나라 주
※八路 = 八道　〔路〕길 로(노)　〔使〕시킬 사, 하여금 사, 사신 사　〔豈〕어찌 기(개)
※萬幸 = 千萬多幸

仍謂其父曰 "父主는 不必久在於京이요. 願與偕往則 吾當力
稽奉養이요, 且母親이 方在守節而 以其親家之無子女로 似無朝
夕之憂矣로소이다."

인하여 그 아비에게 일러 말했다. "아버님은 더 오래 서울에 계실 필요가 없어요. 원컨대 저와 함께 가시면 제가 마땅히 힘껏 거두어 봉양할 것이요, 또 어머님께서 아직 수절하고 계시며 그 친정댁에 자녀가 없으니 조석 걱정은 없을 것 같습니다.

〔仍〕인할 잉, 거듭 잉 〔久〕오랠 구 〔偕〕함께 해 〔稽〕(농사)거둘 색, 아낄 색 ※奉養 - 부모나 조부모를 받들어 모심 〔奉〕받들 봉 〔養〕기를 양 ※守節 - ① 정절을 지킴 ② 절의를 지킴 〔似〕같을 사, 비슷할 사 ※朝夕之憂 - 아침저녁 끼니 걱정 〔夕〕저녁 석 〔憂〕근심(걱정할) 우

聽者皆異口同聲稱奇曰 "渴者易爲飮이요, 春不耕種이면 秋豈
得實이리오?" 하다.

듣는 이 모두 이구동성으로 기특하다고 칭찬하며 말하기를 "목마른 자 마시기 쉽게 함이요, 봄에 갈고 씨뿌리지 않으면 가을에 어찌 열매를 얻으리오?" 했다.

〔聽〕들을 청 〔稱〕칭찬할 칭, 일컬을 칭 〔渴〕목마를 갈 〔易〕쉬울 이, 바뀔 역 〔飮〕마실 음 〔耕〕밭갈 경 〔種〕씨 종, 종류 종 〔實〕열매 실, 참 실, 찰〔充〕실

藥肆主人이 方自內聞而出來曰 "某也得子하니 世間에 豈有如
許稀貴慶賀之事乎아? 其在親知之心에 猶尙聳喜온 況當者之心
에 尤如何哉아?" 하고 亦勸與子同去하다.

약가게 주인이 마침 안에서 듣고 나오며 말했다. "누구가 자식을 얻었으니 세상에 어찌 이런 희

귀한 경사가 있겠는가? 여기 있는 친지들 마음에도 오히려 기쁨이 솟구치는데 하물며 당사자 마음에야 더욱 어떠하겠는가?" 하고 또한 아들과 함께 떠나기를 권유했다.

世間 = 世上 〔稀〕드물 희 〔貴〕귀할 귀 〔慶〕경사 경 〔賀〕하례(할) 하 ※親知 - 서로 잘 알고 친근하게 지내는 사람 ※猶尙 - 오히려 〔猶〕오히려 유, 같을 유, 천천할 유 〔聳〕솟을 용 〔況〕하물며 황 〔尤〕더욱 우 〔勸〕권할 권

藥儈가 喜則喜矣나 久遊京中에 猝地離去러니 不無怊悵之意요, 又以盤纏爲憂러니 其兒曰 "勿慮하소서. 子有行中若干錢矣로소이다." 하다.

약거간꾼이 기쁘기는 하나 오래 서울에 노닐다가 졸지에 떠나려니 섭섭하고 슬픈 생각이 없지 않고 또 노자 때문에 걱정하니 그 아들이 말하기를 "걱정하지 마세요. 제 수중에 약간의 돈이 있습니다." 했다.

※猝地 - 느닷없고 갑작스러운 판국 〔猝〕갑자기 졸 〔地〕처지 지, 땅 지 ※怊悵 - 섭섭하고 슬픔 〔怊〕섭섭할(슬플) 초 〔悵〕섭섭할(슬퍼할) 창 ※盤纏 = 路資 〔盤〕밑받침 반, 소반 반 〔纏〕묶을(얽을) 전 ※行中 = 手中 〔干〕얼마 간, 방패 간, 천간 간

衆人이 皆力勸隨去하며 收囊中所有하야 助給之하니 爲五六文이요 主人亦給十餘兩하니 雨晴後 仍別諸人而與其子發行하다. 以後 藥儈有家有妻요, 有子有食이라. 優遊以終身云云이라.

여러 사람들이 모두 따라가기를 힘써 권하며 주머니에 있는 것을 거두어 도와주니 대여섯 푼은 되고 주인 역시 열 냥 넘게 돈을 주니 비가 갠 후 곧 여러 사람들과 이별하고 그 아들과 함께 떠났다. 이후 약거간꾼은 집 있고, 아내 있고, 자식 있고, 먹을 것 있어 잘 놀다 죽었다 한다.

〔隨〕따를 수 〔收〕거둘 수 〔囊〕주머니 낭(랑), 불알 낭(랑) 〔助〕도울 조 〔給〕줄 급 〔文〕화폐 단위 문, 글월 문 〔餘〕남을 여 〔晴〕(비)갤 청 〔別〕이별 별, 다를 별, 나눌 별 ※發行 – 길을 떠남 〔優〕넉넉할 우, 나을 우, 부드러울 우, 광대 우 ※終身 – ① 한평생을 마침 ② 명을 다하기까지의 동안

제22화

기러기 대신 고래 잡은 이야기

산골짜기에 한 사내가 살고 있었다. 혹은 짚신을 삼고, 혹은 땔나무를 해서 장에 나가 팔아서 돈푼이나 얻어 쓰니 짚신 값이 4, 5푼이요, 땔나무 한 짐 값이 곧 2, 3전이니 모두 합해 잘해야 4, 5전 내지 5, 6전으로 이것으로 곡물을 사서 살아갔다.

하루는 이웃 사람이 기러기 한 마리를 잡아 장에 팔아 두 냥을 벌었다는 것을 듣고 매우 부러워하며 말했다.

"내가 그물을 만들어 개펄에 펼치면 기러기 수천 마리를 잡을 것이니 그 이익이 매우 많을거야." 하고는 그물을 만드니

"짚신과 땔나무로 장을 보아 생계가 넉넉한데 이 어찌 넘치는 생각이오?" 하고 마누라가 말했다.

사내가 듣지 않고 그물을 많이 만들어 개펄에 크게 펼치고 그 그물 끈을 허리춤에 묶고는 숨어서 기러기가 걸리기를 기다렸다. 때마침 기러기 수천 마리가 개펄에 앉아 있는데, 사내가 일어서며 큰소리로 쫓으니 기러기 수천 마리가 모두 놀라 날다가 그물에 걸린 놈이 수를 알 수 없을 정도였다.

기러기가 날아가니 사내 몸도 역시 그물에 매달려 떠가게 되어 기러기에 이끌려 따라가니 몸이 공중에 있었다.

사내가 말하기를 "네가 비록 높이 날지만 반드시 잡힐 때가 있으리니 즐겁고 이익이 된다."

기러기떼 행렬이 큰 바다 가운데에 도달하여 앉으니 사내 역시 바다 가운데 떨어졌다. 그 때 고래 한 마리가 물을 빨아들이니 사내가 고래 뱃속으로 끌려 들어갔다. 이에 담뱃대를 빨아 불을 비춰보니 사면이 모두 고기라. 칼로 고기를 잘라내어 불에 구워 먹으니 고래가 죽었다.

물이 고래를 바닷가로 밀어내니 바닷가 사람들이 고래가 밀려온 것을 보고 제각기 잘 드는 칼을 들고 잡으려 했다. 칼 소리가 점점 들려오자 사내가 그 똥구멍으로 보니 높기가 마치 산 위에 앉은 것 같았다.

"무슨 까닭에 이처럼 상처를 내는가?" 하고 사내가 묻자 여러 사람들이 괴이하게 여겨 "이놈이 어떤 미친 놈이냐?" 말하니 사내가 팔짝 뛰어 내려와 "상처를 내든 말든 어떻게 하더라도 따지지 않지만 내 기러기는 어디로 갔나?" 하고 물었다.

이것은 터무니없는 이야기로 웃을 만한 일이다.

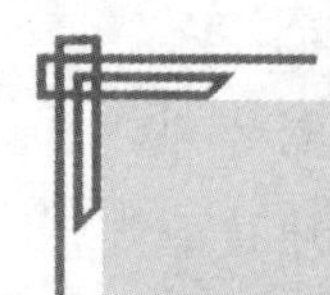

雁代捕鯨談

峽中有一夫. 或作芒鞋, 或爲火木 見場賣得錢文用之 芒價
四五分 火木一負價卽二三錢 都合 善則 四五錢乃至五六錢也
以此買得穀物而生矣.

一日 隣人捕雁一首 買場得錢二兩 夫聞之 甚羨曰

"吾作網罟 布於浦野則 捕雁數千首 其利甚富矣."

因以做芒罟 其妻曰

"芒鞋火木 足爲見場之生計 此何濫慮乎?"

夫不聽 多做芒罟 浦野大布 而其網繩 繫乎腰間 隱見雁罹
適 雁群數千首 坐于浦野 夫起而大聲逐之 雁群數千首皆驚飛
罹于網罟者 不知其數矣.

飛去漸去 夫身亦爲漸懸浮去 引隨雁去 身在空中也.

夫曰 "爾雖高飛 必有捕時 爲喜爲利.

雁群行 到大海中坐之 夫亦落海中. 時 一鯨吸水 夫引入鯨
腹中. 乃吸烟竹火見之則 四面皆肉矣. 以刀取肉 火煨食之 鯨
死之.

水推海邊 海邊人見鯨推至 各持鍊刀捉之. 刀聲漸聞 夫見于
其糞孔 高如山上坐之.

夫問曰 "何故 如是毀之乎?"

衆人怪之曰 "此漢 有何狂漢乎?"

夫乃下陸問曰

"毀不毀 何如間不計也 吾之雁何處去乎?"

此爲浪說可笑事.

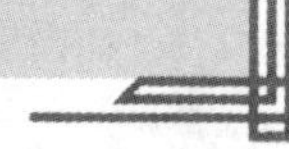

雁代捕鯨談

峽中有一夫라. 或作芒鞋하며, 或爲火木하야 見場賣得錢文用
협중유일부　　혹작망혜　　　혹위화목　　　견장매득전문용

之러니 芒價四五分이요 火木一負價卽二三錢이니 都合 善則 四
지　　망가사오푼　　　화목일부가즉이삼전　　　도합 선즉 사

五錢乃至五六錢也로 以此買得穀物而生矣러라.
오전내지오륙전야　　이차매득곡물이생의

　산골짝에 한 사내가 있었다. 혹은 짚신을 만들고, 혹은 땔나무를 해서 장을 보아 팔아 돈푼이나 얻어 쓰니 짚신 값이 4, 5푼이요 땔나무 한 짐 값이 곧 2, 3전이니 모두 합해 잘해야 4 내지 5, 6전으로 이것으로 곡물을 사서 살아갔다.

〔雁〕기러기 안 〔代〕대신할 대, 시대 대 〔捕〕(사로)잡을 포 〔鯨〕고래 경 〔峽〕골짜기 협 ※芒鞋 - 짚신 〔芒〕가시랭이 망 ※가시랭이- 초목 가시의 부스러기 〔鞋〕신(가죽신) 혜 〔場〕장(마당) 장, 장소 장 〔賣〕팔 매 〔價〕값 가 〔負〕짐(짐질) 부 〔都〕모두 도, 도읍 도 〔穀〕곡식 곡

一日은 隣人이 捕雁一首하야 買場得錢二兩하니 夫聞之하고 甚
일일　인인　포안일수　　매장득전이냥　　부문지　　심

羨曰 "吾作網罟하야 布於浦野則 捕雁數千首하리니 其利甚富矣
선왈 오작망고　　포어포야즉 포안수천수　　　기리심부의

리라." 하고 因以做芒罟하니 其妻曰 "芒鞋火木으로 足爲見場之
　인이주망고　　　기처왈 망혜화목　　　족위견장지

生計어늘 此何濫慮乎아?"
생계　　차하남려호

　하루는 이웃 사람이 기러기 한 마리를 잡아 장에 팔아 두 냥 돈을 얻으니 사내가 듣고 매우 부러워하며 말했다. "내가 그물을 만들어 개펄에 펼치면 기러기 수천 마리를 잡을 것이니 그 이익이 매우 많으리라." 하고 인하여 그물을 만드니 그 마누라가 말하기를 "짚신과 땔나무로 장을 보아 생계에 족하거늘 이 어찌 넘치는 생각이요?"

〔隣〕이웃 인(린) 〔羨〕부러워할 선 〔網〕그물 망 〔罟〕물고기 그물 고 〔布〕펼 포,

베 포 〔浦〕개 포 〔野〕들 야, 야비할 야 〔富〕넉넉할 부, 부자 부 〔做〕만들(지을) 주 〔足〕넉넉할(흡족할) 족, 발 족 〔濫〕넘칠 남(람), 퍼질 남(람)

夫不聽하고 多做芒罟하야 浦野에 大布하고 而其網繩을 繫乎腰
부불청   다주망고   포야 대포   이기망승   계호요
間하고 隱見雁罹하다. 適 雁群數千首가 坐于浦野라가 夫가 起而
간   은견안리   적 안군수천수   좌우포야   부 기이
大聲逐之하니 雁群數千首가 皆驚飛라가 罹于網罟者 不知其數
대성축지   안군수천수   개경비   이우망고자 부지기수
矣러라.
의

　　사내가 듣지 않고 그물을 많이 만들어 개펄에 크게 펼치고 그 그물 끈을 허리춤에 묶고는 숨어서 기러기가 걸리기를 기다렸다. 때마침 기러기 떼 수천 마리가 개펄에 앉았다가 사내가 일어서며 큰 소리로 쫓으니 기러기 떼 수천 마리가 모두 놀라 날다가 그물에 걸린 놈이 수를 알 수 없을 정도였다.

〔繩〕줄(끈) 승, 먹줄 승, 새끼 승 〔繫〕묶을(얽을) 계 〔腰〕허리 요 〔隱〕숨을 은
〔罹〕걸릴(만날) 리(이), 근심할 리(이) 〔逐〕쫓을 축 〔驚〕놀랄 경 〔飛〕날 비

飛去漸去하니 夫身亦爲漸懸浮去하야 引隨雁去하니 身在空中
비거점거   부신역위점현부거   인수안거   신재공중
也라. 夫曰 "爾雖高飛나 必有捕時러니 爲喜爲利라."
야 부왈 이수고비 필유포시   위희위리

　　날아가 점점 가니 사내 몸 역시 점점 매달려 떠가게 되어 기러기에 이끌려 따라 가니 몸이 공중에 있었다. 사내가 말하기를 "네가 비록 높이 날지만 반드시 잡힐 때가 있으리니 즐거워지고 이익이 된다."

〔漸〕점점 점 〔懸〕매달 현 〔浮〕뜰 부 〔引〕끌 인 〔隨〕따를 수 〔空〕하늘 공, 빌 공
〔利〕이로울 이(리), 날카로울 이(리)

雁群行이 到大海中坐之하니 夫亦落海中이라. 時에 一鯨吸水하
안군행   도대해중좌지   부역낙해중   시 일경흡수

니 夫引入鯨腹中이라.　乃吸烟竹火見之則　四面皆肉矣라.　以刀
　　부 인 입 경 복 중　　　　　내 흡 연 죽 화 견 지 즉　사 면 개 육 의　　　이 도
取肉하여 火煨食之하니 鯨死之라.
취 육　　　　화 외 식 지　　　　경 사 지

　기러기 떼 행렬이 큰 바다 가운데 도달하여 앉으니 사내 역시 바다 가운데 떨어졌다. 그 때 고래
한 마리가 물을 빨아들이니 사내가 끌려 고래 뱃속으로 들어갔다. 이에 담뱃불을 빨아 보니 사면이
모두 고기라. 칼로 고기를 잘라내어 불에 구워 먹으니 고래가 죽었다.

〔群〕무리 군　〔到〕이를 도　〔吸〕(숨들이)마실 흡　※烟竹 - 담뱃대　〔烟〕=〔煙〕담
배 연, 연기 연　〔肉〕고기 육　〔取〕취할(가질) 취, 거둘 취　〔煨〕구울(그슬릴) 외,
불씨 외

　水推海邊하니 海邊人이 見鯨推至하고 各持錬刀捉之하다.　刀聲
　수 추 해 변　　　해 변 인　　견 경 추 지　　　각 지 연 도 착 지　　　　도 성
漸聞에 夫見于其糞孔하니　高如山上坐之러라.　夫問曰 "何故로
점 문　　부 견 우 기 분 공　　　고 여 산 상 좌 지　　　부 문 왈　　하 고
如是毁之乎아?"
여 시 훼 지 호

　물이 (고래를) 바닷가로 미니 바닷가 사람들이 고래가 밀려 온 것을 보고 제각기 잘 드는 칼을 들
고 잡았다. 칼 소리가 점점 들려 옴에 사내가 그 똥구멍으로 보니 높으기가 마치 산 위에 앉은 것 같
았다. 사내가 묻기를 "무슨 까닭에 이처럼 상처를 내는가?"

〔推〕밀〔排〕추, 가릴 추, 궁구할 추, 추천할 추　※錬刀 - 갈아서 잘 드는 칼　〔錬〕
쇠불릴 련(연), 단련할 련(연)　※鍛錬 - ① 쇠붙이를 달구어 두드림 ② 몸과 마음
을 닦음　〔糞〕똥 분　〔孔〕구멍 공　〔毁〕헐(헐어질) 훼, 험담할 훼

　衆人怪之曰 "此漢이 有何狂漢乎아?" 하니 夫乃下陸問曰 "毁
　중 인 괴 지 왈　차 한　　유 하 광 한 호　　　　　　부 내 하 육 문 왈　　훼
不毁는 何如間不計也나 吾之雁何處去乎아?" 하다.　此爲浪說可
불 훼　　하 여 간 불 계 야　오 지 안 하 처 거 호　　　　　　　차 위 낭 설 가
笑事니라.
소 사

　　여러 사람들이 괴이하게 여겨 말하기를 "이놈이 어떤 미친놈이냐?" 하니 사내가 곧 육지로 내려와 묻기를 "상처를 내든 말든 어떻게 하더라도 따지지 않지만 내 기러기는 어디로 갔나?" 했다. 이것은 터무니없는 이야기로 웃을 만한 일이니라.

※衆人 - 여러 사람 〔衆〕무리 중 〔狂〕미칠 광 〔陸〕뭍(땅) 육(륙)　※何如間 - 어쨌든 〔計〕셈(셈맞출) 계, 계교(꾀) 계　※浪說 - 터무니없는 이야기 〔浪〕희롱지거리할 낭(랑), 맹랑할 랑(낭), 물결 랑(낭)

제23화

지극히 간사하면서 어리석은 체하다

옛날에 한 상번 향군이 있었는데 성품이 매우 야릇하고 간사하여 속임수가 많았으니 사람들이 그 꾀에 많이 속았다.

하루는 닭전을 지나는데 수탉 한 마리가 몸이 아주 크고 모양이 매우 얼룩덜룩하여 보통 닭과 크게 달랐다. 마음속에 꾀를 하나 생각하여 나아가 앉아 손으로 어루만지면서 거짓으로 아주 신기해하는 시늉을 하며 아름답다고 칭찬해 마지않았다. 곧 "이게 무엇이요?" 하고 닭전 주인에게 물으니 닭전 주인이 그 사람됨이 어리석은 것을 보고 속으로 웃으면서 "이게 바로 봉이요." 했다.

향군이 눈을 휘둥그레 뜨고 혀를 차면서 말하기를 "내 단지 봉이란 이름만 듣고 봉의 모양을 보지 못했더니 이제 과연 보게 되었도다. 당신 이걸 내게 팔지 않겠소?"

"사 가시오."

"값은 얼마나 하오?"

"20냥이오."

향군이 크게 기뻐하며 곧 20냥에 사서 붉은 보자기로 싼 뒤에 새로 칠한 소반에 담아 두 손으로 받들고 즉시 형조판서 집무소로 들어가 뜰 아래 꿇어앉아 아뢰었다.

"소인이 마침 봉 한 마리를 얻었습니다. 들으니 이것은 나라의 상서로운 물건이라 하니 소인의 얕은 정성에 나라님께 진상코자 합니다. 대감님께서 곧 진상해 주시면 소인 마음에 매우 다행이겠습니다.”

형조에서 가져오게 하여 보자기를 풀어 보니 수탉이라.

“이건 닭이다. 너 어찌 허망한 말이 이와 같으냐?”

하고 형판이 꾸짖자 향군이 말하기를

“과연 틀림없이 닭입니까? 그러면 원컨대 준 돈을 되찾아 주십시오. 엎드려 비나이다.”

“너는 얼마의 돈으로 어떤 사람에게서 샀느냐?”

“종루상에서 한 사람이 봉이라 하고 값을 50냥이라 하므로 소인이 아까워하지 않고 그 말에 따라 주고 샀습니다. 정말 닭이라면 이미 사람 속인 죄가 있고, 50냥은 또 도둑질 아닙니까? 서울 사람들 맹랑함이 이와 같으니 밝은 정치 아래 곧 값을 되찾아 주십시오. 엎드려 비나이다.”

하며 거듭 무수히 울며 아뢰었다. 형판이 즉시 영을 내려 닭전 주인을 잡아와 묻기를

“네가 이 닭을 봉이라 하여 이 놈에게 팔았느냐?”

“과연 팔았습니다.”

형판이 엄중히 조사하여 가로되 “닭을 봉이라 하여 값을 50냥이나 받았으니 어찌 백주강도가 아니냐?”

“저놈이 이 닭을 보고 닭이 아니라면서 크게 신기해하고 이게 무엇인지 묻기에 소인이 그 어리석음을 비웃어 우스개로 봉이라 답하고, 그 값을 묻는지라 우스개로 20냥이라 답하니 저 놈이 즉시 20냥을 내고 사 갔습니다. 소인이 속으로 포복절도했지만 아직 받아두고 그가 곧 알아채고 와서 찾기를 기다려 돌려주려 했습니다. 어찌 일부러 속여 이런 일을 저질렀겠습니까?”

향군이 이에 크게 울면서 아뢰었다.

“소인이 정녕 50냥을 주었는데 저 사람은 20냥이라 하니 증거 없는

재판이라고 남의 30냥을 뺏으려 합니다. 맑은 하늘 아래 어찌 이런 지극히 원통한 일이 있겠습니까? 엎드려 비노니 엄중히 조사하여 찾아주시고 무지한 시골 사람이 소중한 재물을 잃지 않게 해주시길 손 모아 비나이다."

형판이 닭전 주인을 꾸짖어 가로되

"어리석은 백성을 업신여겨 속이고 백주에 다른 사람 재물을 뺏고는 이제 말을 꾸며 숨기려 하느냐? 닭 한 마리 값이 많아도 7, 8냥에 불과한데 너는 이미 20냥을 받았다 하니 이 어찌 도적놈이 아니냐? 이로써 보건대 저 놈이 50냥을 주었다는 것이 거짓말이 아니다. 닭 한 마리에 20냥 받는 자가 50냥인들 어찌 아니 받을까?

이에 엄하게 다스리려 하니 닭전 주인이 입이 있어도 변명할 수 없는지라. 곧 아뢰기를

"소인이 한때 실없는 농담으로 오히려 저 놈에게 속임수를 당하여 이 지경에 이르렀으니 변명할 말이 없습니다."

형판이 끝내 닭전 주인에게 50냥을 받아서 향군에게 주니 향군이 백

번 절하고 감사하며 물러갔다.

　대개 사람이 지극히 간사한 데는 재판도 역시 분별하기 어려움이라.
들은 자가 전하면서 웃었다.

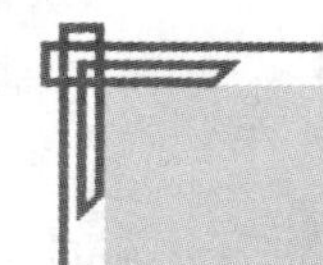

至奸飾愚

古有一上番鄕軍 性甚詭譎多詐 人多墮其術中.

一日過鷄廛 見一雄鷄 體甚大 貌甚斑 與凡鷄大異. 心生一計 就坐而以手摩挲 佯作大奇之狀 稱佳不已. 乃問鷄主曰 "此何物也?"

鷄主見其人之痴蠢 心笑之 乃答曰 "此是鳳也."

鄕軍瞠眼吐舌曰

"吾只聞鳳名 未見鳳貌 今果得見矣. 願君許買於我如何?"

鷄主曰 "買去也."

鄕軍問曰 "價爲幾許?"

鷄主曰 "二十兩也."

鄕軍大喜 卽以二十兩買之 乃以一紅袱裏之後 盛于新漆盤 雙手捧之 卽入刑曹坐起廳 庭下跪告曰

"小人 適得一鳳. 聞則 此是國之瑞物 小人之淺誠 欲進上而納之 願大監主 卽爲進上則 下情甚幸矣."

秋曹使之持來 解袱見之則 卽雄鷄也.

秋堂責之曰 "此是鷄也. 汝何妄言 如是乎?"

鄕軍曰

"果的是鷄乎? 然則 願推價錢以給之也. 伏望."

秋堂曰 "汝以幾許錢 買於何許人乎?"

鄕軍曰

"鐘樓上一人 謂之鳳而價爲五十兩云故 小人不惜而依其言給買矣. 果是鷄則旣有欺人之罪, 五十兩又非盜乎? 京人之孟浪如此 明政之下卽爲推給. 伏望."

秋堂卽以下令捉來鷄廛人 問之曰

"汝以此鷄 謂鳳而賣於此漢耶?"

鷄廛人曰 "果賣之矣."

秋堂嚴查曰

"以鷄曰鳳而捧價五十兩 豈非白晝强盜乎?"

鷄鏖人曰

"彼漢見此鷄 疑非鷄而大奇之 問是何物故 小人笑其愚蠢 笑答以鳳, 問其價則 笑答以二十兩 彼漢卽出二十兩買去故 小人心甚絶倒 姑捧置而待其卽覺來推 欲還給矣. 豈有故欺而行如此之事乎?"

鄕軍乃大哭哀告曰

"小人丁寧給五十兩 彼乃曰二十兩 白地經訴 欲奪人之三十兩. 晴天之下 豈有如此至寃之事乎? 伏乞 嚴查推給 俾無智鄕人不失重財 祝手祝手."

秋堂責鷄鏖人曰

"侮瞞愚氓 白晝奪人之財物 今於飾辭掩乎? 一鷄之價多 不過七八兩 汝旣云棒二十兩 此非賊漢乎? 以此觀之 彼漢之給五十兩者 非虛言也. 一鷄之捧二十兩者 豈不棒五十兩乎?

乃欲嚴治 鏖人有口莫辯. 乃告曰

"小人以一時譏弄 乃反見欺於彼漢 至於此境 無辭發明."

秋堂終以鏖人推捧五十兩 而出給鄕軍 鄕軍百拜稱謝而退. 盖人之至奸 訟亦難辨. 聞者傳笑.

至奸飾愚

古有一上番鄕軍하야 性甚詭譎多詐하니 人多墮其術中이러라.
고유일상번향군　性심궤휼다사　　인다타기술중
一日은 過鷄廛이러니 見一雄鷄가 體甚大하고 貌甚斑하여 與凡鷄
일일　과계전　　견일웅계　체심대　　모심반　　여범계
大異라.
대 이

　옛날에 한 상번 향군이 있었는데 성품이 매우 야릇하고 간사하여 속임수가 많았으니 사람들이 많이 그 꾀에 떨어졌다. 하루는 닭전을 지나려니 수탉 한 마리가 몸이 아주 크고 모양이 매우 얼룩덜룩하여 보통 닭과 크게 달랐다.

※上番鄕軍 = 番上兵 - 조선 시대에 차례가 되면 상경하여 중앙에서 일정 기간 복무하던 지방 군인　〔番〕번(番)들 번, 차례 번　※詭譎 - 야릇하고 간사한 속임　〔詭〕교사할 궤　〔譎〕속일 휼, 간사할 휼　〔詐〕(거짓)속일 사, 간사할 사　〔墮〕떨어질 타, 게으를 타　〔術〕꾀 술, 재주 술　〔鷄〕닭 계　〔廛〕가게 전　〔雄〕수컷 웅, 영웅 웅, 웅장할 웅　〔體〕몸 체　〔貌〕모양 모　〔斑〕아롱질 반, 반점 반　〔凡〕무릇 범, 범상할 범, 대강 범

心生一計하여 就坐而以手摩挲하며 佯作大奇之狀하고 稱佳不
심생일계　　취좌이이수마사　　양작대기지상　　칭가불
已러라. 乃問鷄主曰 "此何物也오?" 하니 鷄主見其人之痴蠢하고
이　　내문계주왈　차하물야　　　계주견기인지치준
心笑之하며 乃答曰 "此是鳳也라." 하다.
심소지　　내답왈　차시봉야

　마음속에 꾀를 하나 생각하여 나아가 앉아 손으로 어루만지면서 거짓으로 아주 신기해하는 모양을 하며 아름답다고 칭찬해 마지않았다. 곧 닭 주인에게 묻기를 "이게 무엇이요?" 하니 닭 주인이 그 사람됨이 어리석고 둔한 것을 보고 속으로 웃으면서 곧 답하기를 "이게 바로 봉이요." 했다.

〔就〕나아갈 취, 이룰 취　※摩挲 - 어루만짐　〔摩〕만질 마, 갈(문지를) 마　〔挲〕

= 抄 만질 사 〔佯〕거짓 양 〔奇〕기이할 기, 기특할 기 〔狀〕형상 상, 형용할 상,
문서(편지) 장 〔稱〕칭찬할 칭, 일컬을 칭 〔佳〕아름다울 가, 좋을 가 ※痴蠢 =
愚蠢 - 어리석고 둔함 〔痴〕어리석을 치, 미치광이 치 〔蠢〕꿈틀거릴 준, 어리석을
준 〔鳳〕봉황새 봉

鄕軍이 瞠眼吐舌曰 "吾只聞鳳名하고 未見鳳貌러니 今果得見
矣라. 願君許買於我가 如何오?" 하니 鷄主曰 "買去也하라." 鄕
軍問曰 "價爲幾許오?" 鷄主曰 "二十兩也라."

향군이 눈을 휘둥그레 뜨고 혀를 빼물며 말하기를 "내 단지 봉이란 이름만 듣고 봉의 모양을 보
지 못했더니 이제 과연 보게 되었도다. 원컨대 당신이 내게 파는 것을 허락함이 어떻소?" 하니 닭
주인 가로되 "사 가시오." 향군이 물었다. "값은 얼마요?" 닭 주인이 말했다. "20냥이오."

※瞠眼 - 눈을 휘둥그레 뜸 〔瞠〕똑바로 볼 당 〔眼〕눈 안 ※吐舌 - 혀를 길게 빼
문다. 〔吐〕토할 토 〔舌〕혀 설 ※幾許 - 얼마 〔幾〕몇 기, 기미 기, 거의 기

鄕軍大喜하며 卽以二十兩買之하고 乃以一紅褓裹之後에 盛于
新漆盤하야 雙手捧之하고 卽入刑曹坐起廳하여 庭下跪告曰 "小
人適得一鳳이니이다. 聞則 此是國之瑞物이라 하니 小人之淺誠에
欲進上而納之하니 願컨대 大監主는 卽爲進上則 下情에 甚幸矣니
이다." 하다.

향군이 크게 기뻐하며 곧 20냥으로 사서 붉은 보자기로 싼 뒤에 새로 칠한 소반에 담아 두 손으
로 받들고 즉시 형조 좌기청으로 들어가 뜰 아래 꿇어앉아 아뢰기를 "소인이 마침 봉 한 마리를 얻
었습니다. 들으니 이는 나라의 상서로운 물건이라 하니 소인의 얕은 정성에 나라님께 진상코자 바
치니 원컨대 대감님께서 곧 진상해 주시면 굽어보시는 마음에 매우 다행이겠습니다." 했다.

〔褓〕보자기 보 〔裏〕속 리(이), 옷안 리(이) 〔盛〕담을 성, 성할 성, 많을(클) 성 〔漆〕칠할 칠, 옷 칠, 깜깜할 칠 〔盤〕소반 반 〔雙〕쌍 쌍, 짝 쌍 〔捧〕받을 봉, 받들 봉 ※刑曹 - 조선시대 법률과 소송 및 형벌 등을 담당한 관청 〔刑〕형벌 형 〔曹〕관청 조, 마을 조 ※坐起廳 - 좌기는 관청의 장이 출사하여 일을 보는 것. 좌기청은 장관 집무실 〔廳〕관청 청, 대청(마루) 청 〔庭〕뜰 정 〔跪〕꿇어앉을 궤 ※瑞物 - 상서로운 물건 〔瑞〕상서로울 서 〔淺〕얕을 천 〔誠〕정성 성 ※進上 - 지방에서 나는 물건을 임금이나 고관에게 바침 〔納〕바칠 납 〔監〕살필(볼) 감 ※下情 = 下懷 - 자기의 심정

秋曹使之持來하여 解褓見之則 卽雄鷄也라. 秋堂責之曰 "此是鷄也라. 汝何妄言이 如是乎아?" 鄕軍曰 "果的是鷄乎아? 然則 願推價錢以給之也하소서. 伏望하나이다."
秋堂曰 "汝以幾許錢으로 買於何許人乎아?"

형조에서 가져오게 하여 보자기를 풀어 본 즉 곧 수탉이라. 형판이 꾸짖기를 "이건 닭이라. 너 어찌 망령된 말이 이와 같으냐?" 향군이 말했다. "과연 틀림없이 닭입니까? 그러면 원컨대 값으로 준 돈을 찾아 주십시오. 엎드려 비나이다."

형판이 가로되 "너는 얼마의 돈으로 누구에게서 샀느냐?"

※秋曹 = 秋官 - 조선시대 형조의 별칭 〔解〕풀 해 ① 풀다(풀리다) ② 해득하다 (깨닫다) ③ 벗다 ④ 흩어지다 ⑤ 쪼개다 ※秋堂 - 형조판서 ※妄言 - 망령된 말 〔妄〕망령될 망, 허망할 망, 속일 망 〔的〕적실할 적, 과녁 적 〔推〕가릴 추, 파물을 추, 궁구할 추, 밀 추 ※何許 - 어떤

鄕軍曰 "鐘樓上一人이 謂之鳳而價爲五十兩云故로 小人不惜

而依其言給買矣로소이다. 果是鷄則旣有欺人之罪요, 五十兩又
非盜乎아? 京人之孟浪이 如此하니 明政之下에 卽爲推給伏望하
나이다."

　향군이 말하기를 "종루상에 한 사람이 봉이라 일컫고 값을 50냥이라 하는 고로 소인이 아까워하지 않고 그 말에 따라 주고 샀습니다. 과연 닭이라면 이미 사람 속인 죄가 있고, 50냥은 또 도둑질 아닙니까? 서울 사람들 맹랑함이 이와 같으니 밝은 정치 아래 곧 (값을) 찾아 주시기 엎드려 비나이다." 하며 거듭 무수히 울며 아뢰었다.

※鐘樓 - 서울 鐘路. 조선시대에 종로 입구에 시각을 알리는 종을 매단 누각이 있었다. 〔鐘〕종(쇠북) 종, 모을 종 〔樓〕다락 루(누) 〔惜〕아낄 석, 아까워할 석 〔依〕좇을(따를) 의, 의지할 의 〔欺〕속일 기 〔罪〕죄(허물) 죄 ※孟浪 - ① 허망하고 자세하지 아니함 ② 이해할 수 없음 〔孟〕맹랑할 맹, 맏(첫) 맹 〔浪〕맹랑할 랑(낭), 물결 랑(낭) ※推給 - 찾아서 돌려 줌

秋堂卽以下令捉來鷄廛人하야 問之曰 "汝以此鷄로 謂鳳而賣
於此漢耶아?" 鷄廛人曰 "果賣之矣로소이다." 秋堂嚴査曰 "以
鷄曰鳳이라 하야 而捧價五十兩하니 豈非白晝强盜乎아?"

　형판이 즉시 영을 내려서 닭전 주인을 잡아와 묻기를 "네가 이 닭을 봉이라 하여 이 놈에게 팔았느냐?" 닭전 주인이 말했다. "과연 팔았습니다." 형판이 엄중히 조사하여 가로되 "닭을 봉이라 하여 값을 50냥이나 받았으니 어찌 백주강도가 아니냐?"

〔嚴〕엄할 엄, 혹독할 엄 〔査〕조사할 사 〔捧〕받을 봉, 받들 봉 〔豈〕어찌 기(개) 晝 - 환한 대낮. 〔晝〕낮 주 〔强〕강할(굳셀) 강, 힘쓸 강

鷄廛人曰 "彼漢見此鷄하고 疑非鷄而大奇之하며 問是何物故

로 小人笑其愚蠢하야 笑答以鳳하고, 問其價則 笑答以二十兩이
　　소인소기우준　　　소답이봉　　　　문기가즉 소답이이십냥

라 하니 彼漢卽出二十兩買去故로 小人心甚絶倒하나 姑捧置而待
　　　　피한즉출이십냥매거고　　소인심심절도　　　고봉치이대

其卽覺來推하야 欲還給矣로소이다. 豈有故欺하여 而行如此之事
기즉각래추　　　　욕환급의　　　　기유고기　　　이행여차지사

乎이까?"
호

　닭전 주인이 말했다. "저 사람이 이 닭을 보고 닭이 아니라면서 크게 신기해 하며 이게 무슨 물건
인지 묻기에 소인이 그 어리석음을 비웃어 우스개로 봉이라 답하고, 그 값을 묻는지라 우스개로 20
냥이라 답하니 저 사람이 즉시 20냥을 내고 사 간지라 소인이 마음속으로 포복절도했지만 잠깐 받
아두고 그가 곧 깨달아 와서 찾기를 기다려 돌려주려 했습니다. 어찌 일부러 속여 이런 일을 저질렀
겠습니까?"

〔疑〕의심할 의 　※愚蠢 = 痴蠢 - 어리석고 민첩하지 못함 〔愚〕어리석을 우 〔蠢〕
꿈틀거릴 준, 어리석을 준 ※絶倒 = 抱腹絶倒 〔姑〕잠깐 고, 아직 고, 시어미 고,
〔覺〕깨달을 각 　※還給 - 되돌려줌 〔還〕돌아올(갈) 환 〔欺〕속일 기

　鄕軍乃大哭哀告曰 "小人丁寧給五十兩인데 彼乃曰二十兩이라
　향군내대곡애고왈　소인정녕급오십냥　　　피내왈이십냥

하니 白地經訴라 하여 欲奪人之三十兩이로소이다. 晴天之下에 豈
　　백지경소　　　　욕탈인지삼십냥　　　　청천지하　　기

有如此至冤之事乎이까? 伏乞 嚴査推給하여 俾 無智鄕人不失重
유여차지원지사호　　　복걸 엄사추급　　　비무지향인불실중

財를 祝手祝手하노이다."
재　　축수축수

　향군이 이에 크게 울면서 아뢰기를 "소인이 정말로 틀림없이 50냥을 주었는데 저 사람은 20냥
이라 하니 증거 없는 재판이라고 남의 30냥을 뺏으려 합니다. 맑은 하늘 아래 어찌 이런 지극히 원
통한 일이 있겠습니까?" 엎드려 비노니 엄중히 조사하여 찾아 주시고 무지한 시골 사람이 소중한
재물을 잃지 않게 해주시길 손 모아 빌고 빕니다.

〔哭〕울 곡 〔哀〕슬플 애 　※丁寧 - 정말로 틀림없이 〔丁〕넷째 천간 정, 장정 정, 성
할 정 〔寧〕편안할 녕, 차라리 녕 　※白地經訴 - 소장(訴狀)없이 하는 소송. 즉 증

거없는 재판　※白地 – ① 아무 턱도 없이. 생판 ② 농사가 안 되어 거둘 것이 없는 땅. 〔經〕다스릴(처리할) 경, 겪을 경, 날(세로) 경, 책 경　〔訴〕하소연할 소　〔奪〕빼앗을 탈　〔晴〕갤 청　〔寃〕원통할 원　〔嚴〕엄할 엄　〔査〕조사할 사　〔俾〕하여금 비, 더할 비, 좇을 비　〔智〕슬기 지　※祝手 – 두 손바닥을 마주 대고 빎　〔祝〕빌 축

秋堂責鷄廛人曰 "侮瞞愚氓하야 白晝奪人之財物하고 今於飾
추당책계전인왈　　모만우맹　　　백주탈인지재물　　　금어식

辭掩乎아?　一鷄之價多라도 不過七八兩인데 汝旣云棒二十兩하니
사엄호　　　일계지가다　　　불과칠팔냥　　　여기운봉이십냥

此非賊漢乎아?　以此觀之컨대 彼漢之給五十兩者가 非虛言也라.
차비적한호　　　이차관지　　　피한지급오십냥자　　비허언야

一鷄之捧二十兩者가 豈不棒五十兩乎아?
일계지봉이십냥자　기불봉오십냥호

　형판이 닭전 주인을 꾸짖어 가로되 "어리석은 백성을 업신여겨 속이고 백주에 다른 사람 재물을 뺏고는 이제 말을 꾸며 숨기느냐? 닭 한 마리 값이 많아도 7, 8 냥에 불과한데 너는 이미 20냥을 받았다 하니 이 어찌 도적놈이 아니냐? 이로써 보건대 저 놈이 50냥 주었다는 것이 거짓말이 아니다. 닭 한 마리에 20냥 받는 자가 50냥인들 어찌 아니 받을까?"

〔侮〕업신여길 모　〔瞞〕속일 만　〔氓〕백성 맹　〔奪〕빼앗을 탈　〔飾〕꾸밀 식　〔辭〕말 사　〔掩〕가릴 엄　〔過〕지날 과, 허물(과오) 과　〔旣〕이미 기　〔賊〕도둑 적　〔觀〕볼 관　〔虛〕거짓 허, 빌 허

乃欲嚴治하니 廛人이 有口莫辯이라.　乃告曰 "小人以一時譏弄
내욕엄치　　　전인　　유구막변　　　내고왈　소인이일시기롱

으로 乃反見欺於彼漢하여 至於此境하니 無辭發明이로소이다."
내반견기어피한　　　지어차경　　무사발명

　이에 엄하게 다스리려 하니 닭전 주인이 입이 있어도 변명할 수 없는지라. 곧 아뢰기를 "소인이 한때 실없는 농담으로 오히려 저 놈에게 속임수를 당하여 이 지경에 이르렀으니 변명할 말이 없습니다."

※有口莫辯 = 有口無言 – 변명할 말이 없음　〔莫〕없을 막, 저물 모, 고요할 맥

〔辯〕변명할 변, 말잘할 변 ※譏弄 - 실없는 말로 남을 놀림 〔譏〕비방할(꾸짖을) 기, 기찰할 기 〔反〕돌아올 반, 엎칠 반, 배반할 반 〔境〕지경 경, 곳(장소) 경 〔辭〕말 사 ※發明 - ① 무죄를 변명함 ② 전에 없던 것을 생각해 내거나 만들어 냄

秋堂終以廛人推捧五十兩하여 而出給鄕軍하니 鄕軍百拜稱謝
추 당 종 이 전 인 추 봉 오 십 냥   이 출 급 향 군   향 군 백 배 칭 사
而退러라. 蓋人之至奸에는 訟亦難辨이라. 聞者傳하며 笑하니라.
이 퇴   개 인 지 지 간   송 역 난 변   문 자 전   소

　형판이 끝내 닭전 주인에게 50냥을 받아서 향군에게 주니 향군이 백 번 절하고 감사하며 물러갔다. 대개 사람이 지극히 간사한 데는 재판도 역시 분별하기 어려움이라. 들은 자가 전하면서 웃었다.

〔終〕마침내 종, 마지막 종, 죽을 종 〔拜〕절(할) 배 ※稱謝 - 칭찬하여 일컫는 말 〔稱〕칭찬할 칭, 일컬을 칭 〔謝〕사례할 사 〔退〕물러날 퇴 〔蓋〕대개 개, 덮을(가릴) 개, 우산 개(蓋의 약자) 〔奸〕간사할 간, 거짓 간, 간음할 간 〔訟〕송사(재판)할 송, 시비할 송 〔辨〕분별할 변, 판단할 변

제24화

꾀를 써서 벼슬하다

한 무과 출신자가 신수도 훤하고 지혜와 능력도 있으나 과거 급제한 후 10여 년이 지났으나 관직에 나가지 못했으니 든든한 후원자가 없는 탓이었다.

문득 속으로 꾀를 하나 생각하여 살아있는 꿩을 한 마리 얻어 화살로 꿩의 눈알을 꿰뚫고는 당시 제일 권세 있는 재상집 후원 담 밖에 가서는 마당 한가운데에 꿩을 던져 넣은 뒤 허리에는 화살을 차고 손에는 활을 잡고 급히 문 앞에 와서 큰소리로 외쳤다.

"내 꿩을 이 댁 후원 담장 안에 떨어뜨렸으니 곧 가져다 내게 달라."

말소리가 매우 높으니 재상이

"누가 무슨 일로 와서 시끄럽게 떠드는고?"

하고 물었다. 종들이 아뢰기를

"한 무부가 활과 화살을 가지고 와서 말하기를 '이 댁 후원 안에 자기 꿩이 있으니 찾아가려고 왔다.' 하나이다."

재상이 무인을 부르니 무인이 활과 화살을 가지고 와서 마루 아래 서니 훤한 풍채에 말도 잘하는지라.

"그대는 어떤 사람인고?"

재상이 물었다.

"소인은 무과 출신으로 집이 가난하여 할 일 없이 노는 고로 틈만 나면 사냥을 다녔는데 활 쏘는 재주가 있어 조금 전 활과 화살을 가지고 마침 댁의 후원 담 밖을 지나다가 꿩 한 마리가 나무 위에 앉은 것을 보고는 소인이 그 눈을 쏘아 맞혀 후원 가운데 떨어뜨리고 찾아가고자 문 앞으로 돌아 나와 종들에게 청했는데 대감 듣는 데서 놀라게 하여 황송함을 이기지 못하겠나이다."

"눈을 쏘아 맞히다니 신통한 무술이로고."

"소인이 활을 쏘면 헛방이 없으나 그 눈을 맞춘 것은 역시 우연일 뿐입니다."

재상이 즉시 종에게 명하여 후원에 들어가 그 꿩을 가져오게 하니 과연 화살이 그 눈을 꿰뚫고 아직 생기가 있었다. 재상이 칭찬해 마지않으며 거듭 묻기를

"그대는 어떤 집안 출신이며 과거 급제한 지는 올해 몇 해나 되는고?"

"소인의 아비는 변방 무변으로 일찍 죽고, 할아비와 증조 이상은 혹은 방어사도 지냈고, 혹은 병사나 수사도 있나이다."

"그렇다면 지체 좋은 무변이다."

"소인이 일찍 아비를 잃고 또 형제도 없어 홀로 노모에 의지해 가난하여 스스로 살지도 못하며, 과거에 급제한 지도 이미 10여 년이지만 세력이 없는 고로 지금까지 건달 신세로 지내고 있습니다.

"그대의 모든 것이 이와 같고, 그러면서도 허송세월을 했으니 참으로 불쌍하고 가엾다. 자네 잠시 내 곁에 있으면서 입신 출세할 길을 생각해 봄이 어떨꼬?"

"감히 청할 수 없는 일이지만 진실로 원하던 바입니다. 생각해 주심이 이에 이르니 황송한 마음을 이기지 못하겠나이다."

재상이 곧 좌우에 두고 무인은 정성을 다해 섬기니 과연 능란하고 재주가 있으며 감당하지 못하는 것이 없는지라 재상이 매우 사랑했다.

몇 달이 지나자 무인이 아뢰었다.

"듣자하니 선전관 자리가 마침 비어 있다 합니다. 만약 대감께서 병판한테 부탁한다는 편지 한 통만 주시면 염려 없을 것 같은데 엎드려 바라건대 어떨지 모르겠습니다."

"내 마땅히 시도해보지." 하고 즉시 병판에게 편지를 써주니 병판이 회답하되 '이번에는 마침 친하고 간절한 사람이 자리를 구하는지라. 다음에 비는 자리가 생기면 즉시 시행할 것이니 ……' 하는 것이었다.

재상이 편지를 보여주며

"병판의 답장이 이와 같으니 아직은 다음 자리를 기다리는 것이 좋으리라."

하자 무인이 말없이 밖으로 나와 청지기에게 말했다.

"나는 바로 집으로 돌아가고자 하니 너는 들어가 대감께 아뢰어 지난번 내 꿩 값을 찾아오너라. 내 가지고 떠나련다."

종이 들어가 아뢰니 대감이 대노하여

"제 놈이 내가 아끼고 사랑해준 은혜를 배반하고 감히 꿩 값을 말하며 알리지도 않고 떠난단 말이냐? 이제 보니 형편없는 놈이로다."

하고 돈 한 냥을 내어 주며 "이것을 주고 당장 내쫓아라." 하며 노기를 그치지 못하고 거듭 또 병판에게 편지 쓰기를 '조금 전 부탁한 무인은 역시 친하고 간절한 사람도 아니오. 이제 그 사람됨이 도저히 안 되겠다는 것을 알았으니 비단 이번만이 아니라 비록 다음 번 자리가 있더라도 고려하지 마시오.' 했다.

병판은 '이 재상이 다음 번 자리라는 말에 화가 나서 이 같이 불쾌한 말을 하는구나' 하고 생각하여 바로 답장을 쓰려는 차에 문득 선전관을 차출하라는 명이 구전으로 오니 병판이 즉시 그 무인으로 첫머리에 낙점을 찍었다.

무인이 이미 벼슬을 얻고 곧 재상집에 들어가 절하니 재상이 노하여 꾸짖었다.

"그대가 무슨 낯으로 감히 와서 나를 보느냐?"

"소인이 차라리 죽을지언정 어찌 대감께서 아끼고 사랑해 주신 은혜를 잊겠습니까? 소인이 병판의 허락하지 않음을 보고 밖으로 나가 꿩값을 찾고 물러간 것은 대감께서 반드시 화를 내어 소인에게 벼슬을 주지 말라는 것으로 다시 병판에게 알릴 것이고, 병판은 반드시 대감의 화가 즉시 시행치 아니함에 있다고 알아 불안하여 즉시 시행할 것입니다. 따라서 이와 같은 꾀를 낸 것입니다. 대감과 병판께서 과연 소인의 계교에 빠졌기에 소인은 이 벼슬을 얻었으니 엎드려 바라옵건대 대감께서는 굽어살피시어 죄를 용서하심이 어떠합니까?"

하고 무인이 웃으며 말했다.

이에 대감이 화를 풀고 기뻐하며 무인을 기특히 여기며

"능란하다! 그대여. 기특토다! 그대여. 자네가 가히 장수 재목이로다." 하고 극구 칭찬하니 무인이 이로부터 영원히 재상에게 충성하고

재상도 역시 힘껏 주장하여 등용하니 무인은 벼슬이 병마절도사, 수군
절도사에 이르고 뒤에 통제사가 되었다고 한다.

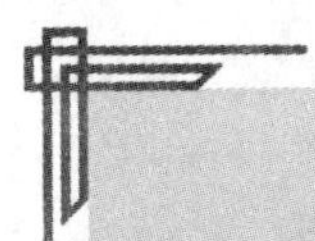

用計得官

一武科出身　好身數　多智能　登科十餘年　未得第仕. 可謂墻
壁無依.

忽心生一計　得一活雉　而以箭貫其目　往當時第一權宰家後園
墻外　投雉于園中後　腰帶箭, 手執弓　急來門前　大聲呼之曰

"吾之雉　落宅之後園墻垣內　卽爲持來給我."

語聲甚高　宰問之曰　"何人以何事來鬧乎?"

奴輩　告以

"一武夫　持弓矢來言曰 '宅後園內　有渠雉云云　欲推來矣.'"

宰命召武人　武人持弓矢　而來立軒下　好風采　能言語.

宰問　"君何人也?"

武夫曰

"小人則　武科出身而家貧閑遊故　有時行獵　有射才. 俄者　持
弓矢而適過宅後園墻外　見一雉坐樹上故　小人射中其目　落于園
中　欲爲推去　回來門前　請于奴輩矣　驚動尊聽　不勝惶悚矣."

宰曰　"射中其目　可謂神武."

武人曰　"小人射無虛發　而其於中其目　亦偶然耳."

宰卽命奴入園中　持來其雉　果箭貫其目　尙有生氣. 宰稱之不
已　仍問曰

"君之地處何如　科甲當爲其年?"

武人曰

"小人之父　邊地武弁早死　祖曾祖以上或經防禦　或有閫任
矣."

宰曰　"然則　好地處武弁也."

武人曰

"小人早失嚴父　更無至親　獨依老母　貧不自存　登科亦已十餘
年　以無勢之故　至今作閑遊客矣."

宰曰

"君之凡百如此　而潦倒如許　誠可矜也. 君須在吾側　以爲發
身之道　如何?"

武人曰　“不敢請固所願．下念及此　不勝惶感.”

宰乃置左右　武人竭誠事之　果是能幹而無處不當．宰甚愛之.

過數月　武人告曰

“聞宣傳官方有闕　若得大監一札於兵判則　似無慮矣　伏未知何如.”

宰曰　“吾當圖之.”即爲書札於兵判　兵判回答

“以今番則　適有親切人求處者，後窠卽施云云.”

宰以書示之曰　“兵判答狀如此　姑俟後　好矣.”

武人默然出外　言于守廳曰

“吾方欲歸家　汝入告大監　向自吾之生雉價推來也．吾欲持去矣.”

奴入告　宰大怒曰

“渠背愛恤之恩　敢言雉價　不告而去耶？今知其無狀漢.”

出給一兩錢曰“給此而卽爲驅出.”

怒氣不止　仍又作書於兵判曰

“俄者所托武人　亦非親切人，今知其爲人之萬萬不可　非但今番　雖後窠勿爲檢擬也.”

兵判以爲此台怒於後窠之說　有此不快之言　方欲作答書之際忽有口傳宣傳官差出之命　兵判卽以其武人首擬蒙點.

武人旣得之　乃往宰家入拜　宰怒責曰

“君何面目　敢來見我乎？”

武人笑曰

“小人寧死　何敢忘大監愛恤之恩？見兵判之不諾　小人出外而推雉價　自外退去則　大監必觸怒　而以勿施小人職　更報於兵判　兵判則　必以大監之怒　於不卽施知之　不安而卽施之矣．故如是生計矣．大監與兵判　果然中於小人之計巧．而小人則得此官矣　伏望　大監下察而諒恕罪如何？”

宰回嗔作喜　拍案奇之曰

“能哉！君也．奇特哉！君也．汝可將材.”無數稱道

武人　自此　永爲心腹之人　宰亦以力主獎用　武人官至　帥　後爲統制云爾.

用計得官

> 一武科出身이 好身手에 多智能이나 登科十餘年에 未得第仕니
> 일 무 과 출 신　호 신 수　　다 지 능　　등 과 십 여 년　미 득 제 사
> 可謂墻壁無依러라.
> 가 위 장 벽 무 의
>
> 한 무과 출신자가 좋은 신수에 슬기와 능력도 있으나 과거 급제한 후 10여 년에 관직에 나가지
> 못했으니 말하자면 담벽에 의지할 수 없음이었다. (든든한 후원자가 없었기 때문이었다.)

※武科 - 무신 선발 과거. 급제하면 선달이 된다. 〔武〕호반 무, 굳셀(날랠) 무
〔科〕과거 과, 과정 과 ※身手 - 용모와 풍채 ※智能 = 智力 - 슬기와 능력 〔智〕
슬기 지 〔餘〕남을 여 ※第仕 - 과거에 급제하여 관직에 나아감 〔第〕- ① 과거
또는 그 시험에 합격함 ② 차례, 순서, 등급 ③ 집, 주택 〔仕〕벼슬할 사 ※可謂 -
거의 옳다고 여겨 말하자면 〔墻〕담 장 〔壁〕벽 벽 〔依〕의지할 의

> 忽心生一計하야 得一活雉하여 而以箭貫其目하고 往當時第一
> 홀 심 생 일 계　　독 일 활 치　　이 이 전 관 기 목　　왕 당 시 제 일
> 權宰家後園墻外하야 投雉于園中後에 腰帶箭, 手執弓하고 急來
> 권 재 가 후 원 장 외　　투 치 우 원 중 후　요 대 전　수 집 궁　　급 래
> 門前 大聲呼之 曰 "吾之雉를 落宅之後園墻垣內하니 卽爲持來
> 문 전 대 성 호 지 왈　오 지 치　낙 댁 지 후 원 장 원 내　　즉 위 지 래
> 給我하라."
> 급 아
>
> 문득 마음에 한 가지 꾀를 생각하여 한 마리 살아있는 꿩을 얻어 화살로 꿩 눈알을 꿰뚫고는 당
> 시 제일 권세가 있는 재상집 후원 담 밖에 가서 마당 가운데에 꿩을 던져 넣은 뒤 허리에는 화살을
> 차고 손에는 활을 잡고 급히 문 앞에 와서 큰소리로 외쳤다. "내 꿩을 이 댁 후원 담장 안에 떨어뜨
> 렸으니 즉시 가져다 내게 달라."

〔忽〕갑자기 홀, 소홀히 할 홀 〔計〕꾀 계, 셈(셈맞출) 계 〔活〕살 활 〔雉〕꿩 치
〔箭〕화살 전 〔貫〕꿸(꿰뚫을) 관, 무게 단위 관 〔權〕권세 권, 성씨 권 〔宰〕재상 재

〔園〕동산 원 ① 동산 ② 정원, 과수원, 울타리가 있는 밭 〔投〕던질 투 〔腰〕허리 요 〔帶〕찰 대, 띠 대, 데릴 대 〔執〕잡을 집 〔垣〕얕은 담 원, 호위할 훤

語聲이 甚高하니 宰問之曰 "何人이 以何事로 來鬧乎아?" 奴
어성 심고 재문지왈 하인 이하사 래뇨호 노
輩 告以 "一武夫가 持弓矢來言 曰 '宅後園內에 有渠雉云云하
배 고이 일무부 지궁시래언 왈 택후원내 유거치운운
며 欲推來矣로소이다'."
욕추래의

말소리가 매우 높으니 재상이 물었다. "누가 무슨 일로 와서 시끄럽게 떠드는고?" 종들이 아뢰기를 "한 무부가 활과 화살을 가지고 와서 말하기를 '(이) 댁 후원 안에 그(자기) 꿩이 있으니 찾아가려고 왔다' 하나이다."

〔鬧〕떠들썩하게 할 뇨 〔奴〕종 노 ※남자 종은 奴, 여자 종은 婢 〔輩〕무리 배 〔矢〕화살 시 〔推〕가릴 추, 말따질 추, 궁구할 추, 밀(排) 추

宰命召武人하니 武人이 持弓矢而來하야 立軒下하니 好風采에
재명소무인 무인 지궁시이래 입헌하 호풍채
能言語라. 宰問 "君은 何人也오?" 武夫曰 "小人則 武科出身으
능언어 재문 군 하인야 무부왈 소인즉 무과출신
로 而家貧閑遊故로 有時行獵이러니 有射才라. 俄者에 持弓矢하야
이가빈한유고 유시행렵 유사재 아자 지궁시
而適過宅後園墻外라가 見一雉가 坐樹上故로 小人이 射中其目하
이적과댁후원장외 견일치 좌수상고 소인 사중기목
야 落于園中하고 欲爲推去하여 回來門前하고 請于奴輩矣러니 驚
낙우원중 욕위추거 회래문전 청우노배의 경
動尊聽하여 不勝惶悚矣로소이다."
동존청 불승황송의

재상이 무인을 부르도록 명하니 무인이 활과 화살을 가지고 와서 마루 아래 서니 좋은 풍채에 말도 잘했다. 재상이 물었다. "그대는 어떤 사람인고?" 무부가 말했다. "소인은 곧 무과 출신으로 집이 가난한데다 한가하게 노는 지라 시간이 있으면(틈이 나면) 사냥을 다녔는데 활 쏘는 재주가 있습니다. 조금 전 활과 화살을 가지고 마침 댁 후원 담 밖을 지나다가 꿩 한 마리가 나무 위에 앉은 것을 본지라 소인이 그 눈을 쏘아 맞혀 후원 가운데 떨어뜨리고 찾아가고자 문 앞으로 돌아 나와 종들에

게 청했는데 어르신이 듣고 놀라게 해서 황송함을 이기지 못하나이다."

〔召〕부를 소 〔軒〕추녀끝 헌, 초헌(고관이 탄 수레) 헌, 껄껄 웃을 헌 〔采〕풍채 채, 채색 채, 채읍(식읍) 채 〔閑〕한가할 한 〔獵〕사냥할 렵(엽) 〔射〕쏠 사 ※俄者 - 조금 전 〔俄〕아까 아, 잠깐 아, 아라사(러시아) 아 ※ 中 - ① 적중하다 ② 가운데 ③ 안 ④ 반 ⑤ 치우치지 않다 〔驚〕놀랄 경, 두려울 경 〔尊〕어른 존, 높을 존, 공경할 존 ※惶悚 - 두렵고 무서움 〔惶〕두려울 황, 급할 황 〔悚〕두려울 송

宰曰 "射中其目은 可謂神武라." 武人曰 "小人射無虛發이나
재왈　사중기목　가위신무　　　무인왈　소인사무허발

而其於中其目은 亦偶然耳로소이다." 宰卽命奴入園中하여 持來
이기어중기목　역우연이　　　　재즉명노입원중　　　지래

其雉하니 果箭貫其目하고 尚有生氣라. 宰稱之不已하며 仍問曰
기치　　　과전관기목　　　상유생기　　재칭지불이　　　잉문왈

"君之地處何如며 科甲이 當爲其年고?"
군지지처하여　과갑　당위기년

　대감이 가로되 "눈을 쏘아 맞힌 것은 신통한 무술이라 할 만하다." 무인이 말했다. "소인이 활을 쏘면 헛방이 없으나 그 눈을 맞춘 것은 역시 우연일 뿐입니다." 재상이 즉시 종에게 명하여 후원에 들어가 그 꿩을 가져오게 하니 과연 화살이 그 눈을 꿰뚫고 아직 생기가 있었다. 재상이 칭찬하여 마지않으며 거듭 묻기를 "그대의 지체는 어떠하며 과거 급제한 지 올해 몇 해나 되는고?"

〔神〕귀신 신 ※虛發 - ① 쏘아서 맞히지 못함 ② 목적을 이루지 못하는 공연한 짓이나 걸음을 함 〔偶〕우연 우, 짝 우, 인형 우 〔箭〕화살 전 〔尚〕오히려 상, 숭상할 상 ※不已 - 그치지 못함. 不已의 앞에는 항상 동사가 와서 '~해 마지않는다'로 해석한다. 〔仍〕거듭 잉, 인할 잉 ※地處 - 집안이나 개인의 사회적 지위나 등급. 즉 지체　處 - ① 곳, 장소 ② 처하다. 처리하다 ③ 머물다. 살다 ④ 미혼 여자 ⑤ 일정한 행정 사무를 맡아보는 부서 명칭의 하나. ※科甲 - 과거 해 ※某甲 = 某年 〔甲〕첫째 천간 갑, 갑옷 갑, 껍데기 갑

武人曰 "小人之父는 邊地武弁으로 早死하고 祖曾祖以上은 或
　　　　무인왈　소인지부　변지무변　　　　조사　　　조증조이상　혹
經防禦하고 或有閫任矣로소이다." 宰曰 "然則 好地處武弁也
　경방어　　혹유곤임의　　　　　　재왈　연즉　호지처무변야
라."

　　무인이 말했다. "소인 아비는 변방 땅 무변으로 일찍 죽고 할아비와 증조 이상은 혹은 방어사도
　지내고 혹은 병사 수사도 있나이다." 재상이 가로되 "그러면 지체 좋은 무변이다."

※邊地 = 邊境 – 나라의 경계가 되는 가장자리 땅 ※武弁 = 武官 〔弁〕고깔 변
〔早〕일찍 조 〔祖〕할아비 조, 비롯될 조, 근본 조 〔曾〕거듭 증, 일찍 증 經 – ① 지
내다. 겪다 ② 지나다 ③ 경서, 경전, 책 ④ 다스리다 ⑤ 길, 법, 도리 ⑥ 날, 날실
⑦ 항상 ※防禦 – 적의 공격을 막음. 여기서는 防禦使의 준말 〔防〕막을 방, 방비
할 방, 둑 방 〔禦〕막을 어 ※閫任 = 閫帥 〔閫〕문지방 곤 ※閫任은 나라의 문
지방을 지키는 임무이므로 병마절도사나 수군절도사 등

武人曰 "小人早失嚴父하고 更無至親하야 獨依老母에 貧不自
　　　　무인왈　소인조실엄부　　　갱무지친　　　독의노모　　빈불자
存하니 登科亦已十餘年이나 以無勢之故로 至今作閑遊客矣로소
　존　　　등과역이십여년　　　　이무세지고　　지금작한유객의
이다." 宰曰 "君之凡百이 如此하고 而潦倒如許하니 誠可矜也라.
　　　　　재왈　군지범백　　여차　　　이로도여허　　　성가긍야
君須在吾側하야 以爲發身之道가 如何오?"
　군수재오측　　　이위발신지도　　　여하

　　무인이 말했다. "소인이 일찍 엄부를 잃고 다시 형제도 없어 홀로 노모에 의지해서 가난하여 스
스로 살지도 못하며 과거에 오른 뒤 역시 이미 10여 년이지만 세력이 없는 고로 지금까지 건달 신세
로소이다." 재상이 가로되 "그대의 모든 것이 이와 같고 그러면서도 영락했으니 진실로 가긍하다.
그대 잠시 내 곁에 있으면서 출세할 길을 생각해 봄이 어떨꼬?"

〔嚴〕엄할 엄 〔更〕다시 갱 ※至親 – 부자간이나 형제간 〔至〕지극할 지, 이를 지
〔獨〕홀로 독 〔存〕있을 존 〔勢〕권세 세, 형세 세 ※閑遊客 – 건달. 놈팽이 客 –

① (어떤 명사 뒤에 붙어서) 어떤 사람을 나타내는 말 ② 손님. 나그네 ③ 여행. 객지 ④ 지나간 때 ⑤ 쓸데없는 객쩍은 ※凡百 - 여러 가지의 모든 것 〔凡〕무릇 범, 범상할 범, 대강 범 ※潦倒 - ① 영락(보잘것없이 찌부러짐)한 모양 ② 노쇠하여 아무것도 못 하게 생긴 모양 ③ 사물에 거리낌이 없는 모양 〔潦〕헛늙을 로, 길바닥물 로, 장마 로, 큰비 로 〔倒〕거꾸로 될 도, 엎드러질 도, 넘어질 도 ※如許 = 如斯 - 이와 같음 〔誠〕진실로 성, 정성 성 ※可矜 - 불쌍하고 가여움 〔矜〕불쌍할 긍, 자랑할 긍 〔須〕잠깐 수, 수염 수 〔側〕곁 측 ※發身 - 천하고 구차한 환경으로부터 몸을 일으켜 섬 ※道 - ① 길 ② 도리. 도의 ③ 행정상의 구획 ④ 재주. 기예 ⑤ 종교 ⑥ 말하다

武人曰 "不敢請이언정 固所願이로소이다. 下念及此에 不勝惶
무인왈 부감청   고소원   하념급차   불승황
感하여이다." 宰乃置左右하고 武人竭誠事之하니 果是能幹而無
감   재내치좌우   무인갈성사지   과시능간이무
處不當이라. 宰甚愛之러라.
처부당   재심애지

  무인이 말했다. "감히 청할 수 없는 일이지만 진실로 원하던 바이로소이다. 생각해 주심이 이에 이르니 황송한 마음을 이기지 못하나이다." 재상이 곧 좌우에 두고 무인은 정성을 다해 섬기니 과연 능력과 재주가 있어 감당하지 못하는 것이 없는 지라. 재상이 매우 사랑했다.

〔敢〕감히 감 〔固〕진실로 고, 굳을 고 ※下念 - 윗사람의 아랫사람에 대한 염려 〔念〕생각할 념(염) 〔惶〕두려워할 황 〔置〕둘 치 ※竭誠 - 정성을 다함 〔竭〕다할 갈, 물마를 갈 ※果是 = 果然 ※能幹 - 일을 잘해낼 만한 능력과 재주 〔幹〕일맡을 간, 줄기 간, 몸뚱이 간 ※無處不當 - 감당하지 못하는 곳이 없음

過數月에 武人告曰 "聞컨대 宣傳官이 方有闕이라하니 若得大
과수월 무인고왈 문   선전관   방유궐   약득대
監一札於兵判則 似無慮矣로소니 伏未知何如로소이다."
감일찰어병판즉 사무려의   복미지하여

몇 달이 지나 무인이 아뢰기를 "들으니 선전관 자리가 마침 비어 있다하니 만약 대감께서 병판 (병조판서)한테 부탁한다는 서찰 한 통만 얻으면 염려 없을 것 같은데 엎드려 바라건대 어떨지 모르 겠습니다."

※宣傳官 - 조선시대에 선전관청에 속한 무관 벼슬 ※宣傳 - 많은 사람에게 잘 설명하여 널리 알리는 일 〔宣〕밝힐 선, 베풀 선 〔闕〕빠질 궐, 대궐 궐 〔札〕편지 찰, 패 찰 ※兵判 - 병조판서 〔判〕판단할 판, 쪼갤 판, 나눌 판

宰曰 "吾當圖之라." 하고 卽爲書札於兵判하니 兵判回答하되
재왈   오당도지   즉위서찰어병판   병판회답
"以今番則 適有親切人求處者라, 後窠에 卽施云云이라" 하다.
이금번즉 적유친절인구처자   후과   즉시운운
宰以書示之曰 "兵判答狀이 如此하니 姑俟後窠가 好矣라."
재이서시지왈   병판답장   여차   고사후과   호의

재상이 가로되 "내 마땅히 시도하지." 하고 즉시 병판에게 서찰을 써 주니 병판이 회답하되 "이 번에는 마침 친하고 간절한 사람이 자리를 구하는 지라, 다음 자리에 즉시 시행할 것이니 운 운……" 했다. 재상이 서찰을 보여주며 "병판의 답장이 이와 같으니 아직 다음 자리를 기다리는 것 이 좋으리라."

※圖之 - 이를 도모하리라. 〔圖〕꾀할 도, 그림 도 ※親切人 - 친하고 간절한 사 람. 〔切〕간절할 절, 끊을 절, 중요할 절, 온통(모두) 체 〔窠〕구멍(자리) 과, 빌 과, 둥우리 과 〔施〕베풀 시, 쓸 시 〔狀〕편지(문서) 장, 형상 상, 형용할 상 〔姑〕 아직(잠깐) 고, 시어미(시누이, 고모) 고 〔俟〕기다릴 사

武人이 默然出外하야 言于守廳曰 "吾方欲歸家하니 汝入告大
무인   묵연출외   언우수청왈   오방욕귀가   여입고대
監하여 向自吾之生雉價를 推來也하라. 吾欲持去矣라."
감   향자오지생치가   추래야   오욕지거의

무인이 말없이 밖에 나와 청지기에게 말했다. "내 바야흐로 집으로 돌아가고자 하니 너는 들어 가 대감께 아뢰어 지난번 내 생치 값을 찾아오너라. 내 가지고 떠나련다."

※默然 - 말없이 잠잠한 모양 〔默〕잠잠할(고요할) 묵 ※守廳 - ① 청지기 ② 기생
이 지방 수령에게 잠시 몸을 바치는 것 〔廳〕대청(마루) 청, 관청 청 ※向自 = 嚮
自 - 저번에 〔向〕접때 향, 향할 향

奴入告하니 宰大怒曰 "渠背愛恤之恩하고 敢言雉價하며 不告
而去耶아? 今知其無狀漢이로다." 하며 出給一兩錢曰 "給此而
卽爲驅出하라." 하고 怒氣不止하여 仍又作書於兵判曰 "俄者所
托武人은 亦非親切人이요, 今知其爲人之萬萬不可하니 非但今
番이요 雖後窠라도 勿爲檢擬也하오." 하다.

종이 들어가 아뢰니 대감이 크게 성을 내어 "제 놈이 내가 사랑하고 아껴준 은혜를 배반하고 감
히 생치 값을 말하며 알리지도 않고 떠난단 말이냐? 이제 보니 형편없는 놈이로다." 하고 돈 한 냥
을 내어 주며 "이것 주고 당장 쫓아내어라." 하며 노기를 그치지 못하고 거듭 또 병판에게 편지를
쓰기를 "조금 전 추천했던 무인은 역시 친하고 간절한 사람도 아니오, 이제 그 사람됨이 도저히 안
되겠다는 것을 알았으니 비단 이번만이 아니라 비록 다음 번 자리가 있더라도 고려하지 마시오."
했다.

〔背〕저버릴(어길) 배, 등 배 ※愛恤之恩 - 불쌍히 여겨 사랑하고 보살펴 준 은혜
〔恤〕사랑할 애, 구휼할 휼 ※無狀 - ① 예의가 없음 ② 아무 현상이 없음 漢 - ①
놈. 사나이 ② 물 이름(漢水) ③ 왕조 이름(漢) ④ 종족 이름(漢族) ⑤ 은하수(銀
漢) 〔驅〕쫓아보낼 구, 몰 구, 앞잡이 구 〔仍〕인할 잉, 거듭 잉 ※俄者 - 조금 전.
〔托〕밀 탁, 실을 탁 ※萬萬不可 = 千萬不可 - 도저히 안 됨 ※檢擬 - 검토하여
헤아림 檢 - ① 조사하다 ② 단속하다 〔擬〕헤아릴 의, 의논할 의, 비교할 의

兵判이 以爲此台怒於後窠之說하여 有此不快之言이라하여 方

欲作答書之際에 忽有口傳宣傳官差出之命하니 兵判이 卽以其武
욕 작 답 서 지 제   홀 유 구 전 선 전 관 차 출 지 명   병 판   즉 이 기 무

人으로 首擬蒙點이러라. 武人이 旣得之에 乃往宰家入拜한대 宰怒
인   수 의 몽 점   무 인   기 득 지   내 왕 재 가 입 배   재 노

責曰 "君이 何面目으로 敢來見我乎아?" 하다.
책 왈   군   하 면 목   감 래 견 아 호

　　병판이 "이 재상이 다음에 빈다면 이라는 말에 화가 나서 이 같은 불쾌한 말을 하는구나" 하고
생각하여 바로 답서를 쓰려는 차에 갑자기 구전으로 선전관을 차출하라는 명이 있으니 병판이 즉
시 그 무인으로 첫머리에 낙점을 찍었다. 무인이 이미 벼슬을 얻고 곧 재상집에 들어가 절하니 재상
이 노하여 꾸짖기를 "그대가 무슨 낯으로 감히 와서 나를 보느냐?" 했다.

〔台〕별 태. 여기서의 台는 재상을 말함. ※三台六卿 - 3정승 6판서 〔快〕쾌할 쾌
※差出 - ① 관원을 임명함 ② 빼냄 〔差〕가릴 차, 다를 차, 어긋날 치 〔首〕먼저
수, 머리 수 ※蒙點 - 관리를 임명할 때 후보자 가운데 적당한 사람에게 점을 찍어
표시했다. 이것을 落點이라 하는데 몽점은 낙점을 찍은 은혜를 입었다는 뜻 〔蒙〕
입을 몽, 어릴 몽, 덮을 몽 〔拜〕절(절할) 배 ※面目 - ① 낯 ② 얼굴 생김새

武人笑曰 "小人寧死언정 何敢忘大監愛恤之恩이리오? 見兵判
무 인 소 왈   소 인 영 사   하 감 망 대 감 애 휼 지 은   견 병 판

之不諾하고 小人이 出外而推雉價하고 自外退去則 大監이 必觸
지 불 락   소 인   출 외 이 추 치 가   자 외 퇴 거 즉 대 감   필 촉

怒하여 而以勿施小人職으로 更報於兵判하리니 兵判則 必以大監
노   이 이 물 시 소 인 직   경 보 어 병 판   병 판 즉 필 이 대 감

之怒가 於不卽施라 知之하여 不安而卽施之矣라. 故로 如是生計
지 노   어 불 즉 시   지 지   불 안 이 즉 시 지 의   고   여 시 생 계

矣로소이다. 大監與兵判이 果然 中於小人之計巧라. 而小人則得
의   대 감 여 병 판   과 연 중 어 소 인 지 계 교   이 소 인 즉 득

此官矣니 伏望 大監下察而諒恕罪如何니이꼬?"
차 관 의   복 망 대 감 하 찰 이 양 서 죄 여 하

　　무인이 웃으며 말했다. "소인이 차라리 죽을지언정 어찌 대감께서 애휼해 주신 은혜를 잊겠습니
까? 병판의 허락치 않음을 보고 밖으로 나가 꿩 값을 찾고 밖으로부터 물러간 것은 대감께서 반드
시 화를 내어 소인의 벼슬을 주지 말라는 것으로 다시 병판에게 알릴 것이고 병판은 반드시 대감의
노여움이 즉각 시행하지 않음에 있다고 알아 불안하여 즉시 시행할 것이라. 그래서 이와 같은 꾀를

> 낸 것입니다. 대감과 병판께서 과연 소인의 계교에 빠졌습니다. 그리하여 소인은 이 벼슬을 얻었으니 엎드려 바라건대 대감께서는 굽어살피시어 죄를 용서하심이 어떠합니까?"

〔寧〕차라리(어찌) 녕(영), 편안할 녕(영) 〔忘〕잊을 망 〔諾〕허락할 낙(락) 〔退〕물러갈(물리칠)퇴 ※觸怒 – 웃어른의 마음을 거슬리어서 성을 벌컥 내게 함 〔觸〕닿을(범할) 촉 ※勿施 – 시행하지 말라. 〔職〕벼슬(직분) 직 〔報〕알릴 보, 갚을 보 ※生計 – ① 꾀를 냄 ② 살아갈 방도나 형편 ※計巧 – 요리조리 생각해 낸 꾀 〔計〕계교(꾀) 계, 셈(셈맞출) 계 〔巧〕교묘할 교, 똑똑할 교 ※下察 – 윗사람이 아랫사람을 굽어살핌 〔察〕살필 찰 〔諒〕믿을 량(양) ① 살피어 알다 ② 믿다 ③ 참 진실 ④ 참으로, 진실로 〔恕〕용서할 서

宰가 回嗔作喜하여 拍案奇之曰 "能哉라! 君也여. 奇特哉라!
재   회진작회   박안기지왈   능재   군야   기특재
君也여. 汝可將材라." 無數稱道하니 武人이 自此로 永爲心腹之
군야   여가장재   무수칭도   무인   자차   영위심복지
人하고 宰亦以力主獎用하니 武人官至 閫帥하고 後爲統制云爾러
인   재역이역주장용   무인관지곤수   후위통제운이
라.

재상이 꾸짖음을 돌려 기쁨을 지으며 책상을 치고 기특히 여겨 가로되 "능란토다! 그대여. 기특토다! 그대여. 네가 가히 장수 재목이로다." 하고 무수히 칭찬하니 무인이 이로부터 영원히 심복이 되고 재상도 역시 힘껏 주장하여 등용하니 무인은 벼슬이 병마절도사, 수군절도사에 이르고 뒤에 통제사가 되었다고 한다.

〔嗔〕성낼(꾸짖을) 진 〔拍〕칠 박, 손뼉칠 박 〔案〕책상 안, 기안할 안 〔奇〕기특할 기, 기이할 기, 외짝수 기 〔特〕특별할 특, 수컷 특 〔材〕재목 재 ※稱道 – 칭찬하여 말함 〔永〕길 영 〔獎〕도울 장, 권면할 장 ※統制 – 일정한 방침에 따라 제한하거나 제약함. 여기서의 統制는 三道統制使의 준말인 統制使. 〔爾〕(종결형)어조사 이, 너 이

제25화

내 마누라에게 기생질을 배우도록 시켜라

한 익살꾼이 의원을 욕보이고자 의원을 상대하여 이야기했다.

옛날에 저승에서 기생과 도둑과 의생을 죄인으로 잡아갔다네.
염라대왕이 기생에게 묻기를
"너는 살아 생전에 한 일이 무엇이냐?"
기생이 대답하기를
"저는 얼굴을 단장하고 고운 옷을 입어 공자, 왕손 같은 놀기 좋아하
고 돈 잘 쓰는 자들을 앞으로 맞아들이고 뒤로 내보내면서 상쾌하고 요
염한 자태를 갖추어 돈을 벌어 생활해 왔습니다."
"해롭지 않았다. 사람들을 즐겁게 하기 위한 일이니 마땅히 낙토에
환생하도록 명하노라."
염라대왕이 다시 도둑에게 물었다네.
"네가 생전에 쌓은 업은 무엇이냐?"
도둑이 대답하기를
"저는 부호의 집에 개나 쥐처럼 몰래 숨어 들어가 재물을 훔쳐 와서
는 제가 쓰고, 남은 것이 있으면 간혹 가난한 사람들을 구제하기도 했
습니다."
"너 역시 해롭지 않았다. 평등지도를 위한 것이니 마땅히 낙토에 환
생하도록 명하노라."

또다시 의생에게 물었다네.

"너의 업은 무엇이냐?"

"저는 쇠오줌, 말똥, 떨어진 북의 가죽 등 쓸데없는 것들을 두루 모아 비축해 두고 널리 만병을 구제하여 그 보수로 생활해 왔습니다."

하고 의생이 대답하니 염라대왕이 발끈하며 크게 성내어 말했다네.

"근래에 잡아오도록 내보내면 거역하는 놈들이 부쩍 많아졌기에 내 진실로 의심스럽더니 과연 저런 늙은 것이 있어 종용했구나. 명령하노니 빨리 차꼬를 채워 지옥에 압송하라."

이에 의생이 기생과 도둑을 돌아보며 말했다네.

"내 집에 돌아가 말해주게. 앞으로 내 마누라는 기생질이나 배우고, 내 자식은 도둑질이나 배워서 지옥의 고통을 면하도록 하는 것이 옳다고 말일세."

使吾妻學妓

一善戲謔者 欲辱醫業者 對醫談曰
"昔 自冥府 推捉 妓女·偸兒·醫生."
閻王 問于妓曰 "汝則 在世之日 所業 何事?"
妓女對曰
"小人則 以冶容麗服 公子王孫之豪遊富俠者 前迎後送 備逞
妖艷之態 見金而爲生矣."
閻王曰
"不害. 爲悅人之事 當令還生於樂地矣."
又問于盜曰 "汝則業何?"
對曰
"小人則 狗偸鼠竊于富豪之家 己用而有餘則 或濟人之貧乏
矣."
閻王曰
"汝亦不害. 爲平等之道 當令還生於樂地矣."
又問于醫曰 "汝則業何?"
對曰
"小人則牛溲馬勃 敗鼓之皮 具收並蓄 廣濟萬病 藉此爲生
矣."
閻王 勃然大怒曰
"近有發捕 輒多拒逆. 故 吾固疑之 果有此老慂慂." 命促令
具桎梏 押付酆都."
醫生 顧向妓女與偸兒曰
"歸語吾家. 此後 則使吾妻學妓 使吾子學偸 期免地獄之苦
可矣."

使吾妻學妓

> 一善戲謔者가 欲辱醫業者로 對醫談曰 "昔에 自冥府로 推捉
> 일선회학자　욕욕의업자　대의담왈　석　　자명부　추착
>
> 妓女·偸兒·醫生하니라."
> 기녀　투아　의생
>
> 　한 익살꾼이 의원을 욕보이고자 의원을 상대하여 이야기했다. "옛날에 저승에서 기생과 도둑과
> 의생을 죄인으로 잡아갔다네."

※戲謔 - 실없이 하는 농지거리 〔戲〕희롱할(농탕칠) 희 〔謔〕농지거리할 학 〔辱〕
욕되게 할 욕 〔醫〕병고칠 의, 의원 의 〔業〕일(일삼을) 업, 업 업 ※業 - ① 불교
에서 미래에 과보(果報)를 가져오는 선악의 소행 ② 직업. 생활의 수단 ③ 일. 학
문 〔昔〕예(古) 석 ※冥府 - 지옥 〔冥〕어두울 명, 밤 명 〔府〕곳집 부, 마을 부 府
는 원래 나라의 문서나 재물을 보관하던 창고로 바뀌어 관청의 뜻으로 사용되었
다. ※推捉 - 죄인을 찾아 잡음 ※偸兒 - 도둑 〔偸〕훔칠 투

> 閻王 問于妓曰 "汝則 在世之日에 所業이 何事오?"
> 염왕 문우기왈 여즉 재세지일 소업 하사
>
> 妓女對曰 "小人則 以冶容麗服으로 公子王孫之豪遊富俠者를
> 기녀대왈 소인즉 이야용려복 공자왕손지호유부협자
>
> 前迎後送하며 備逞妖艶之態로 見金而爲生矣로소이다."
> 전영후송 비영요염지태 견금이위생의
>
> 閻王曰 "不害라, 爲悅人之事니 當令還生於樂地矣라."
> 염왕왈 불해 위열인지사 당령환생어락지의
>
> 　염라대왕이 기생에게 묻기를 "너는 살아 생전에 한 일이 무엇인고?"
>
> 　기생이 대답하기를 "저는 얼굴을 곱게 단장하고 고운 옷을 입어 공자, 왕손 같은 호방하게 잘 놀
> 고 부유하면서 의협심이 강한 자들을 앞으로 맞아들이고 뒤로 내보내면서 구속받지 않는 요염한
> 자태로 돈을 벌어 생활해 왔습니다."
>
> 　염라대왕이 말했다. "해롭지 않았다. 사람들을 즐겁게 하기 위한 일이니 마땅히 낙토에 환생하
> 도록 하라."

※閻王 = 閻羅 - 저승의 임금으로 죽은 사람의 혼을 맡고 생전의 선악을 헤아려 상벌을 준다고 함 〔閻〕이문(마을의 문) 염, 마을 염 〔冶〕단장할 야, 녹일 야, 대장장이 야, 풀무 야 〔容〕얼굴 용, 모양 용, 용납할 용 〔麗〕고울(빛날) 려(여) ① 곱다 ② 고구려나 고려의 준말 ※豪遊 - 호방하게 잘 노는 것 〔豪〕호방할 호, 호걸 호 〔俠〕협기(남자다운 기상) 협, 호협할 협 〔迎〕맞이할 영 〔備〕갖출(예비할) 비 〔逞〕구속받지 아니할 영(령), 쾌(快)할 영(령) ※妖艶 - 사람을 홀릴 만큼 매우 아름다움 〔妖〕아리따울 요, 요사스러울 요, 요괴 요 〔艶〕고울 염 〔態〕모양 태 〔害〕해칠 해 〔悅〕기쁠 열 〔令〕하여금(시킬) 령(영), 명령 령(영) 〔還〕돌아올(돌아갈) 환 ※樂地 = 樂土 〔樂〕즐길 락(낙), 풍류 악, 좋을 요

又問于盜曰 "汝則業何오?" 하니 對曰 "小人則 狗偸鼠竊于富
우문우도왈　여즉업하　　　　대왈　소인즉 구투서절우부

豪之家하야 己用而有餘則 或濟人之貧乏矣로소이다."
호지가　　　기용이유여즉 혹제인지빈핍의

閻王曰 "汝亦不害라. 爲平等之道니 當令還生於樂地矣라."
염왕왈　여역불해　위평등지도　당령환생어락지의

다시 도둑에게 물었다. "너의 업은 곧 무엇인고?" 대답하여 가로되 "소인은 부호의 집에서 개나 쥐처럼 몰래 훔쳐 와서는 제가 쓰고, 남은 것이 있으면 간혹 가난하여 아무것도 없는 사람을 구제하기도 했습니다."

염라대왕이 말했다. "너 역시 해롭지 않았다. 평등지도(두루 고르게 하기 위한 도)를 위한 것이니 마땅히 낙토에 환생하도록 하라."

※狗偸鼠竊 - 개나 쥐처럼 남의 집에 몰래 숨어들어 훔침 〔狗〕개 구 〔偸〕훔칠 투 〔鼠〕쥐 서 〔竊〕훔칠 절 〔己〕자기 기, 몸 기, 여섯째 천간 기 〔用〕쓸 용 〔餘〕남을 여 〔或〕혹 혹 〔濟〕건질 제, 건널 제 ※貧乏 - 가난하여 아무것도 없음 〔乏〕다할 핍, 가난할 핍

又問于醫曰 "汝則業何오?"
우문우의왈　여즉업하

對曰 "小人則牛溲馬勃과 敗鼓之皮를 具收 並蓄하야 廣濟萬病
대왈　소인즉우수마발　패고지피　구수병축　　　광제만병
으로 藉此爲生矣로소이다."
자차위생의

다시 의생에게 물었다. "너의 업은 곧 무엇인고?"

대답하여 가로되 "저는 곧 쇠오줌, 말똥, 헐어진 북가죽 등 쓰잘데 없는 물건을 두루 거두어 함께
비축해 두고는 널리 만병을 구제하여 그 보수로 생활해 왔습니다."

☞ 牛溲馬勃과 敗鼓之皮 - 우수마발은 쇠오줌과 말똥, 패고지피는 헐어 못쓰게 된
북가죽으로 둘 다 가치 없는 것을 비유할 때 사용한다. 여기서는 의생이 보통 사람
에게는 쓸모 없는 물건이지만 그것들을 약재로 삼은 것을 말한다. 〔溲〕오줌 수,
반죽할 수, 거름할 수 〔勃〕밀칠 발, 별안간 발, 변색할 발 〔敗〕헐어질 패, 무너질
패, 깨어질 패 〔鼓〕북 고 〔具〕갖출 구① 갖추다. ② 온전하다. ③ 설비 〔收〕거둘
수 〔並〕아울러(함께) 병 〔蓄〕쌓을 축 〔廣〕넓을 광 ※藉此爲生 - 이에 빙자하여
생활했다. 즉 의생이 병을 고쳐준 대가로 보수를 받아 생활한 것을 말함 〔藉〕빙자
할 자, 왁자할(어수선할) 자

閻王이 勃然大怒曰 "近有發捕면 輒多拒逆이라. 故로 吾固疑
염왕　돌연대노왈　근유발포　첩다거역　　　고　오고의
之러니 果有此老慫慂이로다." 하고 命促令具桎梏하야 押付酆都
지　　과유차노종용　　　　　　명촉령구질곡　　　압부풍도
하다.

염라대왕이 발끈하며 크게 성내어 말했다. "근래에 잡아오도록 내보내면 거역하는 놈들이 부쩍
많아졌다. 때문에 내가 진실로 의심스럽더니 과연 저런 늙은 것이 있어 종용했구나." 하고 빨리 차
꼬를 채워 지옥으로 압송하라고 명령했다.

※勃然 - 별안간 안색이 변하며 성내는 모양 〔捕〕잡을 포 〔輒〕문득 첩, 번번이 첩
※拒逆 - 윗사람의 뜻을 따르지 않고 거스름 〔拒〕막을(막아설) 거 〔逆〕거스를 역
〔疑〕의심할 의 ※慫慂 - 잘 설명하고 달래어 권함 〔慫〕권할 종 〔慂〕권할 용

〔促〕재촉할 촉   ※桎梏 - ① 차꼬와 수갑 ② 몹시 자유롭지 못함의 비유 〔桎〕차꼬
질 ☞ 차꼬 - 옛날에 사용한 형벌 도구. 긴 두 개의 토막 나무 틈에 가로 구멍을
파서 죄인의 발목을 그 구멍에 넣고 자물쇠로 채웠다. 〔梏〕수갑 곡 ※押付 - 죄인
을 압송하여 넘김 〔押〕누를(찍을) 압, 수결들 압, 운(韻)달 압 〔付〕부칠(맡길)
부, 줄 부 ※酆都 - 지옥의 하나 〔酆〕나라이름 풍

醫生이 顧向妓女與偸兒曰 "歸語吾家하라. 此後는 則使吾妻
의생   고향기녀여투아왈   귀어오가   차후   즉사오처
學妓하고, 使吾子學偸하야 期免地獄之苦가 可矣니라."
학기   사오자학투   기면지옥지고   가의

　의생이 기생과 도둑을 돌아보며 말했다. "내 집에 돌아가 말해주게. 앞으로 내 마누라로 하여금
기생질이나 배우고, 내 자식으로 하여금 도둑질이나 배우도록 해서 지옥의 고통을 면하도록 하는
것이 옳으니라."

〔顧〕되돌아볼 고 〔學〕배울 학 〔期〕기약할 기 〔免〕면할 면 〔獄〕감옥 옥 〔苦〕괴
로울 고, 쓸 고

제26화

부부가 거울로 송사하다

산촌의 한 여자가 서울 시장에 이른바 청동거울이 있어 둥글기가 보름달 같다는 말을 듣고 항상 한 번 얻어 보기를 원했으나 어찌 할 수가 없었다.

마침 남편이 상경하는데 때가 그 달 보름이었다. 여자가 거울이라는 이름을 잊고 남편에게 일러 말했다.

"서울 시장에 저 달과 같은 물건이 있다고 하니 당신은 꼭 사 와서 내게 한 번 보여주세요."

남편이 서울에 도착하여 곧 거울을 샀지만 얼굴을 비쳐 볼 줄은 모르고 집에 와서 꺼내어 아내로 하여금 보게 했다. 아내가 비쳐 보니 남편 곁에 어떤 여자가 앉아 있었다.

평생에 일찍이 스스로 그 얼굴을 보지 못한 까닭에 거울 속에 자기 얼굴이 남편 곁에 있는 것을 알지 못하고 남편이 거울 속 여자를 사 왔다 하여 크게 성내며 질투하니 남편이 괴이하고 놀라워 말하기를 "내 또한 시험삼아 보리라." 하고 거울 면을 엿보니 아내 곁에 어떤 남자가 앉아 있었다. 남편 역시 일찍이 자기 얼굴을 보지 못한 까닭에 자기 얼굴이 아내 곁에 있는 것을 알지 못하고 아내가 새 서방을 얻었다 하여 역시 크게 성내며 서로 싸웠다.

부부가 거울을 가지고 관가에 들어가 서로 호소하며 말하기를 아내는

"남편이 새 마누라를 얻었다." 하고 남편은 "아내가 다른 서방을 얻었다." 하였다.

　사또가 "우선 그 거울을 올려라." 하여 드디어 거울을 올리니 사또 역시 일찍이 거울을 보지 못한 까닭에 자기 얼굴을 알지 못하고 자기처럼 위엄 있게 관복을 갖춘 자가 자리에 앉았으니 신관 사또가 도착했다고 생각하여 시동을 급히 불러 "교대할 사또가 이미 왔으니 속히 봉인하라." 하고 드디어 관아를 파했다.

202

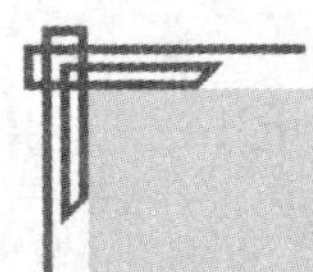

夫婦訟鏡

山村一女子 聞京市 有所謂靑銅鏡 圓如望月 常願一得見 而無由.

其夫 適上京 時當月望. 女子 忘鏡名 而謂夫曰

"京市 有如彼月之物云 君必買來 使我一見."

夫到京 乃買鏡 而不解照面 至家發之 使其妻視之 妻照見其夫之傍 有女坐焉. 平時 未嘗自見其面故 不知己影之在夫傍 以爲其夫買影人來 大怒發妬 夫怪驚曰

"吾且試觀之" 乃窺鏡面 其妻傍 有男坐焉.

夫亦未嘗自見其面故 不知己影之在妻傍 以爲其妻得好夫也. 亦大怒相鬪.

夫持鏡入官 互相呼訴

妻則曰 "夫得新妻."

夫則曰 "妻得他夫."

官曰 "第上其鏡."

遂上之 官亦未嘗見鏡者. 不自知其面貌 而威儀官服 與己同者在座 以爲新官來到. 急呼陪童曰

"交代官 已來 速爲封印."

遂罷衙.

夫婦訟鏡

山村一女子가 聞京市에 有所謂靑銅鏡이 圓如望月하고 常願一
산촌일여자　　　문경시　　유소위청동경　　　원여망월　　　상원일

得見하되 而無由라. 其夫가 適上京할새 時當月望이라. 女子가 忘
독견   이무유   기부   적상경   시당월망   여자   망

鏡名하고 而謂夫曰 "京市에 有如彼月之物云하니 君必買來하야
경명   이위부왈   경시   유여피월지물운   군필매래

使我一見케 하라."
사 아 일 견

　　산촌의 한 여자가 서울 시장에 이른바 청동거울이 있어 둥글기가 보름달 같다는 것을 듣고 항상
한 번 얻어 보기를 원했으나 어찌 할 수가 없었다. 그 남편이 마침 상경하는데 때가 그 달 보름이었
다. 여자가 거울이라는 이름을 잊고 남편에게 일러 말하기를 "서울 시장에 저 달과 같은 물건이 있
다고 하니 당신은 꼭 사 와서 나로 하여금 한 번 보게 해주세요."

〔銅〕구리 동　〔鏡〕거울 경　〔圓〕둥글 원　※望月 = 滿月 - 보름달　〔常〕항상 상
※無由 - 행할 수가 없음　〔由〕행할 유, 말미암을 유

夫到京하야 乃買鏡하되 而不解照面하고 至家發之하야 使其妻로
부도경   내매경   이불해조면   지가발지   사기처

視之한대 妻照見하니 其夫之傍에 有女坐焉이라. 平時에 未嘗自
시지   처조견   기부지방   유녀좌언   평시   미상자

見其面故로 不知己影之在夫傍하고 以爲其夫買影人來라 하여 大
견기면고   부지기영지재부방   이위기부매영인래   대

怒發妬하니 夫怪驚曰 "吾且試觀之라." 하고 乃窺鏡面하니 其妻
노발투   부괴경왈   오차시관지   내규경면   기처

傍에 有男坐焉이라. 夫亦未嘗自見其面故로 不知己影之在妻傍
방   유남좌언   부역미상자견기면고   부지기영지재처방

하고 以爲其妻得好夫也라 하여 亦大怒相鬪하다.
     이위기처득호부야   역대노상투

　　남편이 서울에 도착하여 곧 거울을 샀으되 낯을 비쳐 볼 줄은 모르고 집에 와서 꺼내어 그 아내
로 하여금 보게 하니 아내가 비쳐 보니 그 남편 곁에 어떤 여자가 앉아 있었다. 평시에 일찍이 스스
로 그 얼굴을 보지 못한지라. 거울 속 자기 얼굴이 남편 곁에 있는 것을 알지 못하고 남편이 거울 속
여자를 사 왔다 하여 크게 성내며 질투를 발하니 남편이 괴이하고 놀라워 말하기를 "내 또한 시험
삼아 보리라." 하고 이에 거울 면을 엿보니 그 아내의 곁에 어떤 남자가 앉아 있었다. 남편 역시 일
찍이 자기 얼굴을 보지 못했는지라. 자기 얼굴이 아내 곁에 있는 것을 알지 못하고 그 아내가 좋아
하는 서방을 얻었다 하여 역시 크게 성내며 서로 싸웠다.

〔到〕이를(도착할) 도 〔照〕비칠 조 〔發〕펼(舒) 발, 필 발, 일어날 발, 쏠 발, 떠날 발 〔視〕볼 시 〔傍〕곁 방 〔嘗〕일찍이 상, 맛볼 상 〔影〕그림자 영 〔妬〕질투할 투 〔怪〕괴이할 괴 〔驚〕놀랄 경 〔且〕또 차, 구차할 차 〔試〕시험할 시 〔觀〕볼 관 〔窺〕엿볼 규 〔鬪〕싸울 투

夫婦持鏡入官하야 互相呼訴하니 妻則曰 "夫得新妻라." 하고
부부지경입관 호상호소 처즉왈 부득신처

夫則曰 "妻得他夫라." 하다. 官曰 "第上其鏡하라." 하여 遂上之
부즉왈 처득타부 관왈 제상기경 수상지

에 官亦未嘗見鏡者라. 不自知其面貌하고 而威儀官服이 與己同
관역미상견경자 불자지기면모 이위의관복 여기동

者在座하니 以爲新官來到라 하여 急呼陪童曰 "交代官이 已來하
자재좌 이위신관래도 급호배동왈 교대관 이래

니 速爲封印하라." 하고 遂罷衙하다.
속위봉인 수파아

　부부가 거울을 가지고 관가에 들어가 서로 호소하니 아내는 곧 가로되 "남편이 새 마누라를 얻었다." 하고 남편은 곧 가로되 "아내가 다른 서방을 얻었다." 하였다. 사또가 말하기를 "우선 그 거울을 올려라." 하여 드디어 거울을 올리매 사또 역시 일찍이 거울을 보지 못한 자라. 스스로 자기 얼굴을 알지 못하고 위엄과 관복을 갖추고 자기와 같은 자가 자리에 앉았으니 신관 사또가 와서 도착했다고 생각하여 모시는 아이를 급히 불러 말하기를 "교대할 사또가 이미 왔으니 속히 봉인하라." 하고 드디어 관아를 파했다(관청 사무를 끝냈다).

〔互〕서로 호 〔訴〕하소연할 소, 송사할 소 〔他〕다를 타 〔第〕다만(우선) 제, 차례 제, 집 제 〔遂〕드디어 수, 이룰 수 〔貌〕모양 모 ※威儀 – 위엄이 있는 태도나 차림새 〔威〕위엄 위 〔儀〕거동 의 〔到〕이를 도 ※陪童 – 옆에서 모시는 아이 〔陪〕모실 배, 따를 배 ※封印 – 봉한 자리에 도장을 찍음. 또는 그러하게 찍힌 도장. 옛날에 고을 수령이 바뀌면 전임자가 창고나 서류 등을 모두 봉하여 열지 못하게 하고 후임자에게 인계했다. 〔封〕봉할 봉 〔罷〕파할(마칠) 파, 내칠 파 〔衙〕고을관청 아, 마을 아

제27화

집안 어른을 구타하다

어느 생원이 사는 동네에 포수의 마누라가 제법 예뻐서 생원이 항상 어떻게 해보려 했지만 포수가 늘 집에서 빈둥대는지라 틈을 탈 수가 없었다.

생원이 하루는 포수를 불러 물었다.

"어찌 요즈음은 사냥을 가지 않느냐?"

"노자가 없으니 갈 수가 있어얍지요."

"노자는 얼마나 있어야 갈 수 있는고?"

"많으면 많을수록 좋겠지만 아무리 적어도 엽전 열 꿰미는 있어얍지요."

"어찌 그리 많이 드는고?"

"노자뿐만 아니라 산신령님께 고사도 드려야 하니 열 꿰미도 많은 게 아닙죠."

"내 당장 챙겨 줄 터이니 너는 많이만 잡아오너라. 나하고 반씩 나누어야 되느니라."

하고 곧 엽전 열 꿰미를 내주니 포수는 생원의 속셈을 꿰뚫고 있었으므로 엽전 열 꿰미를 받은 후 마누라와 약조했다.

'내가 마땅히 이렇게 할 터이니 너는 이리이리 하라.' 하고는 생원께 하직 인사를 여쭈면서 말했다.

"소인이 길 떠나고 나면 집에는 마누라만 달랑 남게 되는데 생원님께서는 수고롭다 생각 마시고 종종 살펴 주시기를 간절히 바랍니다."

"그 일은 비록 네가 부탁하지 않더라도 내 어찌 소홀히 하겠느냐? 아무 걱정 말고 다녀오너라."

그 날 저녁식사 후 생원이 장죽을 물고 어슬렁어슬렁 와서 포수의 마누라에게 말했다.

"오늘 밤 남편 없이 독수공방하기 어렵지 않겠느냐?"

"생원님 같은 분이 오셔서 노신다면 무슨 어려움이 있겠어요?"

생원이 곧 방으로 들어가 말로써 희롱하니 척척 받아넘기고, 손으로 희롱하니 수작에 곧잘 응했다. 생원의 마음이 자못 희열에 들떠 바야흐로 통정을 하려는 참에 포수의 마누라가 말했다.

"생원님께서 저와 더불어 교합할 마음이 있으시면 저 탈을 꺼내어 얼굴에 쓰세요. 안 그러면 생원님 말씀을 듣지 않겠어요."

"저 물건이 무엇인고? 우선 꺼내 보아라."

포수의 마누라가 즉시 시렁 위에서 꼭두각시탈을 꺼내어 얼굴에 덮어씌우려 하니 생원이 말했다.

"이 물건은 가면인데 이걸 쓰면 어째서 좋단 말인고?"

"제 남편과 동침할 때 매번 이것을 얼굴에 덮어씌우고 해야 좋았지, 그렇게 하지 않으면 좋지 않았어요."

"네 말이 그러하니 우선 마땅히 덮어써야지."

포수의 마누라가 곧 탈바가지로 얼굴을 덮어씌우고는 뒤에 달린 끈으로 꽁꽁 묶었다.

이처럼 농탕치고 있을 때 포수가 뒷마당으로부터 들어와 몽둥이를 들고 큰소리로 고함을 지르며 꾸짖기를

"어떤 도적놈이 남의 집 안방에 들어와 남의 마누라를 범하려 하는고? 이런 놈은 반드시 찔러 죽이리라."

일부러 벽을 치고 창문을 치면서 으름장을 놓으며 뛰어드니 생원이 크게 겁을 집어먹고 그 탈을 벗으려 했지만 뒤 끈이 단단히 묶여 있어 벗을 수가 없었다. 그래서 탈을 쓴 채 도주하니 포수가 뒤쫓아오며 고함을 질러댔다.

"도둑놈이 생원님 댁으로 들어갔다! 도둑놈이 생원님 댁으로 들어갔어!"

생원 집에서 크게 놀라 나와 보니 과연 웬 괴물이 안마당으로 뛰어들므로 몽둥이로 마구 두들겨 내쫓으려 하는 참에 온 동네가 모두 놀라 남녀노소를 막론하고 제각기 몽둥이 하나씩을 들고 와 마구 두들겼다.

생원이 "나다! 나야!" 했지만 탈바가지 속에서 나오는 말을 누가 분별해서 알 수 있겠는가?

한결같이 마구 두들기는 중에 생원이 간신히 탈을 벗으니 이에 곧 생원이라.

온 집안이 깜짝 놀라 "이게 웬 꼴입니까?" 하고 즉시 방안으로 업어들이니 동네 사람들도 제각기 흩어졌다.

이런 일이 한 번 있은 후 생원은 감히 문 밖에 얼굴을 내밀 수도 없었고, 또 감히 돈을 되찾는 일은 말도 꺼낼 수 없었다.

毆打家長

生員家洞里　山行砲手之妻　免醜　恒存於心　而其夫在家　無以乘隙.

一日　生員謂砲手曰

"汝何不山行乎?"

砲手曰

"無路費　不得行."

生員曰

"路費有幾許然後行乎?"

砲手曰

"多多益善　少不下十緡."

生員曰

"何其多也?"

砲手曰

"非但路費　有山告祀　十緡無多矣."

生員曰

"吾當備給　汝須多多捉來. 與吾分半　可也."

卽給十緡　砲手攄知其生員之裏心. 受十緡後　與其妻　約曰

"吾當如此矣　汝如此如此."

下直生員曰

"小人發行則　家中只有一妻　生員主忘勞　種種顧視伏望."

生員曰

"此事　汝雖不付託　余豈歇后哉? 少勿慮焉."

其日夕飯後　生員　橫長竹反久而來言曰

"今日主人不在家　獨守空房不難乎?"

女曰

"如生員主之人來有則　何難之有?"

生員卽入其房　以言戲之　隨問隨答, 以手弄之　善酬善應. 生員心頗喜悅　欲狎昵則

女曰
"生員主欲與吾 有交合之心則 出彼縛面也. 不然則不聽矣.
生員曰
"彼物何物也? 第出視之."
厥女卽於架上 出傀儡像 欲縛面.
生員曰
"此物縛面 胡爲乎好哉?"
女曰
"與吾夫同寢時 每以此縛面則 好矣, 不然則 不好矣."
"汝言旣如此 第當縛之也"
厥女乃以厥像覆面 以後纓緊緊縛之
如此戲謔之際 砲手自後庭持梃 高聲大叱曰
"何許賊漢 入人之內房 欲奸人之妻乎? 如此之漢 必刺殺
也."
空打壁打窓 恐喝突入 生員大怯 欲脫其像則 後纓緊結 不能
脫. 因縛逃走 厥漢 連以高聲 追來大呼曰
"厥漢 入生員宅矣, 賊漢 入於生員宅矣!"
生員家大驚出視則 果何許怪物 突入內庭. 以梃亂打驅逐之
際 一洞皆驚 毋論男女老少 各持一梃而來 亂打矣.
生員曰"吾也!""吾也!"像裡言音 誰能辨知乎? 一樣亂打
中 生員 艱辛解脫 乃生員也. 家中大驚曰"是何貌樣耶?"卽
擔入房中 洞人各散.
以後 生員不敢出頭於門外 又不敢言索錢之事.

毆打家長

生員家洞里에 山行砲手之妻가 免醜하여 恒存於心이나 而其夫
생원가동리　산행포수지처　면추　　항존어심　　이기부

在家하야 無以乘隙이러라.
재가　　무이승극

　생원집 동네에 산으로 다니는 포수 마누라가 추한 것은 면해서 (생원이) 항상 마음에 두고 있었
으나 그 남편이 집에 있어 틈을 탈 수가 없었다.

〔毆〕쥐어박을 구　※生員 - 과거에서 경전으로 시험하던 생원과 급제자. 양반의 권위가 떨어진 조선시대 후기 이후에는 과거 급제와 상관없이 선비나 나이 많은 사람을 대접하여 생원이라 불렀다. 〔員〕관원 원 〔洞〕골(동네) 동, 빌 동 〔砲〕총포(대포) 포 〔免〕면할 면 〔醜〕추할 추 〔恒〕항상 항 〔乘〕탈 승 〔隙〕틈 극

　一日生員謂砲手曰 "汝何不山行乎아?" 砲手曰 "無路費하야
일일생원위포수왈　여하불산행호　　포수왈　무로비

不得行이로소이다." 生員曰 "路費 有幾許然後에 行乎아?"
부득행　　　　　　생원왈　로비 유기허연후　　행호

　하루는 생원이 포수에게 일러 가로되 "너 어찌 산행을 하지 않느냐?" 포수가 말했다. "노자가 없
어서 갈 수가 없습니다." 생원이 가로되 "노자는 얼마나 있은 뒤에 가겠는가?"

※路費 = 路資 〔費〕쓸 비, 허비할 비 ※不得 = 不能 - 할 수 없다. 得 - ① 얻다 ② 가능의 뜻(시러곰) ※幾許 = 幾何 - 얼마쯤 〔幾〕몇 기, 기미 기 - 얼마, 어느 정도 〔許〕어조사 허, 허락할 허. 許는 허락을 나타내는 동사로 주로 사용되지만 어조사로서 정도를 나타내기도 한다.

砲手曰 "多多益善이나 少不下十緡이로소이다." 生員曰 "何其
포수왈　다다익선　　소불하십민　　　　　　생원왈　하기

多也오?" 砲手曰 "非但路費요, 有山告祀니 十緡無多矣로소이
다야　　포수왈　비단노비　　유산고사　십민무다의

다." 生員曰 "吾當備給하리니 汝須多多捉來하라 與吾分半이 可
야　생원왈　오당비급　　　여수다다착래　　여오분반　가

也니라."
야

　포수가 말했다. "많으면 많을수록 좋지만 아무리 적어도 (엽전) 열 꿰미는 있어야 됩니다." 생원
이 가로되 "어찌 그리 많은고?" 포수가 말했다. "단지 노자뿐만 아니라 산신제도 있으니 열 꿰미도
많은 게 아닙니다." 생원이 말했다. "내 당장 챙겨 줄 터이니 너는 많이많이만 잡아오너라. 나하고
반씩 나누어야 할 것이니라."

※多多益善 – 많으면 많을수록 좋다. 한나라의 韓信에게서 유래된 고사성어 〔益〕
더할 익　※少不下 – 적게 치더라도 〔緡〕돈꿰미 민, 낚싯줄 민　※꿰미는 구멍 뚫
린 물건을 꿰어 묶는 노끈, 또는 꿰어 놓은 것 〔祀〕제사 사

卽給十緡어늘 砲手攄知其生員之裏心이라. 受十緡後에 與其
즉급십민　　포수터지기생원지이심　　수십민후　　여기

妻로 約曰 "吾當如此矣리니 汝如此如此하라." 하고 下直生員曰
처　약왈　오당여차의　　여여차여차　　　　하직생원왈

　즉시 엽전 열 꿰미를 주니 포수는 생원의 속셈을 알고 있는 터라. 열 꿰미를 받은 후 그 마누라와
더불어 약조하기를 "내 마땅히 이 같이 할 터이니 너는 이리이리하라" 하고는 생원에게 하직 인사
를 여쭈면서 말했다.

※攄知 – 깨달아 앎 〔攄〕펼 터 ① 말을 늘어 놓다 ② 생각을 나타내다 〔裏〕속 리
(이) 〔約〕기약할 약, 검소할 약

　"小人發行則 家中只有一妻니 生員主忘勞하고 種種顧視伏望
　소인발행즉　가중지유일처　　생원주망노　　　종종고시복망

하노이다." 生員曰 "此事는 汝雖不付託이라도 余豈歇后哉아? 少
　　　　생원왈　차사　여수불부탁　　　　여기헐후재　　소

勿慮焉하라."
물려언

> "쇤네가 길을 떠나면 집에는 단지 마누라만 있으니 생원님은 수고로움을 잊으시고 종종 돌보아
> 주시기를 엎드려 비나이다." 생원이 말하기를 "그 일은 비록 네가 부탁하지 않더라도 내 어찌 소홀
> 히 하겠느냐? 조금도 염려 말라."

※發行 - ① 길을 떠남 ② 책, 신문, 돈, 증명서 등을 만들어 세상에 내놓음 〔只〕다
만 지 〔勞〕수고로울 로(노), 일할 로(노) 〔種〕씨 종, 종류 종 ※顧視 - 돌보아 주
다. 돌아보다. ※伏望 - 웃어른의 처분을 바람 〔付〕청할 부, 붙일 부, 줄 부 〔託〕
부탁할 탁, 맡길 탁 〔余〕나 여, 나머지 여(＝餘) 〔豈〕어찌 기(개) ※歇后 - 뒤를
돌아보지 않는다. 즉 소홀히 한다. 〔歇〕쉴 헐, 나른할 헐 〔后〕뒤 후(後와 同字),
황후 후

> 其日夕飯後에 生員이 橫長竹反夂而來言曰 "今日主人不在家
> 기 일 석 반 후 생원   횡 장 죽 반 쇠 이 래 언 왈   금 일 주 인 불 재 가
> 니 獨守空房不難乎아?" 하니 女曰 "如生員主之人來有則 何難
> 　 독 수 공 방 불 난 호   여 왈   여 생 원 주 지 인 래 유 즉 하 난
> 之有리오?"
> 지 유
>
> 그 날 저녁식사 후 생원이 장죽을 빼뜨름히 물고는 느릿느릿 와서는 말하기를 "오늘 남편이 집
> 에 없으니 독수공방하기 어렵지 않겠느냐?" 하니 계집이 말했다. "생원님 같은 분이 와 계신 즉 무
> 슨 어려움이 있겠습니까?"

〔飯〕밥 반 〔橫〕옆으로 빗길 횡, 가로 횡 ※反夂 - ① 느릿느릿 ② 도리어 어질게
〔夂〕천천히 걸을 쇠 〔獨〕홀로 독 ※何難之有 - 무슨 어려움이 있으리오?

> 生員卽入其房하야 以言戲之하니 隨問隨答이요, 以手弄之에 善
> 생원 즉 입 기 방   이 언 희 지   수 문 수 답   이 수 농 지 선
> 酬善應이라. 生員心頗喜悅하야 欲狎昵則
> 수 선 응   생 원 심 파 희 열   욕 압 닐 즉
>
> 생원이 곧 방으로 들어가 말로써 희롱하니 묻는 대로 답하고, 손길로 희롱하니 희롱하는 대로 곧
> 잘 응했다. 생원의 마음이 자못 희열에 들떠 통간하려고 한즉

〔酬〕술권할 수, 갚을 수 〔應〕응할 응 〔頗〕자못 파, 비뚤어질 파 〔悅〕기쁠 열
※狎昵 - ① 가깝게 친하다 ② 희롱하다. 여기서는 通姦 〔押〕누를 압, 익숙할 압
〔昵〕친할 닐(일)

女曰 "生員主欲與吾로 有交合之心則 出彼縛面也하소서. 不
여왈　생원주욕여오　유교합지심즉　출피박면야　　　불
然則不聽矣리라. 生員曰 "彼物은 何物也오? 第出視之하라."
연즉불청의　　　생원왈　피물　하물야　　제출시지

계집이 말했다. "생원님께서 저와 교합하려는 마음이 있으시면 저것을 꺼내 얼굴에 쓰세요. 안
그러면 (생원님 말씀을) 듣지 않겠습니다." 생원이 가로되 "저 물건은 무엇인고? 우선 꺼내 보여
라."

※交合 - 성교 ※縛面 - 얼굴에 묶는다. 轉하여 假面, 즉 탈 〔縛〕묶을 박

厥女卽於架上에 出傀儡像하야 欲縛面하니 生員曰 "此物은 縛
궐녀즉어가상　　출괴뢰상　　욕박면　　생원왈　차물　박
面이니 胡爲乎好哉아?" 女曰 "與吾夫로 同寢時에 每以此縛面
면　　호위호호재　　　여왈　여오부　동침시　매이차박면
則 好矣요, 不然則 不好矣로소이다." "汝言이 旣如此에 第當縛
즉 호의　　불연즉 불호의　　　　　여언　기여차　제당박
之也하리라." 厥女乃以厥像覆面하고 以後纓緊緊縛之하다.
지야　　　궐녀내이궐상복면　　　이후영긴긴박지

그녀가 즉시 시렁 위에서 꼭두각시 형상을 꺼내어 얼굴에 씌우려 하니 생원이 말했다. "이 물건
은 탈이니 어째서 좋은고?" 계집이 말하기를 "제 남편과 동침할 때 매번 이것으로 얼굴을 씌우고 해
야 좋지, 그렇지 않으면 좋지 않았어요." 생원이 말하기를 "네 말이 이미 그러하니 우선 마땅히 덮
어써야지." 그 계집이 곧 탈바가지로 얼굴을 덮고는 뒤에 달린 끈으로 꽁꽁 묶었다.

〔架〕시렁 가, 횃대 가 ※傀儡 - 꼭두각시, 허수아비 〔傀〕클 괴, 괴이할 괴 〔儡〕꼭
두각시 뢰 〔像〕형상 상 ※胡爲乎 - 어찌하여 〔胡〕어찌 호, 오랑캐 호 ※胡爲乎
來哉 - 어찌하여 왔는고? 〔寢〕잠잘 침 〔每〕매양 매, 각각 매 ※覆面 - 얼굴을 가
림 〔覆〕덮을 복, 엎지를 복, 살필 복 〔纓〕갓끈 영 〔緊〕친친 얽을 긴, 긴요할 긴

如此戲謔之際에 砲手自後庭으로 持梃하고 高聲大叱曰 "何許
賊漢이 入人之內房하야 欲奸人之妻乎아? 如此之漢은 必刺殺也
하리라."

이처럼 농탕치고 있을 때 포수가 뒷마당으로부터 몽둥이를 들고 큰소리로 고함을 지르기를 "웬
도적놈이 남의 집 안방에 들어 와 남의 마누라를 범하려 하는고? 이런 놈은 반드시 찔러 죽이리라."

※戲謔 - 농탕침. 즉 희롱하여 웃으며 장난질을 함 〔謔〕농지거리할 학 〔際〕즈음
제, 끝 제 〔庭〕뜰 정 ① 뜰(마당) ② 집안 ③ 조정 〔梃〕몽둥이 정 ※高聲大叱 -
큰소리로 크게 꾸짖음 〔叱〕꾸짖을 질 〔奸〕범할 간, 간음할 간, 간사할 간 ※刺殺
- 찔러 죽임. 刺殺은 자살로도 읽지만 自殺과 구별하기 위해 척살로 읽는 것이 좋
다. 척살에는 ① 刺殺 ② 擲殺(내던져 죽임) 두 가지가 있다. 〔刺〕찌를 자(척)
〔殺〕죽일 살

空打壁打窓하며 恐喝突入하니 生員大怯하야 欲脫其像則 後纓
緊結하야 不能脫이라. 因縛逃走하니 厥漢이 連以高聲으로 追來大
呼曰 "厥漢이 入生員宅矣라! 賊漢이 入於生員宅矣라!"

일부러 벽을 치고 창문을 치면서 공갈하며 뛰어 드니 생원이 크게 겁을 집어먹고 그 탈을 벗으려
했지만 뒤 끈이 단단히 묶여 있어 벗을 수가 없었다. 그래서 탈을 쓴 채 도주하니 포수 놈이 연방 큰
소리로 뒤쫓아오며 고함을 질러대기를 "도둑놈이 생원님 댁으로 들어갔다! 도둑놈이 생원님 댁으
로 들어갔어!"

〔打〕칠 타 〔壁〕벽 벽 〔恐〕두려울 공 〔喝〕꾸짖을 갈, 크게 외칠 갈, 마실 갈 〔突〕
갑자기 돌, 우뚝할 돌 〔怯〕겁낼 겁 〔結〕맺을 결 〔逃〕달아날 도 〔連〕잇닿을 연
(련) 〔追〕쫓을 추, 따를 추

生員家大驚出視則　果何許怪物이　突入內庭이라.　以梃亂打驅
생원가내경출시즉　과하허괴물　돌입내정　　　이정난타구
逐之際에　一洞皆驚하야　毋論男女老少하고　各持一梃而來하야　亂
축지제　일동개경　무론남녀노소　각지일정이래　난
打矣러라.
타 의

　생원 집에서 크게 놀라 나와 보니 과연 웬 괴물이 안마당으로 뛰어 드는지라. 몽둥이로 마구 두들겨 내쫓으려 하는 참에 온 동네가 모두 놀라 남녀노소를 막론하고 제각기 몽둥이 하나씩 들고 와서 마구 두들겼다.

〔驚〕놀랄 경, 두려울 경　※驅逐 – 몰아 쫓아냄　〔驅〕몰 구　〔逐〕쫓을 축　※毋論 ＝ 勿論 – 말할 것도 없음　〔毋〕없을 무, 말(말게 할) 무

生員曰　"吾也!"　"吾也라!"　하나　像裡言音을　誰能辨知乎아?
생원왈　오야　오야　상리언음　수능변지호
一樣亂打中에　生員이　艱辛解脫하니　乃生員也라.　家中이　大驚曰
일양난타중　생원　간신해탈　내생원야　가중　대경왈
"是何貌樣耶오?"　하고　卽擔入房中하니　洞人各散하다.　以後　生
시하모양야　　즉담입방중　동인각산　이후　생
員不敢出頭於門外하고　又不敢言索錢之事러라.
원불감출두어문외　우불감언색전지사

　생원이 "나다!" "나다!" 했지만 탈바가지 속에서 하는 말을 누가 분별해서 알 수 있겠는가? 한결같이 난타하던 중에 생원이 간신히 탈을 벗으니 이에 곧 생원이라. 온 집안이 깜짝 놀라 "이게 무슨 모양입니까?" 하고 즉시 방안으로 업어 들이니 동네 사람들도 제각기 흩어졌다. 이후 생원은 감히 문 밖에 얼굴을 내밀 수 없었고, 또 감히 돈 되찾는 일을 말하지 못했다.

〔裡〕＝〔裏〕속 리(이), 옷안 리(이)　〔辨〕분별할 변　※一樣 – 한결같은 모양　〔樣〕모양 양　※艱辛 – 힘들고 고생스러움　〔艱〕어려울 간　〔辛〕매울 신　※解脫 – 굴레에서 벗어남　〔貌〕얼굴 모　〔擔〕멜 담, 맡을 담　〔散〕헤어질(흩을) 산　〔索〕찾을 색(삭), 동아줄(새끼) 삭

제28화

실수로 바친 묘한 공물

약국의 여러 친구들이 술과 안주를 싸들고 남산에 소풍을 갔다.

한 사람이 갑자기 양물이 일어나자 견디기 어려워서 은근한 곳을 찾아가 바야흐로 용두질을 치는 참에 금송군이 뒤에서 고함을 질렀다.

"이 양반이 남산 같이 소중한 곳에서 그게 도대체 무슨 짓이오?"

그 사람이 흠칫 놀라 돌아보니 금송군이 서 있었다.

금방 얼굴이 적토마처럼 시뻘개져서 금송군의 소맷자락을 붙들고 바짝 붙어 앉아 말했다.

"내 이 일을 제발 좀 덮어 주시오."

"남산 같이 소중한 곳에 이런 일은 크게 금하는 법이라. 내버려 둘 수 없소. 당장 잡아 갈 것이오."

그 사람이 간절히 애걸했다.

"노형은 무슨 말을 그리 하오? 속된 말로 죽을 병에 살릴 약 있다지 않소. 이 아우의 한때 얼굴 못들 망령을 노형은 어찌 너그러이 용서하지 못하오?" 하고 빌면서 주머니에서 돈을 꺼내 주며 말했다.

"이 돈이 비록 약소하지만 술이나 사 자시고 너그러이 용서해 주시구려. 일간 이 아우를 찾으시면 후히 대접하리다."

이에 금송군이 물었다.

"노형 집이 어디요?"

"내 집은 구리개 어디 몇 번째 집이라오."

"남산은 서울의 안산인 중요한 곳이오. 이런 일이 드러나 붙잡혀 가면 단단히 혼이 날 것이오. 그렇지만 노형이 이처럼 간절히 애걸하니 잡아가지는 않겠소. 다시는 이런 짓을 하지 마시오."

"고맙습니다! 고맙습니다!"

금송군이 돈을 받고 속으로 아주 가소롭게 생각하며 뒤도 돌아보지 않고 가버렸다.

다음 날 금송군이 지나다 그 집에 들르니 그 사람이 과연 집에 있다가 멀리서 금송군이 오는 것을 보고 급히 나와 돈을 쥐어 주니 금송군이 돈을 받고는 뒤도 돌아보지 않고 사라졌다.

며칠 지난 후 또 들르니 먼저처럼 돈을 쥐어 주었다.

이런 일이 너댓 차례 계속되었다.

옆 사람이 그 영문을 몰라 까닭을 물었으나 주인은 어물어물하며 털어놓으려 하지 않았다.

그 후 또 이와 같으므로 옆 사람이 기어이 그 까닭을 캐물으니 주인이 은근히 귓속말을 했다.

"내가 어느 날 남산에 갔다가 이러이러했는데 저 놈이 너그러이 용서했다네. 때문에 그 은혜가 감사해서 이러는 걸세."

그 사람이 듣고 매우 가소로웠으나 꾸짖어 말하기를

"사나이가 용두질하는 것은 예사라. 단지 남산이 아니라 비록 대궐 안에서 했다하더라도 누가 금할 수 있겠는가? 오늘 이후 만약 다시 오면 꾸짖어서 보내게."

그 뒤 금송군이 또왔다.

꾸짖어 말하기를
"내 용두질이 네놈하고 무슨 관계가 있느냐?" 하니
금송군이 말하기를
"처음부터 이렇게 했더라면 누가 찾아 올 수 있었겠소?"
하고는 뒤도 돌아보지 않고 도망쳐 버렸다.

失妙貢物

藥局諸益 設酒肴 登南山濯足矣.
一人 忽動腎難堪 尋愍懃處而方拳腎之際 禁松軍 自後而來 大呼曰
"此兩班 南山重地 其事是何事也?"
其人乍驚顧視則 乃禁松軍也. 卽顔騂 挽其袖而近坐曰
"吾之此事 幸勿煩說焉."
禁松軍曰
"南山重地 此等事 大禁法也. 不可仍置 當捉去矣."
其人懇乞曰
"老兄是何說? 俗語云 死病有生藥 少弟一時無顔之妄 老兄 豈無闊恕乎?"
乃罄出囊中錢給之曰
"此物雖少 買飲酒盃寬恕焉. 日間訪弟則 當厚待矣."
禁松軍曰
"兄宅在何?"
曰 "弟家卽銅峴某邊第幾家耳."
禁松軍曰
"南山則 案山重地. 此等事 若現捉則 以一罪用之. 然 兄之 懇乞如是故 不捉去 後勿更爲也."
其人 "感謝, 感謝!"
禁松軍受錢 心甚可笑 不顧而去.
翌日 歷入其家則 其人果在房 望見禁松軍之來 卽掬錢 忙出給之 受而不顧而去.
過數日後 又歷入之則 如前樣掬錢給之.
如是者 凡四五度.
在傍人 莫知何故 問其故 主人 諱不肯言.
其後 又如是. 故 傍人懇問其故 主人乃愍懃附耳語曰

"吾於某日 往南山 若此若此而厭者厚恕. 故 其恩感謝如是耳."

其人聞甚可笑 責曰

"男兒拳腎則例事也. 非但南山 雖闕內爲之 誰能禁之耶. 日後 若更來 責送也."

其後 禁松軍 又來矣.

責之曰 "吾之拳腎 有何關於汝乎?"

禁松軍曰 "當初如是則誰能來訪耶?"

不顧而走.

失妙貢物

藥局諸益이 設酒肴하야 登南山濯足矣라. 一人이 忽動腎難堪
약국제익   설주효   등남산탁족의   일인   홀동신난감

하야 尋慇懃處而方拳腎之際에 禁松軍이 自後而來하야 大呼曰
심은근처이방권신지제   금송군   자후이래   대호왈

"此兩班이 南山重地에 其事是何事也오?"
차양반   남산중지   기사시하사야

약국 여러 친구들이 술과 안주를 싸들고 남산에 올라 소풍 모임을 했다. 한 사람이 갑자기 자지가 일어나자 난감해져서 은근한 곳을 찾아가 바야흐로 용두질을 치는 참에 금송군이 뒤에서부터 와서 크게 호통쳤다. "이 양반이 남산 같이 소중한 곳에서 그 짓이 무슨 짓이오?"

※貢物 - ① 물건을 바침 ② 국민이 조정에 바치던 물건 〔貢〕바칠 공 〔局〕판 국, 판은 일이 벌어지는 장면이나 장소 ※諸益 - 주위 여러 사람들은 나에게 보탬을 주는 사람이라는 데서 친구나 주위 사람들을 고상하게 일컫는 말 〔肴〕안주 효

※濯足 - ① 여름에 여러 사람이 산 속으로 놀러 가는 모임 ② 발을 씻음 〔濯〕씻을 탁　※難堪 - 견디기 어려움 〔堪〕견딜 감 〔尋〕찾을 심　※慇懃 - ① 음흉스럽고 은밀함 ② 태도가 겸손하고 정중함 ③ 은밀하게 정이 깊음 〔慇〕은근할 은, 괴로워할 은 〔懃〕은근할 근, 수고로울 근　※拳腎 - 용두질, 즉 남자의 자위 행위 〔拳〕주먹 권　※禁松軍 - 조선시대에 국유 송림의 벌목을 막고자 두었던 군인

其人이 乍驚顧視則 乃禁松軍也라. 卽顔騂하고 挽其袖而近坐
기인　사경고시즉 내금송군야　　즉안성　　　만기수이근좌
曰 "吾之此事를 幸勿煩說焉하소서." 禁松軍曰 "南山重地에 此
왈　오지차사　행물번설언　　　금송군왈　남산중지　차
等事는 大禁法也라. 不可仍置니 當捉去矣라."
등사　대금법야　불가잉치　당착거의

그 사람이 언뜻 놀라 돌아보니 금송군이 서 있었다. 즉시 얼굴이 시뻘개져서 금송군의 소매를 붙들고 가까이 앉아 말했다. "바라건대 내 이 일을 제발 소문내지 말아 주시오." 금송군이 말했다. "남산 같이 소중한 곳에 이런 일은 크게 금하는 법이라. 그대로 둘 수 없으니 당장 잡아 갈 것이오."

※乍驚 - 흠칫 놀람 〔乍〕언뜻(잠깐) 사　※顔騂 - 얼굴이 붉은 말처럼 벌개짐. 〔騂〕붉은 말 성 〔挽〕당길 만 〔袖〕소매 수　※煩說 - ① 떠들어 소문을 냄 ② 너저분한 잔말 〔煩〕번거로울 번, 수고로울 번, 괴로워할 번　※仍置 - 그대로 두다. 〔仍〕그대로 잉, 인할 잉, 거듭할 잉 〔置〕둘 치, 베풀 치

其人懇乞曰 "老兄은 是何說고? 俗語云 '死病에 有生藥이라'
기인간걸왈　노형　시하설　　속어운　사병　유생약
하니 少弟一時無顔之妄을 老兄豈無闊恕乎아?" 하고 乃罄出囊
소제일시무안지망　　노형기무활서호　　　내경출낭
中錢給之曰 "此物이 雖少나 買飮酒盃하고 寬恕焉하소서. 日間訪
중전급지왈　차물　수소　매음주배　　관서언　　　일간방
弟則 當厚待矣하리라."
제즉 당후대의

그 사람이 간절히 애걸하기를 "노형은 이 무슨 말이오? 속된 말로 죽을 병에 살릴 약 있다하니 이 아우의 한때 무안한 망령을 노형은 어찌 속 넓게 용서하지 못하오?" 하고 곧 주머니 속 돈을 꺼

내 주며 말했다. "이 돈이 비록 약소하지만 술이나 사 자시고 너그러이 용서하시오. 일간 아우를 찾
으시면 마땅히 후히 대접하리다."

[懇]간절할 간, 정성 간　※老兄 - 가깝지 않은 사이에 대접하여 서로 부르는 말
※少弟 - 가깝지 않은 사이에 자신을 낮추어 부르는 말　[妄]망령될 망, 허망할 망,
속일 망　[濶] = 闊트일 활　[恕]용서할 서　[罄]빌 경　[囊]주머니 낭, 불알 낭
[盃] = [杯]잔 배　[寬]너그러울 관　※日間 - 가까운 며칠 사이　[訪]찾을 방
[厚]두터울 후　[待]대접할 대, 기다릴 대

禁松軍曰 "兄宅이 在何오?" 하니 曰 "弟家則 銅峴某邊에 第幾
家耳오." 禁松軍曰 "南山則 案山重地라. 此等事 若現捉則 以
一罪用之라. 然이나 兄之懇乞이 如是故로 不捉去니 後勿更爲也
하라." 하니 其人이 "感謝! 感謝"하다. 禁松軍이 受錢하고 心甚可
笑하며 不顧而去라.

　금송군이 말했다. "노형 댁이 어디 있오?" 하니 "아우 집은 곧 구리개 어디에 제 몇 번째 집이라
오." 금송군이 말했다. "남산은 (서울의) 안산인 소중한 곳이요. 이런 일이 만약 드러나 잡혀가면 한
가지 죄는 적용될 것이요. 그렇지만 노형이 이처럼 간절히 애걸하니 잡아가지는 않겠오. 이후로 다
시 이런 짓 하지 마시오." 하니 그 사람이 "고맙습니다! 고맙습니다!" 했다. 금송군이 돈을 받고 속
으로 아주 가소롭게 생각하며 뒤도 돌아보지 않고 가버렸다.

※銅峴 - 구리개. 현재의 을지로 입구 부근으로 약국들이 많이 모여 있었다.　[銅]
구리 동　[峴]재(고개) 현　[邊]근처 변, 가(가장자리) 변, 변방 변　[幾]몇 기, 기
미(낌새) 기　※案山 - 풍수에서 집터나 묏자리에서 맞은 편에 있는 산　[案]책상
안, 기안할 안　[現]나타날 현　[謝]사례할(사죄할) 사

翌日에 歷入其家則 其人이 果在房이라가 望見禁松軍之來하고
익일 역입기가즉 기인 과재방   망견금송군지래
卽掬錢 忙出給之하니 受而不顧而去라. 過數日後에 又歷入之則
즉국전 망출급지   수이불고이거   과수일후   우역입지즉
如前樣掬錢給之라. 如是者가 凡四五度라.
여전양국전급지   여시자 범사오도

　다음 날 금송군이 지나다 그 집에 들르니 그 사람이 과연 방에 있다가 멀리서 금송군이 오는 것
을 보고 돈을 움켜쥐고 급히 나와 쥐어 주니 받고는 뒤도 돌아보지 않고 사라졌다. 며칠 지난 후 또
들르니 먼저처럼 돈을 쥐어 주었다. 이런 일이 무릇 너댓 차례라(너댓 차례 계속되었다).

〔歷〕지낼 역(력) ① 지나다(지내다) ② 겪다 ③ 전하다　〔掬〕움켜쥘 국　〔忙〕바쁠
망, 바쁘다, 조급하다.　〔樣〕모양 양　〔凡〕무릇 범 ① 무릇 ② 모두　〔度〕횟수 도,
법도 도, 잴(헤아릴) 탁, 건널 도, 국량 도

在傍人이 莫知何故하야 問其故하니 主人 諱不肯言이라. 其後
재방인 막지하고   문기고   주인 휘불긍언   기후
에 又如是라. 故로 傍人이 懇問其故하니 主人乃慇懃附耳語曰
우여시   고   방인   간문기고   주인내은근부이어왈
"吾於某日에 往南山이라가 若此若此而厥者厚恕라. 故로 其恩感
오어모일   왕남산   약차약차이궐자후서   고   기은감
謝如是耳라."
사 여 시 이

　옆에 사람이 그 영문을 몰라 까닭을 물었으나 주인은 꺼리며 순순히 말하려 하지 않았다. 그 후
또 이와 같았다 (같은 일이 되풀이되었다). 때문에 옆에 사람이 기어이 그 까닭을 캐물으니 주인이
이에 은근히 귓속말을 했다. "내가 어느 날 남산에 갔다가 이러이러했는데 저 놈이 너그러이 용서
했다네. 때문에 그 은혜가 감사해서 이러는 것뿐일세."

※莫知 – 알지 못함　〔諱〕꺼릴 휘, 휘 휘　※諱 = 諱字 – 돌아간 높은 사람의 이름
〔肯〕옳게 여길 긍　※附耳語 – 귓속말　〔附〕붙을 부, 부칠 부　※厚恕 – 너그러이
용서함　〔恩〕은혜 은

其人聞甚可笑하야 責曰 "男兒拳腎卽例事也라. 非但南山이오
기인문심가소　　　책왈　남아권신즉예사야　　　비단남산

雖闕內爲之언정 誰能禁之耶리오. 日後 若更來면 責送也하라."
수궐내위지　　　수능금지야　　　　일후 약갱래　책송아

　그 사람이 듣고 매우 가소로워서 꾸짖어 말하기를 "남아가 용두질하는 것은 예사라. 단지 남산
뿐이겠는가? 비록 대궐 안에서 했다하더라도 누가 금할 수 있겠는가? 오늘 뒤로 만약 다시 오면 꾸
짖어서 보내게."

※例事 – 보통 있는 일　〔例〕전례 예(례), 법식 예(례)　〔闕〕대궐 궐, 빌 궐

　其後　禁松軍이　又來矣하니　責之曰 "吾之拳腎이　有何關於汝
기후 금송군　　우래의　　　책지왈　오지권신　　유하관어여

乎아?"하니 禁松軍曰 "當初如是則誰能來訪耶리오?"하고 不顧
호　　　　　금송군왈　당초여시즉수능래방야　　　　　　불고

而走라.
이 주

　그 뒤 금송군이 또 오니 꾸짖어 가로되 "내 용두질이 너하고 무슨 상관이 있느냐?" 하니 금송군
이 말하기를 "처음부터 이렇게 했더라면 누가 찾아왔겠소?" 하고는 뒤도 돌아보지 않고 도망쳐 버
렸다.

〔關〕관계할 관, 빗장 관, 지경문(地境門) 관　※當初 – 맨 처음, 애초　〔走〕달아날
주, 달릴 주

으르대는 금리를 잘 웃겨 구속을 모면하다

김인복은 말솜씨가 있는 데다 익살을 잘 부렸다.

어느 날 담비 가죽으로 만든 남바위를 쓰고 거리를 지나다가 사헌부 금리와 마주쳤다.

금리가 옷자락을 붙잡아 시전에 맡겨 두고 장차 사헌부에 고하려 하니 김인복이 팔을 뿌리치고 주먹을 휘두르면서

"내 네까짓 놈을 죽여버리겠다!"

했다. 이에 금리가 대꾸하기를

"나는 사헌부 소속 금리다. 네놈이 나를 죽이고 어찌 편안히 살 수 있겠느냐?"

"너희 사헌부 24 감찰은 내가 개가죽 같이 우습게 본다. 너희 사헌부에 두 명씩 있는 지평과 장령, 한 명씩 있는 집의와 대사헌 모두 내 집안 조카들이다. 개국공신·정사공신·좌명공신·좌리공신 모두가 우리 집안 훈벌들이다. 내가 지금 주먹을 휘둘러 네놈 머리를 깨부수면 길 가운데 엎어져 죽을 것이라. 네놈 일가들이 나를 고소해서 관리가 구속은 시키겠지. 그렇지만 도성 안에 많은 내 친구와 친척들이 제각기 술, 떡, 음식들을 가지고 와서 위로할 터이니 나는 취해서 옥에 드러누워 우뢰처럼 코를 골며 잘 것이라. 담당 관청에서 법을 살펴 합당한 형벌을 의논하겠지만 내가 훈신의 적장손이니 법률에 비추어 사형이 감해질 것이니 멀리 삼수갑산 쯤 귀양 보내겠지. 서울 친구들이 제각기 기

생과 악공을 이끌고 동대문 밖에서 나를 전송하고, 소식을 전하는 역마들이 유배지까지 달려올 것이라. 호초 이불 덮고 해송죽에 백두산 사슴 육포와 압록강 물고기 회를 즐기고 있을 것이라. 나라에 큰 경사 있어 왕세자가 탄생하면 전국 각지에 대사령이 내려 모두 풀어줄 것이니 귀양에서 풀려 돌아올 것이라. 돌아오는 길에 동대문 밖에 이르러 노상에 무덤이 여럿 있어 물어 보면 '사헌부 관리 누구가 누구에게 피살되어 여기 묻혔다' 할 것이라. 그런즉 너는 죽고 나는 살아 있을 것이니 누가 득이고 누가 실인고?"

하고 김인복이 말하니 금리가 크게 웃으며

"내 지금 당장 사헌부에 고발하지 않을 것이니 다만 그 이야기를 다시 들려다오." 했다.

嚇禁吏善謔免拘

金仁福 有口辯 善爲諧謔.
嘗着貂皮耳掩 過街市 遇禁吏.
禁吏把衣襟 將拘之市廛而告于府 仁福攘臂張拳曰
“吾將殺爾!”.
禁吏曰
“我卽憲府禁亂之吏也. 君殺我安住?”
仁福曰
“汝府之二十四監察 我視同狗鞠而棄之. 雙持平, 兩掌令, 獨執義, 單大司憲 皆吾門之族姪也. 至於開國·定社·佐命·佐理 皆吾家之勳閥也. 吾今張拳而破汝之頭 顚仆於路中而死. 汝之族黨 訴我而拘之吏 滿城之故舊親戚 各持酒壺餅飯而慰之 吾醉臥福堂鼾睡如雷. 該司按法 論其當律 吾以勳臣嫡長 減死照律 遠竄三水甲山. 京城故舊各率妓工 餞我于東郊 傳郵飛駟 配于謫所. 擁狐貂之裘 服海松之粥 脯白山之鹿 膾綠江之魚. 邦國大慶 王世子誕生 八道四都 大赦廣蕩 金雞放還. 歸到東郊路上有塚累累 問之則 曰‘憲府吏某被殺于某埋于此.’然則汝死吾生 孰得孰失?”
禁吏大笑曰
“今當不告于府 但請再聞其說.”

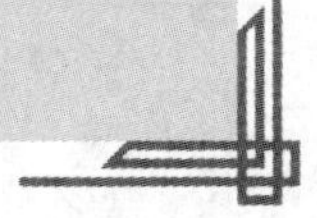

嚇禁吏善謔免拘

> 金仁福은 有口辯에 善爲諧謔이라. 嘗着貂皮耳掩하고 過街市에
> 김인복 유구변 선위해학 상착초피이엄 과가시
> 遇禁吏하다.
> 우금리
>
> 김인복은 말솜씨가 있는 데다 익살을 잘 부렸다. 일찍이 담비 가죽 남바위를 쓰고 시장 거리를
> 지나다가 금리와 마주쳤다.

〔嚇〕으를 혁, 성낼 혁, 웃을 혁 ※으르다 - 상대방에게 무서운 해를 입혀줄 말로써 협박하다. ※禁吏 - 사헌부 소속으로 풍속사범과 감옥을 담당하던 아전 〔吏〕벼슬아치 리(이) 〔謔〕희롱거릴 학 〔免〕면할 면 〔拘〕잡을 구, 거리낄 구 ☞ 金仁福 - 15세기 중엽 習讀官을 지냈던 실재 인물 ※口辯 = 言辯 〔辯〕말 잘할 변 〔諧〕농지거리할 해, 화(和)할 해 〔着〕입을 착, 붙을 착 ※貂皮耳掩 - 담비(족제비과 동물) 가죽으로 귀를 가린다고 했으니 머리에 써서 귀까지 덮던 남바위(노인이 추위를 막기 위해 머리에 써서 귀를 덮던 의관)를 쓴 것을 말함 〔貂〕담비 초 〔掩〕가릴 엄 ※街市 = 市街 - 저자(시장) 거리 〔街〕거리 가 〔市〕저자 시 〔遇〕만날 우

> 禁吏把衣襟하고 將拘之市廛而告于府하니 仁福攘臂張拳曰
> 금리파의금 장구지시전이고우부 인복양비장권왈
> "吾將殺爾라!"하다. 禁吏曰 "我卽憲府禁亂之吏也라. 君殺我
> 오장살이 금리왈 아즉헌부금난지리야 군살아
> 安住리오?"하니
> 안주
>
> 금리가 옷자락을 붙잡아 시전에 잡아 두고 장차 사헌부에 가서 고하려 하니 인복이 팔을 뿌리치고 주먹을 뻗치면서 말했다. "내 네까짓 놈 죽여버리겠다!" 금리가 말하기를 "나는 곧 사헌부의 어지러움 금하는 관리다. 네놈이 나를 죽이고 편안히 살 수 있겠느냐?" 하니

〔把〕잡을 파 〔襟〕옷깃 금 ※市廛 - 조선시대에 허가를 받은 점포 〔廛〕가게 전

〔府〕곳 집(창고) 부, 마을 부 ① 창고 ② 마을 ③ 관청. 여기서는 사헌부 〔攘〕물리칠 양 〔臂〕팔 비 〔張〕베풀 장, 벌릴 장 ※憲府 – 사헌부 〔憲〕법 헌 〔亂〕어지러울 란(난) 〔住〕살 주

仁福曰 "汝府之二十四監察은 我視同狗鞹而棄之라. 雙持平,
인복왈　여부지이십사감찰　아시동구곽이기지　　쌍지평

兩掌令, 獨執義, 單大司憲 皆吾門之族姪也라. 至於開國·定
양장령 독집의 단대사헌 개오문지족질야　　지어개국 정

社·佐命·佐理 皆吾家之勳閥也"라.
사 좌명　좌리 개오가지훈벌야

인복이 말하기를 "너희 사헌부 24 감찰은 내가 개가죽 같이 우습게 봐 버린다. (너희 사헌부에) 둘씩 있는 지평과 장령, 홀로 있는 집의와 대사헌 모두 내 집안 조카들이다. 개국공신·정사공신·좌명공신·좌리공신에 이르기까지 모두 우리 집안 훈벌들이다."

〔監〕감독할 감, 볼 감 〔察〕살필 찰 〔狗〕개 구 〔鞹〕무두질한 가죽 곽 〔棄〕버릴 기 ☞ 監察·持平·掌令·執義·大司憲 – 모두 사헌부의 벼슬아치로 정원은 監察(정6품) 24명, 持平(정5품)과 掌令(정4품) 각 2명, 執義(종3품)와 大司憲(종2품. 사헌부의 首長) 각 1명씩이다. 〔掌〕맡을 장, 손바닥 장 〔義〕옳을 의 〔單〕홑 단 ※族姪 – 집안 조카 〔族〕겨레 족 〔姪〕조카 질 ☞ 開國·定社·佐命·佐理 – 모두 조선시대 초기의 공신 칭호로 ① 開國功臣은 조선 왕조 개국에 공이 컸던 정도전, 조준 등 39명 ② 定社功臣은 제1차 왕자의 난 때 이방원, 하륜 등 18명 ③ 佐命功臣은 제2차 왕자의 난 때 하륜, 조영무 등 38명 ④ 佐理功臣은 성종 즉위를 도운 신숙주, 한명회 등 75명 〔佐〕도울 좌 ※勳閥 – 훈공이 있는 문벌 〔勳〕공 훈 〔閥〕문벌 벌 ※門閥 – 대대로 내려오는 가문의 지체

吾今張拳而破汝之頭면 顚仆於路中而死라. 汝之族黨이 訴我
오금장권이파여지두　전부어노중이사　　여지족당　소아

而拘之吏라도 滿城之故舊親戚이 各持酒壺餠飯而慰之리니 吾醉
이구지리　만성지고구친척　각지주호병반이위지　　오취

臥福堂하야 鼾睡如雷리라.
와 복 당   한 수 여 뢰

　내 지금 주먹을 뻗쳐 네놈 머리를 깨부수면 길 가운데 엎어져 죽을 것이라. 네놈 족속들이 나를 고소해서 관리에게 잡히더라도 성안에 가득 찬 내 친구, 친척들이 제각기 술병, 떡, 음식들을 가지고 와서 위로할 터이니 나는 취해서 옥에 드러누워 우뢰처럼 코를 골 것이라.

※顚仆 - 엎어지다.〔顚〕엎어질 전, 정수리 전〔仆〕엎어질 부　※族黨 = 族屬(족속)〔黨〕무리 당〔訴〕송사할 소, 하소연할 소〔滿〕찰 만　※故舊 - 친구〔舊〕오랠 구, 예 구〔戚〕겨레 척〔壺〕병 호〔餠〕떡 병〔飯〕밥 반〔慰〕위로할 위〔臥〕엎드릴 와　※福堂 - 예전에 감옥을 이르던 말〔堂〕집 당〔鼾〕코골 한〔睡〕잠잘 수〔雷〕우뢰(천둥) 뢰(뇌)

該司按法하야 論其當律이나 吾以勳臣嫡長으로 減死照律하리니
해 사 안 법   논 기 당 률   오 이 훈 신 적 장   감 사 조 율

遠竄三水甲山이리라. 京城故舊가 各率妓工하야 餞我于東郊하고
원 찬 삼 수 갑 산   경 성 고 구   각 솔 기 공   전 아 우 동 교

傳郵飛馹配于謫所리라.
전 우 비 일 배 우 적 소

　담당 관청에서 법을 살펴 그 마땅한 형법을 의논하겠지만 내가 훈신의 적장손이니 법률에 비추어 사형이 감해질 것이니 멀리 삼수갑산 귀양이겠지. 서울 친구들이 제각기 기생과 악공들을 거느려 동대문 밖에서 나를 전송하고 소식을 전하는 빠른 역말들이 유배지에서 짝을 지을 것이라 (소식을 전하기 위한 빠른 역말들이 유배지까지 달려올 것이라).

※該司 - 해당 관청〔該〕그 해, 마땅할 해, 갖출 해〔司〕맡을 사 ① (일을) 맡다 ② 관청 ③ 벼슬〔按〕살필 안, 어루만질 안, 누를 안〔律〕법 률(율)　☞ 律令格式 - 律은 형법. 令은 행정법. 格은 율령의 개정을 모은 법전. 式은 율령의 시행 세칙 ※勳臣 = 功臣　※嫡長 - 정실의 몸에서 난 맏아들과 맏손자〔嫡〕정실 적〔長〕맏 장, 길 장, 오랠 장, 어른 장　※減死照律 - 형법에 비추어 사형을 감함〔減〕덜 감〔照〕비출 조　※遠竄 = 遠配 - 먼 곳으로 귀양 보냄　☞ 三水甲山 - 백두산과 개마고원 사이의 삼수군과 갑산군. 귀양지로 유명했다.〔率〕거느릴 솔　※妓工 - 기생

과 악공 〔工〕장인 공 〔餞〕전별할 전 ※餞別 - 음식을 대접하여 떠나는 사람을 송별함 ※東郊 - 동쪽 교외. 즉 동대문 밖 〔郊〕성밖 교 ※傳郵飛駙 - 소식 전하는 빠른 역말 〔郵〕역말 우, 역참 우 ※驛站 - 역마를 갈아 타던 곳 〔駙〕역말 일 〔配〕짝(짝지을) 배 ※謫所 = 配所 - 죄인을 귀양 보내던 곳 〔謫〕귀양갈 적

擁狐貂之衾하고 服海松之粥에 脯白山之鹿과 膾綠江之魚라.
옹 호 초 지 금　　　　복 해 송 지 죽　　　　포 백 산 지 록　　　　회 록 강 지 어

邦國大慶하야 王世子誕生이면 八道四都에 大赦廣蕩이리니 金鷄
방 국 대 경　　　　왕 세 자 탄 생　　　　팔 도 사 도　　　　대 사 광 탕　　　　금 계

放還이리라.
방 환

　호초 이불로 가리고 해송죽에 백두산 사슴 육포와 압록강 물고기 회를 먹을 것이라. 나라에 큰 경사가 있어 왕세자가 탄생하면 전국에 대사령이 내려 모두 풀어줄 것이니 귀양에서 풀려 돌아올 것이라.

〔擁〕가릴 옹, 안을 옹 ※狐貂之衾 - 여우와 담비 털가죽으로 만든 이불 〔狐〕여우 호 〔貂〕담비 초 〔衾〕이불 금 〔服〕먹을 복, 옷(옷입을) 복 〔粥〕죽 죽 〔脯〕포(저미어 말린 고기) 포 ※白山之鹿 - 백두산 사슴 〔鹿〕사슴 록(녹) 〔膾〕회(잘게 저민 날고기) 회 〔綠〕초록빛 록(녹) 〔邦〕나라 방 〔慶〕경사 경 〔誕〕태어날 탄 ☞ 四都 - 조선시대에 留守를 두었던 네 도읍. 開城 · 廣州 · 水原 · 江華 ※大赦 = 一般赦免 - 범죄의 종류를 지정하여 이에 해당하는 모든 죄인에게 형을 사면하는 것 〔赦〕용서할 사 ※廣蕩 - 널리 씻어버림. 즉 모두 용서함 〔廣〕넓을 광 〔蕩〕쓸어 버릴 탕, 방탕할 탕, 클 탕 ※金鷄放還 - 죄인이 귀양에서 풀려 돌아오는 것 〔放〕놓을 방, 방자할 방

歸到東郊路上有塚累累니 問之則 曰 '憲府吏某가 被殺于某하
귀 도 동 교 노 상 유 총 누 누　　문 지 즉　왈　　헌 부 리 모　　　피 살 우 모

야 埋于此라.' 하리라. 然則 汝死吾生이니 孰得孰失고?" 하니 禁
매 우 차　　　　　　연 즉　여 사 오 생　　　숙 득 숙 실　　　　　　금

吏大笑曰 "今當不告于府리니 但請再聞其說이라."

　　돌아오는 길에 동교에 이르러 길 위에 무덤이 여럿 있어 물어보니 말하기를 '사헌부 관리 누구가 누구에게 피살되어 여기에 묻었다' 할 것이라. 그런즉 너는 죽고 나는 살아 있을 것이니 누가 득이고 누가 실인고? 하니 금리가 크게 웃으며 말했다. "내 지금 당장 사헌부에 고발하지 않을 것이니 다만 청컨대 그 이야기를 다시 듣고 싶네."

〔到〕이를 도　〔塚〕무덤 총　〔累〕여러 루(누), 더할 루(누), 포갤 루(누)　〔某〕아무 모　※被殺 – 살해를 당함　〔被〕입을 피, 이불 피, 덮을 피　〔埋〕묻을 매　〔孰〕누구 숙　〔但〕다만 단　〔再〕거듭 재, 두 재

 제30화

옹기 계산

옹기 장수가 옹기 한 짐을 지고 가다가 나무 밑에서 쉬면서 속으로 셈해 보기를

'한 푼 준 것은 두 푼 받고, 두 푼 준 것은 네 푼 받고, 일 전 준 것은 이 전 받고 해서 한 짐이 두 짐 되고, 두 짐이 네 짐 되고, 한 냥이 두 냥 되고, 두 냥이 네 냥 되고, 차차 배로 늘리면 마침내 만억조가 되리라. 재산이 이쯤 되면 대장부 세상 살아가는 데 어찌 마누라가 없을소냐? 마누라가 있은 후 어찌 집이 없겠는가? 집이 있으매 어찌 세간살이가 없겠는가? 이렇게 장만한 후에 사나이가 으레 마누라 하나, 첩 하나는 거느리는 것이라. 마누라와 첩을 거느린 후 서로 싸우는 일이 있으면 내 마땅히 이렇게 때려주리라.'

하며 즉시 지게 작대기를 뽑아 옹기를 마구 두드리고 난 후 앉아서 생각하니 도대체 말도 되지 않는 짓을 했더라.

옹기만 깬 것이 아니라 지게까지 함께 부숴 버렸으니 옆에 세 푼짜리 조그만 동이 한 개만 있을 뿐이었다.

그것을 주워 가다가 길에서 소나기를 만나 대장간 안으로 들어가 비를 피하고 앉았다가 다시 계산하기를

'이 세 푼짜리로 여섯 푼을 받고, 여섯 푼으로 그릇 두 개를 사서 일 전 이 푼을 받아 차차 배로 늘려나가면 그 숫자 역시 헤아릴 수 없을 것이라.'

이에 머리를 흔들며 의기양양하던 차에 그 동이마저 화로 벽에 부딪혀 깨뜨리고 말았다.

甕算

甕器商負甕器一負 休于樹下 默算曰

"給一分者 捧二分, 給二分者 捧四分, 給一錢者 捧二錢 一負爲二負, 二負爲四負, 一兩爲二兩, 二兩爲四兩 次次倍之 終爲萬億兆."

乃曰

"財産如此 丈夫處世 豈無妻乎? 有妻後 豈無家乎? 有家後 豈無器皿乎? 如是之後 一妻一妾 男兒常事. 有妻有妾之後 有爭鬩之事則 當如是打之."

卽拔支機杖 亂打甕器 坐而思之矣 萬不成說.

非但甕器盡破 支機幷破 傍有三分價小盆一個矣.

拾而去之 路逢驟雨 入冶爐中避雨而坐 更算曰

"以此三分價者 捧六分, 以六分 貿二器 捧一錢二分 次次倍之 其數亦不可量."

乃搖頭揚揚之際 其盆亦觸爐壁 破之.

甕 算

甕器商이 負甕器一負하고 休于樹下라가 默算曰 '給一分者는
捧二分하고, 給二分者는 捧四分하고, 給一錢者는 捧二錢하야 一
負爲二負하고, 二負爲四負하며, 一兩爲二兩하고, 二兩爲四兩하

야 次次倍之면 終爲萬億兆리라.'
차 차 배 지　　종 위 만 억 조

　옹기 장수가 옹기 한 짐을 지고 가다 나무 밑에서 쉬다가 속으로 계산하기를 '한 푼 준 것은 두 푼 받고, 두 푼 준 것은 네 푼 받고 일 전 준 것은 이 전 받고 해서 한 짐이 두 짐 되고, 두 짐이 네 짐 되고, 한 냥이 두 냥 되고, 두 냥이 네 냥이 되어서 차차 배로 늘리면 마침내 만억조가 되리라.'

※甕器 – 독이나 단지 등의 질그릇　〔甕〕독 옹　〔休〕쉴 휴　※默算 – 속으로 하는 계산　〔默〕잠잠할 묵, 고요할 묵　〔算〕셈놓을 산　〔捧〕받을 봉, 받들(공경하여 두 손으로 받을) 봉　〔次〕버금(다음) 차, 차례 차　〔倍〕곱(갑절) 배　〔終〕마침내(끝날) 종, 죽을 종　〔億〕억(수량 단위) 억, 헤아릴 억　〔兆〕조(수량 단위) 조, 조짐 조

　　乃曰 '財産如此면 丈夫處世에 豈無妻乎아? 有妻後 豈無家乎
　　내왈　　재산여차　　장부처세　　기무처호　　유처후 기무가호
아? 有家後 豈無器皿乎아? 如是之後에 一妻一妾은 男兒常事
　　유가후　기무기명호　　　여시지후　　일처일첩　　남아상사
라. 有妻有妾之後에 有爭鬪之事則 當如是打之하리라.' 하고 卽
　　유처유첩지후　　유쟁투지사즉　당여시타지　　　　　　즉
拔支機杖하야 亂打甕器後 坐而思之矣하니 萬不成說이라.
　발지기장　　　난타옹기후 좌이사지의　　　만불성설

　이에 (속으로) 가로되 '재산이 이쯤 되면 장부가 세상 살아가는 데 어찌 마누라가 없겠는가? 마누라가 있은 후 어찌 집이 없겠는가? 집이 있으매 어찌 세간살이가 없을소냐? 이렇게 장만한 후에 마누라에 첩 하나 거느리는 것은 남아에게는 예사라. 마누라와 첩을 거느린 후 서로 다투고 싸우는 일이 있으면 마땅히 이렇게 때려주리라.' 하며 즉시 지게 작대기를 뽑아 옹기를 마구 두드리고 난 후 앉아서 생각하니 도대체 말도 되지 않는 짓을 했더라.

〔財〕재물 재　〔産〕낳을 산, 업(業) 산　〔丈〕어른 장, 길이 단위(十尺) 장　※處世 – 남과 사귀면서 세상을 살아감　※器皿 – 살림에 쓰는 그릇들　〔皿〕그릇 명　※常事 = 例常事 – 보통 있는 일　〔常〕보통 상, 항상 상, 떳떳할 상　〔爭〕다툴 쟁　〔鬪〕싸움소리 홍　〔拔〕뺄(뽑을) 발, 빼어날 발　※支機杖 – 지게 작대기　〔支〕지탱할 지, 가를 지　〔機〕기계 기, 베틀 기, 기틀(기운의 변화) 기　〔杖〕지팡이 장　※萬不成 說 – 만사 이야기가 이루어지지 못함

非但甕器盡破요 支機幷破니 傍有三分價小盆一個矣라. 拾而
비단옹기진파　　지기병파　　방유삼분가소분일개의　　　　습이

去之하다가 路逢驟雨한대 入冶爐中 避雨而坐하야 更算曰 '以此
거지　　　　노봉취우　　　입야로중　피우이좌　　　갱산왈　이차

三分價者로 捧六分하고, 以六分으로 貿二器하야 捧一錢二分으로
삼푼가자　봉육푼　　　이육푼　　무이기　　　봉일전이푼

次次倍之하면 其數亦不可量이리라.' 하고 乃搖頭揚揚之際에 其
차차배지　　기수역불가량　　　　　　내요두양양지제　기

盆亦觸爐壁하야 破之라.
분역촉노벽　　　파지

　비단 옹기만 죄다 부순 것이 아니라 지게까지 함께 부수어 버렸으니 옆에 세 푼짜리 조그만 동이
가 한 개만 있을 뿐이었다. 그것을 주워서 가다가 길에서 소낙비를 만나니 대장간 안으로 들어가 비
를 피하고 앉았다가 다시 계산하기를 '이 세 푼짜리로 여섯 푼을 받고, 여섯 푼으로 그릇 두 개를 사
서 일전 이 푼을 받아 차차 배로 늘려나가면 그 숫자 역시 헤아릴 수 없을 것이라.' 하고 이에 머리
를 흔들며 의기양양하던 차에 그 동이마저 화로 벽에 부딪혀 깨뜨리고 말았다.

〔盡〕다할 진, 마칠 진, 극진할 진　〔幷〕아우를(겸할) 병　〔盆〕동이 분　〔個〕낱(물건
세는 단위) 개　〔拾〕주울 습　〔逢〕만날 봉　※驟雨 - 소나기　〔驟〕달릴 취, 몰아갈
취　〔冶〕(불로)녹일 야, 대장장이 야　〔爐〕화로 로(노)　〔量〕헤아릴 량(양)　〔搖〕흔
들 요　※揚揚 - 득의(得意)하여 만족하는 모양　〔揚〕날릴 양, 오를 양, 나타날 양
〔觸〕닿을 촉, 범할 촉

제31화

빈 손으로 왔다가 빈 손으로 간다

서울 안에 오씨 성을 가진 사람이 있었는데 옛날 이야기 잘하는 것으로 세상에 이름나 여러 재상 집을 두루 방문했다.

그 식성이 익힌 오이를 즐긴 탓에 사람들이 '외무름'으로 부르니 대개 '무름'이란 것은 채소 익힌 것의 사투리요, '오'는 오이의 속명인 '외'와 음이 서로 비슷하다.

당시에 나이가 많고 자식이 네 명인 한 종실이 있었는데 고생 끝에 부자가 되었으나 성품이 인색하여 추호라도 남에게 주는 일이 없고, 또 여러 자식에게도 재산을 나누어 주지 않으니 친구가 재물 나누어줌을 권했으나 "나도 다 생각이 있다." 하고는 자꾸만 미루어 칼끝 하나 남에게 주지 않았다.

종실이 하루는 외무름을 불러 옛날 이야기를 시키니 외무름이 한 꾀를 생각하여 옛날 이야기 하나를 지어냈다.

"장안 갑부에 이동지라는 사람이 있었습니다. 수명도 길고 부유한데다 아들도 많아 사람들이 좋은 팔자라 했습니다. 단지 어려서 가난이 한이 되어 재산을 늘려 부자가 되었으나 버릇은 고쳐지지 않고 그대로 남아 비록 자녀 형제라도 물건 하나 주는 일이 없었습니다.

죽음에 임박하니 세상만사 모두 허망하고 오로지 재물 '재' 한 자에 연연하여 버리고 갈 수가 없고, 병중에 생각에 생각을 거듭하나 어쩔 수가 없었습니다. 이에 여러 자식들을 불러 유언하기를 '내 억척스럽게 재산을 모아 비록 갑부가 되었으나 이제 장차 황천길 떠나는데 백 가지로 생각해도 물건 하나 가지고 갈 도리가 없으니 전날 재물을 아낀 일이 후회막급이다. 명정 한 번 떠남에 만가 소리 처량하고, 공산에 낙엽 지고 쓸쓸한 무덤에 밤비 내릴 것이라. 비록 엽전 한 푼 쓰려해도 되겠는가? 내 죽은 뒤 염을 해서 관에 넣을 때 두 손을 쥐게 하지 말고 관 양 옆에 구멍 하나씩을 뚫어 좌우 양손을 내게 하고 길가는 사람들에게 보여 내 비록 재산이 산더미 같으나 빈 손으로 왔다가 빈 손으로 가는 것을 알게 하리라.' 하고 곧 죽으니, 사후에 자식들이 감히 그 가르침을 어기지 못하고 그 훈계대로 했으니 소인이 조금 전 길에서 그 발인 떠나는 것을 보았습니다. 이게 끝입니다. 속담에 '사람이 죽을 때는 그 말이 착하다.' 했지요."

종실 노인이 듣고 은연중 자기를 핍박하여 조롱하는 뜻이 있는 줄 알지만 그 말이 이치에 통달한 것이므로 즉석에서 문득 깨달아 외무름에게 후한 상을 주고 다음 날 아침 드디어 자식들에게 재산을 나누어 주

고 그 보화를 일가와 친구들에게 다 골고루 준 뒤 산정에 들어가 거문
고와 술을 벗삼아 스스로 즐기고 죽을 때까지 재물 다루는 것을 말하지
않았으니 외무름의 한마디에 크게 깨달았음이라.

空手來空手去

京中 有吳姓人 善古談 名於世 遍謁卿相家.

其食性 嗜瓜熟菜故 人以吳物音 呼之 盖物音者 熟菜之方言也, 吳者 瓜之俗名音 相似也.

時有一宗室 年老而有四子 積苦致富 而性吝秋毫不以與人 亦不分貲 於諸子 親友勸之則 答曰 "吾有商量." 遷延歲月 刃一不能與之.

一日 招吳物音 使之古談 吳心生一計 做出一古談 古談曰 "長安甲富 有李同知者 壽富多男子 人稱好八字 但 少時傷於貧 治産爲富家翁 而癖根於心性 雖子女兄弟 無一箇物賜與. 及其臨死也 世間萬事 都是悠悠 只在一財字眷戀 不能捨去 病中思之又思 無可奈何. 乃呼諸子遺言曰 '吾積苦聚財 雖至甲富 今將發黃泉之行 而百計思之 無一個物持去之道. 前日吝財之事 悔之莫及. 丹旗一發 輓歌凄凉 空山落木 夜雨荒阡. 雖用一葉錢 得乎? 吾死後 棺斂也 不施握手於兩手 棺之兩傍 穿一穴 出其左右手而示路上人 使知吾有財如山 空手來空手而去.' 乃奄然而逝 死後 諸子不敢違敎 如其戒 小人 俄遇其輀行於路上. 儘乎, 諺曰 人之將死 其言也 善!"

宗室老人 聽知隱然逼於己而有嘲弄之意 然 其言則達理也. 卽席頓悟 厚賞吳 翌朝 遂分財於諸子 盡散其寶貨於宗族故舊 入處山亭 琴酒自娛 終身不言理財 盖吳物音之一言頓悟也.

空手來空手去

京中에 有吳姓人하야 善古談으로 名於世러니 遍謁卿相家라. 其
食性이 嗜瓜熟菜故로 人이 以吳物音으로 呼之하니 盖物音者는 熟
菜之方言也요, 吳者는 瓜之俗名音으로 相似也라.

서울 안에 오씨 성을 가진 사람이 있어 고담 잘하는 것으로 세상에 이름나 여러 재상 집을 두루 방문했다. 그 식성이 오이 익힌 것을 즐긴 탓에 사람들이 외무름으로 부르니 대개 무름이란 것은 채소 삶은 것의 사투리요, 吳라는 것은 오이의 속명인 '외'와 음이 서로 비슷하다.

〔遍〕두루 편 〔謁〕뵈일 알, 알릴 알 〔卿〕귀한 벼슬 경 〔嗜〕즐길 기 〔瓜〕오이 과
〔熟〕삶을 숙, 익을(익힐) 숙, 익히 숙

時有一宗室이 年老而有四子하고 積苦致富나 而性吝하야 秋毫
不以與人하고 亦不分貲於諸子하니 親友勸之則 答曰 "吾有商量
이라." 하며 遷延歲月하고 刃一不能與之라. 一日은 招吳物音하여
使之古談하니 吳가 心生一計하야 做出一古談하니 古談에 曰

당시에 한 종실이 있었는데 나이 많은 데다 자식이 넷이나 되고 고생 끝에 부자가 되었으나 성품이 인색하여 추호라도 남에게 주는 일이 없고 또 여러 자식들에게도 재물을 나누어주지 않으니 친구가 권한즉 답하기를 "나도 다 생각이 있다." 하고는 자꾸만 미루어 칼끝 하나 남에게 주지 못했다. 하루는 외무름을 불러 고담을 시키니 외무름이 마음속에 한 꾀를 생각하여 고담 하나를 지어내니 그 고담에 가로되

※宗室 - 왕의 일가 〔宗〕마루〔尊〕종, 겨레 종 〔室〕집 실 ※積苦致富 - 고생을 쌓아 부를 이룸. 즉 악착 같이 돈을 모음 〔積〕쌓을 적 〔苦〕괴로울 고, 쓸 고 〔致〕이

룰 치 〔吝〕인색할 인 ※吝嗇 - 체면을 돌보지 않고 재물을 아낌 ※秋毫 - 매우 적음. 가을철에 짐승의 털이 매우 가늘어지고 적어진다는 데서 나온 말 〔毫〕터럭 호 〔貨〕재물 자 〔勸〕권할 권 ※商量 - 헤아려 생각함 〔商〕요량할 상, 장사 상, 상(은)나라 상 〔量〕헤아릴 량(양) ① 국량 ② 용량 ③ 수량 ④ 분량 ※遷延歲月 - 일을 끝내지 아니하고 자꾸 미루어 감 〔遷〕옮길 천, 귀양보낼 천 〔延〕끌(미룰) 연, 늘일(뻗을) 연 〔刃〕칼날 인 〔招〕불러올 초 ※做出 - 지어냄 〔做〕지을 주

"長安甲富에 有李同知者하니 壽富多男子하여 人稱好八字러니
장안갑부　유이동지자　　수부다남자　　인칭호팔자
但 少時傷於貧하여 治産爲富家翁이나 而癖根於心性하야 雖子女
단 소시상어빈　　치산위부가옹　　이벽근어심성　　수자여
兄弟라도 無一箇物賜與러라. 及其臨死也에 世間萬事　都是悠悠
형제　　무일개물사여　　급기임사야　세간만사　도시유유
하고 只在一財字眷戀하여 不能捨去하고 病中思之又思에 無可奈
지재일재자권연　　불능사거　　병중사지우사　　무가내
何라. 乃呼諸子遺言曰
하　　내호제자유언왈

"장안 갑부에 이동지라는 사람이 있었으니 수명도 길고 부유한데다 아들도 많아 사람들이 좋은 팔자라 했는데 단지 어려서 가난에 한이 되어 재산을 늘려 부잣집 늙은이가 되었으나 버릇은 심성에 뿌리박아 비록 자녀 형제라도 물건 하나 주는 일이 없었습니다. 죽음에 임박하니 세상만사 모두 허망하고 오로지 재물 '재' 한 자에 연연하여 버리고 갈 수가 없고, 병중에 생각에 생각을 거듭하나 어쩔 수가 없는 지라, 이에 여러 자식들을 불러 유언하기를

※同知 - 직함이 없는 노인의 존칭 〔壽〕나이 수, 목숨 수 〔傷〕상할(다칠) 상, 근심할 상 ※治産 - 집안 살림살이를 잘 다스림 〔翁〕늙은이 옹, 노인의 존칭 〔癖〕버릇 벽, 즐길 벽 〔根〕뿌리(뿌리박을) 근, 근본 근 〔箇〕 = 〔個〕낱 개 〔賜〕줄 사 〔臨〕임할 임(림) ※都是 - 도무지. 도대체 ※悠悠 - ① 허망함 ② 멀고 아득함 ③ 한가하고 느림 ④ 침착하고 태연함 ※眷戀 - 연연함. 사모하여 뒤돌아봄 〔眷〕돌아볼 권, 돌보아줄 권, 붙이(권속) 권 〔戀〕사모할 연 〔捨〕버릴 사 ※無可奈何 - 어쩔 수가 없다. 〔奈〕어찌(어찌할) 내 〔遺〕남을 유, 끼칠 유, 자취 유

'吾積苦聚財하여 雖至甲富나 今將發黃泉之行에 而百計思之하
오 적 고 취 재   수 지 갑 부   금 장 발 황 천 지 행   이 백 계 사 지

되 無一個物持去之道라. 前日吝財之事가 悔之莫及이라. 丹旗一
무 일 개 물 지 거 지 도   전 일 인 재 지 사   회 지 막 급   단 기 일

發에 輓歌凄凉하고 空山落木에 夜雨荒阡이라. 雖用一葉錢이나
발   만 가 처 량   공 산 낙 목   야 우 황 천   수 용 일 엽 전

得乎아?
득 호

　'내 억척스럽게 재산을 모아 비록 갑부에 이르렀으나 이제 장차 황천길 떠나는데 백 가지로 생
각해도 물건 하나 가지고 갈 도리가 없으니 전날 재물 아낀 일이 후회막급이다. 붉은 깃발(명정) 한
번 떠남에 만가 소리 처량하고, 공산에 낙엽지고 쓸쓸한 무덤에 밤비 내릴 것이라. 비록 엽전 한 푼
쓰려 해도 되겠는가?

〔聚〕모을(모일) 취　※黃泉 – 저승　〔黃〕누를 황　〔泉〕샘 천　〔悔〕뉘우칠 회　※丹旗
＝ 銘旌(명정) – 붉은 천에 죽은 사람의 이름을 쓴 기　〔丹〕붉을 단, 주사(朱砂) 단
※牡丹峰은 모란봉으로 읽는다.　〔旗〕기 기　※輓歌 – 상여를 매고 갈 때 하는 노래
〔輓〕수레끌 만　〔凄〕쓸쓸할 처　〔凉〕서늘할 량(양)　※空山 – 사람 없는 산중　※荒
阡 – 돌보지 않아 쓸쓸한 무덤　〔荒〕거칠 황　〔阡〕무덤길 천, 밭둑길 천　※阡은 금
액 표시 때 千을 고치지 못하도록 대신 쓰는 경우가 많다.　〔葉〕잎 엽

吾死後에 棺斂也어든 不施握手於兩手하고 棺之兩傍에 穿一穴
오 사 후   관 염 야   불 시 악 수 어 양 수   관 지 양 방   천 일 혈

하여 出其左右手而示路上人하여 使知吾有財如山이나 空手來空
출 기 좌 우 수 이 시 노 상 인   사 지 오 유 재 여 산   공 수 래 공

手而去하리라.' 하고 乃奄然而逝하니 死後에 諸子不敢違敎하고
수 이 거   　　　내 엄 연 이 서   사 후   제 자 불 감 위 교

如其戒러니 小人이 俄遇其輀行於路上이라. 儘乎라, 諺曰 人之
여 기 계   소 인   아 우 기 이 행 어 노 상   진 호   언 왈 인 지

將死에 其言也 善이로소이다!"
장 사   기 언 야 선

　내 죽은 뒤 염해서 관에 넣을 때 두 손을 쥐게 하지 말고 관 양 옆에 구멍 하나씩을 뚫어 좌우 양
손을 내게 해서 길가는 사람에게 보여 내 비록 재산이 산더미 같으나 빈 손으로 왔다가 빈 손으로

가는 것을 알게 하리라.' 하고 곧 죽으니, 사후에 자식들이 감히 그 가르침을 어기지 못하고 그 훈계 대로 했으니 소인이 조금 전 길에서 그 발인 떠나는 것을 보았습니다. 이게 끝입니다. 속담에 '사람 이 죽을 때는 그 말이 착하다.' 했지요."

※棺斂 – 시체를 삼베로 싸서 관에 넣음 〔棺〕관 관 〔斂〕염(殮)할 염(렴), 거둘 염 (렴) 〔施〕행할 시, 베풀 시 〔握〕쥘 악 〔穿〕뚫을 천 ※奄然 – 문득, 곧. 儼然과 구 별할 것 ※儼然 – ① 사람의 겉모습이나 언행이 엄숙하고 점잖은 모양 ② 현상이 뚜렷하여 누구도 감히 부인할 수 없는 모양 〔奄〕얼른(잠시, 문득) 엄, 덮을(가릴) 엄 〔逝〕죽을 서, 갈 서 〔違〕어길 위 ※俄然 – 갑작스레 〔遇〕만날 우 ※靷行 – 발인하는 행차 ※發靷 – 상여가 집에서 묘지를 향하여 떠남 〔靷〕말가슴걸이 인 〔儘〕 = 〔盡〕다(다할) 진

宗室老人이 聽知隱然逼於己而有嘲弄之意라. 然이나 其言則
종실로인　청지은연핍어기이유조롱지의　　연　　기언즉

達理也라. 卽席頓悟하여 厚賞吳하고 翌朝에 遂分財於諸子하고
달리야　　즉석돈오　　후상오　　익조　　수분재어제자

盡散其寶貨於宗族故舊하며 入處山亭하여 琴酒自娛하고 終身不
진산기보화어종족고구　　입처산정　　금주자오　　종신불

言理財하니 盖吳物音之一言頓悟也라.
언이재　　개오물음지일언돈오야

　종실 노인이 듣고 은연중 자기를 핍박하여 조롱하는 뜻이 있는 줄 알았다. 그렇지만 그 말이 이 치에 통달한 것이라. 즉석에서 문득 깨달아 외무름에게 후한 상을 주고 다음 날 아침 드디어 자식들 에게 재산을 나누며 그 보화를 일가와 친구들에게 다 흩어준 뒤 산정에 들어가 거문고와 술로 스스 로 즐기고 죽을 때까지 이재에 대해 말하지 않았으니 대개 외무름의 한마디에 크게 깨달았음이라.

※隱然 – 슬쩍 모르는 동안 〔隱〕숨을 은 〔逼〕핍박할 핍, 가까울 핍 ※逼迫 – 몹 시 쫓음. 닥쳐옴 〔嘲〕조롱할 조 ※達理 – 이치에 통달함 〔達〕통달할 달, 사무칠 달, 나타날 달 〔理〕이치 리(이) 〔席〕자리 석 ※頓悟 – 별안간 깨달음 〔厚〕두터 울 후 〔賞〕상(상줄) 상 〔散〕흩을 산 〔寶〕보배 보 〔貨〕재물 화 〔亭〕정자 정 〔琴〕거문고 금 〔娛〕즐거워할 오 ※理財 – 재물을 유리하게 다루어 운용함

제32화

명창 박남

박남은 노래 잘 부르기로 나라 안에서 으뜸이어서 능히 사람들을 웃기고 울렸다.

같은 마을에 상번 군사의 마누라가 서울로부터 온 남편의 편지를 가지고 와 읽어 주기를 청하면서 "나를 위해 편지 내용을 상세히 전해 주세요."

박남이 편지를 펼쳐 보더니 한참 동안 말없이 다만 눈물만 흘렸다. 이에 상번 군사의 마누라는 다른 사람이 남편의 편지를 보고 이처럼 슬퍼하는 것은 편지 속에 반드시 대단한 일이 있다고 생각하며 마음속으로 어쩔 줄 몰라 하면서 눈물을 흘리며 편지 내용을 재촉하며 물었다.

"숨기지 말고 빨리 말해 주세요."

"내가 슬퍼함은 편지를 보고 우는 것이 아니요. 나이 육십에 가깝도록 언문을 풀이하지 못하여 이 편지 뜻을 알 수 없는 까닭에 이처럼 우는 것이요."

하고 박남이 말하자 상번 군사의 마누라가 크게 성을 내며 편지를 빼앗아 갔다.

하루는 길에서 같은 마을의 존위(마을 유지)를 만났는데 서로 말을 타고 있었다. 그가 말에서 내리지 않고 말 위에서 엎드리며

"소인 절하고 뵙습니다"

하고 인사하니 존위가 크게 노하여 박남을 말에서 끌어 잡아내려 죄를 따졌다. 이에 박남이

"존위님은 생각해 보시오. 존위께서 만약 보행하시고 소인 역시 보행하여 서로 길 위에서 만났다면 그 형세가 마땅히 길 위에서 절해야 합니다. 이제 존위와 소인이 함께 말을 탔으니 보행과 마행의 만남이 같을 따름입니다. 만약에 존위께서 가르친 대로 시행한다면 걸어가다 서로 만났을 때는 땅을 파고 들어가서 절해야 하겠소? 내 일찍이 한천대감과 더불어 서로 읍하였으니 조그만 시골 수령 따위 두려워하지 않은 지 오래 되었소이다."

하니 존위가 크게 웃었다.

名唱 朴男

朴男者 以善唱 冠擅國內 能使人笑之悲之.
同里 有上番人之妻 持自京來家夫書 請見曰
"爲我詳傳書中辭意."
朴男 展見 移時無語而但泣下如雨.
其女 以爲他人 見他人書 若是悲慘者 書中 必有大端事. 心
內罔措. 先亦淚湧 催問書中由曰
"須急道勿諱."
朴男 復曰
"吾之悲 非見書而泣. 年近六十 未解諺文 不能知此書辭意
故 如此泣之."
厥女 大怒 奪書而去.
一日 又路逢同村尊位 尊位騎馬, 渠亦騎馬. 渠不下馬 伏於
馬上曰
"小人拜謁."
尊位 大怒 捉下數之 朴男 曰
"尊位主 試思之. 尊位若步行 朴男若步行 相逢於路上 勢當
拜於路上 今者 尊位與小人 俱騎馬 以此推之 步行與馬行之逢
等耳. 若以尊位所敎施行 相逢於步行之時 則其可掘地而入拜
乎? 吾曾與寒泉大監相揖 不畏華陰令 久矣."
尊位 大笑.

名唱 朴男

朴男者는 以善唱으로 冠擅國內하야 能使人笑之悲之라. 同里에
박남자　이선창　　관천국내　　능사인소지비지　　동리

有上番人之妻가 持自京來家夫書하야 請見曰 "爲我詳傳書中辭
유상번인지처　지자경래가부서　　청견왈　위아상전서중사

意하라." 하니 朴男이 展見에 移時無語而但泣下如雨러라.
의　　　　　박남　진견　이시무어이단읍하여우

　박남은 노래 잘 부르기로 국내 으뜸이어서 능히 사람들로 하여금 웃기고 울렸다. 같은 마을의 상
번 군사 마누라가 서울로부터 온 남편의 편지를 가지고 보기를 청하여 가로되 "나를 위해 편지 속
내용을 상세히 전달해 달라." 하니 박남이 펼쳐 보더니 한참 동안 말이 없고 다만 눈물이 비처럼 쏟
아졌다.

〔唱〕노래부를 창　※冠擅 - 명성이 제일 드러남　〔冠〕으뜸 관, 갓 관, 관례(성인되
는 의식)할 관　〔擅〕멋대로 할 천　※上番 - 조선시대에 차례가 되면 서울에 올라
가 중앙의 군인으로 복무하는 일　〔番〕번(番)들 번, 차례 번　〔詳〕자세할 상　〔辭〕
말씀 사, 사양할 사, 사례할 사　〔展〕펼칠 전, 늘일 전　※移時 - 한참 동안　〔移〕옮
길 이　〔泣〕울 읍

其女가 以爲他人이 見他人書하고 若是悲慘者는 書中에 必有大
기녀　이위타인　견타인서　　약시비참자　서중　필유대

端事라. 하여 心內罔措라. 先亦淚湧하야 催問書中由曰 "須急道
단사　　　심내망조　　선역누용　　최문서중유왈　수급도

勿諱하라." 하니
물휘

　그 여자가 남이 남의 편지를 보고 이처럼 비참해하는 것은 편지 속에 반드시 대단한 일이 있다고
생각하여 마음속으로 어쩔 줄을 몰랐다. 먼저 역시 눈물이 솟아 편지 속 사유를 재촉하며 물었다.
"모름지기 급히 일러 꺼리지 말라."

〔悲〕슬플 비　〔慘〕슬플 참, 혹독할 참　※大端 - ① 매우 심함 ② 크고도 많음 ③ 아

주 중요함 〔端〕끝 단, 바를(곧을) 단, 비롯할 단 ※罔措 – 罔知所措의 준말로 너무 당황하거나 급하여 어찌할 바를 모름 〔罔〕없을 망, 속일 망 〔措〕둘 조, 섞일 조 〔淚〕눈물 루(누) 〔湧〕물솟을 용, 샘솟을 용 〔催〕재촉할 최, 핍박할 최 〔道〕이를 도, 길 도, 사상 도 〔諱〕꺼릴 휘

朴男이 復曰 "吾之悲는 非見書而泣이요. 年近六十에 未解諺
박남 부왈 오지비 비견서이읍 년근육십 미해언
文하야 不能知此書辭意故로 如此泣之로다." 하니 厥女가 大怒하
문 불능지차서사의고 여차읍지 궐녀 대노
며 奪書而去하다.
탈서이거

박남이 다시 말하기를 "내가 슬퍼함은 편지를 보고 우는 것이 아니요. 나이 육십에 가깝도록 언문(한글)을 풀이하지 못하여 이 편지 뜻을 알 수 없는 까닭에 이처럼 우는 것입니다." 하니 그 여자가 크게 성내며 편지를 빼앗아 갔다.

〔復〕 ① 다시 ② 돌아오다 ③ 대답하다 ④ 갚다 〔未〕아닐 미 ※諺文 – 한글의 딴 이름 〔諺〕상말 언, 속담 언 〔奪〕(억지로)빼앗을 탈

一日은 又路逢同村尊位하니 尊位騎馬요, 渠亦騎馬러라. 渠不
일일 우노봉동촌존위 존위기마 거역기마 거불
下馬하고 伏於馬上曰 "小人拜謁이로소이다." 하니 尊位가 大怒하
하마 복어마상왈 소인배알 존위 대노
여 捉下數之한데 朴男이 曰 "尊位主는 試思之하소서. 尊位若步
착하수지 박남 왈 존위주 시사지 존위약보
行하고 朴男若步行하야 相逢於路上이면 勢當拜於路上이라. 今者
행 박남약보행 상봉어노상 세당배어노상 금자
尊位與小人이 俱騎馬하니 以此推之컨대 步行與馬行之逢이 等耳
존위여소인 구기마 이차추지 보행여마행지봉 등이
라."

하루는 또 길에서 같은 마을의 존위를 만났으니 존위도 말을 타고 그(박남)도 역시 말을 탔더라. 그가 말에서 내리지 않고 말 위에서 엎드려 "소인 절하고 뵙습니다." 하니 존위가 크게 노하여 잡아 내려 죄를 따졌는데 박남이 말하기를 "존위님은 생각해 보시오. 존위께서 만약 보행하시고 박남 역

시 보행하여 서로 길 위에서 만났다면 형세가 마땅히 길 위에서 절해야 할지라. 이제 존위와 소인이 함께 말을 탔으니 보행과 마행의 만남이 같을 따름이요.

〔逢〕만날 봉 ※尊位 - 향촌에서 마을 어른이 맡는 소임의 하나 〔尊〕어른 존, 높을 존, 공경할 존 〔位〕지위 위, 자리 위, 벼슬 위 ※拜謁 - 뵈옴 〔謁〕뵈일 알, 아뢸 알 〔捉〕잡을 착 〔數〕죄따질 수, 셈(할) 수, 운수 수, 자주 삭, 빠를 삭, 빽빽할 촉 ※試思之 - 생각해 보라. 〔勢〕형세 세, 권세 세 ※수者 - 이제 〔俱〕함께(다) 구

若以尊位所教로 施行이면 相逢於步行之時에는 則其可掘地而
약 이 존 위 소 교   시 행   상 봉 어 보 행 지 시   즉 기 가 굴 지 이

入拜乎아? 吾曾與寒泉大監相揖하니 不畏華陰令이 久矣로소이
입 배 호   오 증 여 한 천 대 감 상 읍   불 외 화 음 령   구 의

다." 하니 尊位大笑하다.
존 위 대 소

만약에 존위께서 가르친 바로써 시행한다면 걸어가다 서로 만났을 때는 땅을 파고 들어가서 절해야 하겠오? 내 일찍이 한천대감과 더불어 서로 읍하였으니 화음령(조그만 시골 수령) 따위 두려워하지 않은 지 오래 되었소이다." 하니 존위가 크게 웃었다.

〔教〕가르칠 교, 종교 교 ※施行 - 실지로 베풀어 행함 〔施〕베풀 시 〔掘〕팔 굴 〔曾〕일찍 증, 지난번 증, 거듭 증 ☞ 寒泉大監 - 18세기의 학자 李縡(이재). 전에 박남이 그를 찾아가서 논어 한 구절을 물어 희롱한 적이 있다. 〔寒〕찰 한, 곤궁할 한 〔泉〕샘 천 〔監〕살필 감 〔揖〕읍(두 손을 가슴에 붙이고 하는 절)할 읍 〔畏〕두려울 외 ※華陰令 - 조그만 고을 수령 〔華〕빛날 화, 꽃 화, 중화(중국) 화 〔久〕오랠 구

정수동

정수동은 이름이 지윤, 자가 경안이다. 본관은 동래이며 대대로 중인 계급이었다. 태어나면서부터 왼손에 흉터처럼 무늬가 있었으니 목숨 수(壽)라.

성인이 되자 한서의 지생동지(芝生銅池)를 취하여 수동(壽銅)으로 스스로 호를 삼으니 귀천이나 원근, 아는 사람이나 모르는 사람 모두 다 정수동이라 불렀다.

점점 자라자 성품이 세속과 구차하게 영합하지 않아 평생토록 남의 구속받기를 싫어하고 총명한 깨달음이 문자에 모여 능히 끝을 알지 못하는 것이라도 한 번 보기만 하면 문득 그 요지와 긴요한 곳을 깨치고 핵심이 있는 곳을 알았다.

시에 가장 뛰어났으며 술을 잘 마셨는데 슬픔과 기쁨, 얻고 잃음, 울음과 웃음, 실의에 빠져 상심하는 일과 관련되는 모든 일들을 술에 붙여서 시로 발산하였다.

하루는 시회에 참여했는데 시객이 준비해둔 술 두 동이를 수동이 몰래 다 마셔버리고는 취해서 잠들어 버렸다. 얼마 후 안주가 도착하여 술동이를 찾으니 어찌 술이 있으리오? 그가 한 짓인줄 알고 꾸짖기를

"한 동이는 그렇다 치고, 두 동이나 말려버리니 너무 염치없는 짓 아닌가?"

"오른손으로 한 동이 술을 마셔 버리고, 왼손으로 한 동이 안주를 먹어 버렸네. 어찌 술 마시고 안주를 먹지 않겠는가?"

하고 수동이 웃으며 대꾸하니 좌중이 모두 포복절도하였다.

심암공(조두순)이 일찍이 여러 재상들과 모여 세상에 두렵고 무서운 물건을 이야기하는데 혹은 "맹호가 무섭다." 혹은 "도적이 무섭다." 혹은 "양반이 무섭다." 하거늘 수동이 나서며 말하기를 "나는 호랑이를 탄 양반 도적이 가장 무섭습니다." 했다.

대개 풍자함이라.

또 어느 재상집 복도에 한 어린아이가 엽전 한 닢을 잘못 삼켜 그 어미가 걱정하는데 수동이 마침 지나가다 그 어미를 불러 물었다.

"아이가 삼킨 돈이 누구 돈인고?"

"아이의 돈입니다."

"그러면 걱정 말라. 배만 쓰다듬어주면 되느니라. 지금 어떤 놈은 남의 돈 칠만 냥을 삼켜버리고도 배만 쓰다듬고 있거늘 하물며 제 돈 한 닢 삼키고 심한 배탈이 있겠느냐?"

당시 주인집 재상이 이와 같이 뇌물 받았다는 이야기가 있는 고로 그를 바르게 경계한 까닭이었다.

비록 술을 많이 마시고 거리낌이 없었으나 때때로 익살로써 세속을 바로잡기 위한 풍자를 이처럼 했다.

어느 날 저녁 갑작스런 병을 얻어 죽으니 곧 철종 무오년이요, 나이 51세였다.

유관공(김흥근)이 오로지 정성을 기울여 장사지내고, 심암공이 그를 위한 전기를 지었다.

일찍이 스스로 하원이라고 호를 한 까닭에 최성환 군이 그를 기려 널리 시고를 수집하여 하원시초 한 권을 만들어 세상에 간행했다.

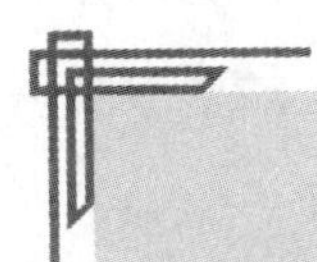

鄭壽銅

鄭壽銅 名芝潤, 字景顏. 籍東萊 世佐行人役. 生而有文在左手曰壽. 及冠 取漢書芝生銅池事 遂以壽銅 自號 通貴賤遠近 知與不知 咸曰鄭壽銅也.

及長 性耿介 平生 不肯受人羈絆 聰悟鍾於文字 不能究竟者 一見 輒曉其指要機軸 核心所在.

詩爲最長 善飮酒爲性 悲歡得失 咷笑佗傺 聯關一切 寓諸酒 而發之詩.

一日 參與詩會 詩客 備酒二大壺藏之 壽銅 密入其藏 連到 二壺而盡 醉眠齁齁.

頃之 肴至 欲飮覓壺 酒爲烏有? 認其所爲 詰之曰

"其一 猶可 乾其二 甚沒廉哉!"

壽銅 笑曰

"右手 飮了一壺酒 左手 食了一壺肴矣. 焉有飮而不肴者 乎?"

座中皆絶倒.

心庵公 嘗與諸宰相 談世間恐怖可畏之物

或言 "猛虎 可畏."

或言 "盜賊 可畏."

或言 "兩班 可畏."

壽銅 進曰 "余 騎虎兩班之賊 最可畏."

盖諷之也.

又某相家廊下 有一幼子誤吞錢一枚. 其母憂之 壽銅 適過 招其母問曰

"兒之所吞 誰人之錢?"

對曰 "兒之錢也."

壽銅曰

"然則無憂. 但撫腹 可矣. 今有吞他人錢七萬兩 但撫腹而已 況吞了自己錢一分 有甚腹病乎?"

鄭壽銅

鄭壽銅은　名芝潤,　字景顔이라.　籍東萊니　世佐行人役이러라.
정수동　명지윤,　자경안　　적동래　　세좌행인역

生而有文在左手曰壽라.　及冠에　取漢書芝生銅池事하야　遂以壽
생이유문재좌수왈수　　급관　취한서지생동지사　　수이수

銅으로　自號하니　通貴賤遠近하고　知與不知가　咸曰鄭壽銅也러라.
동　　자호　　통귀천원근　　지여부지　　함왈정수동야

　정수동은 이름이 지윤, 자는 경안이다. 본관은 동래니 대대로 중인 계급이었다. 나면서 왼손에 무늬가 있었으니 목숨 수(壽)라. 성인(成人)이 됨에 한서의 지생동지(芝生銅池)를 취하여 드디어 수동(壽銅)으로 스스로 호를 삼으니 귀천이나 원근, 아는 사람이나 모르는 사람 모두 다 정수동이라 불렀다.

〔芝〕지초(마른 나무에 나는 버섯의 한 가지) 지　〔潤〕윤택할 윤, 젖을 윤　〔字〕자(副名) 자, 글자 자　〔景〕경치 경　〔籍〕호적 적, 문서 적　〔萊〕명아주풀 래(내)
※佐行人役－남(人)의 일(役)을 도와(佐) 행(行)하는 사람이니 아전(衙前). 즉 중인 계급이다.　〔文〕무늬 문(＝ 紋), 글(글월) 문　※及冠－성인이 됨에. 二十而冠이라 하여 스무 살이 되면 갓을 씌우는 관례(冠禮)를 치르고 성인이 된다.　〔冠〕갓

쓸 관, 갓 관, 으뜸 관 〔取〕가질 취, 찾을 취, 얻을 취 ※漢書 – 후한 영제 때 반고가 쓴 기전체 역사서 ※芝生銅池 – 지초가 구리 못에서 나왔다. 〔號〕호 호, 부를 호 〔通〕통할 통, 사귈 통, 형통할 통 〔遠〕멀 원 〔咸〕다 함, 같을 함

及長에 性耿介하야 平生에 不肯受人羈絆하고 聰悟鍾於文字하
급장 성경개 평생 불긍수인기반 총오종어문자
야 不能究竟者라도 一見이면 輒曉其指要機軸과 核心所在라.
불능구경자 일견 첩효기지요기축 핵심소재

점점 자라자 성품이 세속과 구차하게 화합하지 않아 평생토록 남의 구속받기를 즐겨하지 않고 총명한 깨달음이 문자에 모여 능히 끝을 알지 못하는 것이라도 한 번 보기만 하면 문득 그 요지와 긴요한 곳을 깨치고 핵심이 있는 곳을 알았다.

※耿介 – 지조를 지켜 세속과 구차하게 화합하지 않음 〔耿〕빛날 경, 깨끗할 경 〔介〕클 개, 끼일 개, 중매할 개 〔肯〕즐길 긍 ※羈絆 – ① 굴레에 얽아 매임 ② 말굴레 〔羈〕굴레 기 〔絆〕얽아맬 반 〔聰〕총명할 총 〔悟〕깨달을 오 〔鍾〕(한 곳으로)모을 종, 쇠북 종 ※究竟 = 畢竟 – 마침내 〔輒〕문득 첩, 번번이 첩 〔曉〕깨달을 효, 새벽 효 〔要〕중요할 요, 요구할 요 ※機軸 – ① 긴요한 곳 ② 활동의 중심 ③ 베틀의 마룻대 〔軸〕굴대 축, 속바퀴 축 〔核〕핵(사물의 중심) 핵, 씨 핵

詩爲最長하며 善飮酒爲性하야 悲歡得失과 咷笑佗儕와 聯關一
시위최장 선음주위성 비환득실 도소타제 관련일
切를 寓諸酒而發之詩하다.
체 우저주이발지시

시에 가장 뛰어났으며 술 잘 마시는 성품으로 슬픔, 기쁨, 얻고 잃음, 울음, 웃음, 실의에 빠져 상심하는 일과 관련되는 모든 일을 술에 붙여서 시로 발산하였다.

〔最〕가장 최 〔長〕– ① 뛰어나다, 잘하다 ② 길이, 길다 ③ 오래다 ④ 멀다 ⑤ 윗사람, 어른 ⑥ 맏 ⑦ 자라다 〔歡〕기뻐할 환 〔咷〕울 도 ※佗儕 – 실의에 빠져 상심하는 모양 〔佗〕다를 타 〔儕〕실심(失心)할 제 〔聯〕관계할 련(연), 연할(이을) 연(련) 〔關〕관계할 관, 빗장 관, 지경문(地境門) 관 ※一切 – 모든, 온갖 〔切〕온통

체, 끊을 절 〔寓〕부칠 우, 살 우 〔諸〕어조사 저, 모두(여러) 제, ~에, ~에게. 之
於의 축약형

一日은 參與詩會한데 詩客이 備酒二大壺藏之러니 壽銅이 密入
其藏하야 連到二壺而盡하고 醉眠齁齁라. 頃之에 肴至하야 欲飮覓
壺하니 酒爲烏有리오? 認其所爲하고 詰之曰 "其一은 猶可커니와
乾其二는 甚沒廉哉인저!" 하니

하루는 시회에 참여했는데 시객이 술을 준비하여 두 개의 큰 동이에 담아 간수했더니 수동이 몰래 그 감춘 곳에 들어가 연달아 두 동이를 다 마셔버리고 취해서 코를 골았다. 얼마 후 안주가 도착해서 동이를 찾아 마시려고 하니 술이 어찌 있으리오? 그가 한 짓인줄 알고 꾸짖기를 "한 동이는 그렇다 치고, 두 동이나 말려버리니 너무 염치없는 짓 아닌가?" 하니

〔參〕참여할 참, 석 삼 〔會〕모일 회, 모을 회 〔客〕손님 객, 객지 객 〔壺〕단지 호
〔藏〕감출 장, 창고 장 〔密〕비밀할 밀, 빽빽할 밀 〔眠〕잘 면 〔齁〕코고는 소리 후
※頃之 - 얼마 후 〔頃〕아까 경, 무렵 경, 백이랑 경 〔肴〕안주 효 〔覓〕찾을 멱, 구
할 멱 ※烏有 - 사물이 죄다 없어짐. 즉 어디 있으랴? 〔認〕알 인, 인정할 인 ※所
爲 - ① 소행 ② 하는 일(짓) 〔詰〕꾸짖을 힐 〔猶〕같을 유, 오히려 유, 천천할 유
〔乾〕마를 건, 하늘 건 ※沒廉 = 沒廉恥 - 도무지 염치가 없음 〔沒〕없을 몰, 지나
칠 몰, 빠질 몰 〔廉〕청렴할 염(렴), 맑을 염(렴), 살필 염(렴) 〔恥〕부끄러워 할 치

壽銅 笑曰 "右手로 飮了一壺酒하고 左手로 食了一壺肴矣라.
焉有飮而不肴者乎아?" 하니 座中皆絶倒라.

수동이 웃으며 말하기를 "오른손으로 한 동이 술을 마셔 버리고, 왼손으로 한 동이 안주를 먹어 버렸네. 어찌 술 마시고 안주를 먹지 않겠는가?" 하니 좌중이 모두 포복절도하였다.

〔了〕마칠 료, 똑똑할 료 〔焉〕어찌 언, 어조사 언 ※座中 – 여러 사람이 모인 자리
〔絶〕끊을 절, 으뜸 절, 절구(絶句) 절 〔倒〕거꾸로(엎드러질) 도, 기울일 도

心庵公이 嘗與諸宰相하야 談世間恐怖可畏之物할 새 或言 "猛
虎가 可畏라." 或言 "盜賊이 可畏라." 或言 "兩班이 可畏라." 하
거늘 壽銅이 進曰 "余는 騎虎兩班之賊이 最可畏로소이다." 하니
盖諷之也라.

심암공이 일찍이 여러 재상들과 모여 세상에 두렵고 무서운 물건을 이야기하는데 혹은 "맹호가
무섭다." 혹은 "도적이 무섭다." 혹은 "양반이 무섭다." 하거늘 수동이 나서며 말하기를 "나는 호랑
이를 탄 양반 도적이 가장 무섭습니다." 했으니 대개 풍자함이라.

☞ 心庵公 – 풍양 조씨 세도정치의 중심 인물로 철종 때 영의정을 지낸 趙斗淳
〔庵〕암자 암 〔恐〕두려울 공 〔怖〕두려울 포 〔畏〕두려울 외 〔猛〕사나울 맹, 날랠
맹 〔虎〕호랑이 호 〔班〕나눌 반 〔盖〕대개 개, 덮을 개(蓋의 약자) 〔諷〕풍자할 풍,
욀 풍

又某相家廊下에 有一幼子誤吞錢一枚라. 其母憂之어늘 壽銅이
適過라가 招其母問曰 "兒之所吞이 誰人之錢고?" 하니 對曰 "兒
之錢也니이다." 壽銅曰 "然則無憂하라. 但撫腹이 可矣니라. 今
有吞他人錢七萬兩하고도 但撫腹而已어늘 況吞了自己錢一分하고
有甚腹病乎아?" 하다. 時에 主公이 有此等收賄之說故로 所以規
之也라.

또 어느 재상집 복도에 한 어린아이가 엽전 한 닢을 잘못 삼켜 그 어미가 걱정하거늘 수동이 마

침 지나가다 그 어미를 불러 묻기를 "아이가 삼킨 돈이 누구 돈인고?" 하니 대답하기를 "아이의 돈
입니다." 수동이 말했다. "그러면 걱정 말라. 배만 쓰다듬어주면 되느니라. 지금 남의 돈 칠만 냥을
삼켜버리고도 배만 쓰다듬고 있거늘 하물며 제 돈 한 닢 삼키고 심한 배탈이 있겠느냐?" 했다. 당시
에 주인 재상이 이와 같이 뇌물 받았다는 이야기가 있는 고로 그를 바르게 경계한 까닭이었다.

※廊下 - 복도 〔廊〕복도 낭(랑), 행랑 낭(랑) 〔幼〕어릴 유 〔誤〕잘못할 오 〔呑〕삼
킬 탄 〔枚〕낱 매, 줄기 매 〔憂〕근심할 우 〔招〕부를 초 〔撫〕어루만질 무 〔況〕하
물며 황 〔收〕거둘 수 〔賄〕뇌물 회 〔規〕= 規戒 - 바르게 경계함 〔規〕바를 규, 법
있을 규

雖飮酒放曠이나 有時滑稽規諷을 如是러라. 一夕得暴疾而卒하
니 卽哲宗戊午요, 年五十一이러라. 遊觀公(金興根)이 爲專傾而
葬之하고 心庵公(趙斗淳)이 爲述其傳하니라. 嘗自號夏園故로
崔君瑆煥이 爲褒輯其詩藁하야 爲夏園詩 一卷하야 刊行于世하
니라.

비록 술을 많이 마시고 거리낌이 없었으나 때때로 익살로써 세속을 바로잡기 위한 풍자를 이처
럼 하였다. 어느 날 저녁 갑작스런 병을 얻어 죽으니 곧 철종 무오년이요, 나이 51세였다. 유관공(김
흥근)이 오로지 정성을 기울여 장사지내고, 심암공(조두순)이 그를 위한 전기를 지었다. 일찍이 스
스로 하원이라고 호를 한 까닭에 최성환 군이 그를 기려 널리 시고(詩稿)를 수집하여 하원시초 한
권을 만들어 세상에 간행했다.

※放曠 - 마음이 넓고 언행에 구속이 없음 〔放〕방자할 방, 놓을 방, 내칠 방 〔曠〕
빌〔空〕광, 멀 광, 클 광, 밝을 광 ※滑稽 - 남을 웃게 하기 위해 멋지게 하는 말이
나 짓. 즉 익살 〔滑〕익살스러울 골, 어지러울 골, 미끄러울 활 〔稽〕익살 계, 상고
(詳考)할 계 ※規諷 - 세상을 바로잡기 위한 풍자 ※暴疾 - 갑작스럽게 앓는 급
한 병 〔暴〕사나울 폭(포) 〔卒〕죽을 졸, 군사 졸, 별안간 졸, 마칠 졸 〔哲〕밝을 철

〔戊〕다섯째 천간 무, 무성할 무(= 茂) 〔午〕일곱째 지지 오, 낮 오 ☞ 遊觀公 - 철종 때 안동 김씨 세도정치의 중심 인물로 영의정을 지낸 金興根 〔專〕오로지 전 〔傾〕기울(기울일) 경 〔葬〕장사지낼 장 〔述〕지을 술 〔崔〕성씨 최, 가장 최, 높을 최 〔珵〕옥빛 성 〔煥〕불꽃 환 ※褒輯 - 어떤 사람을 기려서 편집함 〔褒〕기릴(칭찬할) 포, 포상할 포 〔輯〕모을 집(즙), 거둘 집(즙) ※詩藁 = 詩稿 - 시의 초고(草稿) 〔藁〕글초잡을 고(= 稿), 짚 고, 거적 고 ※詩抄 - 시를 뽑아 적은 책 〔抄〕가릴 초, 베낄 초, 노략질할 초 〔卷〕권(책의 단위) 권 〔刊〕책 펴낼 간

제34화

제가 무슨 죄가 있습니까?

안동에 살던 선비가 과거를 보러 왔다가 남대문 앞에 거처를 정했다.
어느 날 주인 여자 방에 들어가 정을 통했는데, 주인 여자는 강간을
당했다면서 관가에 고소했다.
다음은 선비가 자신이 저지른 짓은 강간이 아니라 화간이었다고 항변
하는 내용이다.

저는 안동 사람으로 남대문 아래 거처를 정했는데
정을 이기지 못하는 마음 때문에 그 방에 들어갔습니다.
왼손으로 그 유방을 잡고
오른손으로 그 손을 잡은즉
별 말이 없길래
공자님의 일관지도와
맹자님의 호현지기로
가는 허리를 잡아 음음하고
붉은 입술을 합쳐 쪽쪽했습니다.
일이 이렇게 되었는데
소생이 무슨 죄가 있습니까?

左手 執其乳…

生何罪有乎

生安東之人定住人於南門下
不勝之情沈沈然 入其房.
左手 執其乳
右手 執其手則
別無聲故
孔夫子之一貫之道
孟夫子之浩然之氣
抱細腰而奄奄
合紅屑而藍藍.
至於此事
生 何罪有乎?

生何罪有乎

生安東之人으로 定住人於南門下한데 不勝之情沈沈然하야 入
其房하더이다.

　소생은 안동 사람으로 남대문 아래 거처를 정했는데 정을 이기지 못하는 마음에 너무 깊이 빠져
그 방에 들어갔습니다.

※生 = 小生 – 자신을 낮추어 부르는 말　〔定〕정할 정　※沈沈然 – 잠기고 잠기고
그래서. 즉 깊이 빠져서　〔沈〕잠길(가라앉을) 침, 성씨 심

266

左手로 執其乳하고 右手로 執其手則 別無聲故로
좌수　집기유　　우수　집기수즉 별무성고

孔夫子之一貫之道와 孟夫子之浩然之氣로
공부자지일관지도　맹부자지호연지기

抱細腰而奄奄하고 合紅脣而藍藍하더이다.
포세요이엄엄　　합홍순이남남

至於此事로 生이 何罪有乎아?
지어차사　생　하죄유호

왼손으로 그 가슴을 잡고 오른손으로 그 손을 잡았더니 별 소리가 없는지라

공자님의 일관지도와 맹자님의 호연지기로

가는 허리를 잡아 음음 하고 붉은 입술을 합쳐 쪽쪽 했습니다.

이 일에 이르러 소생이 무슨 죄가 있습니까?

〔執〕잡을 집 〔乳〕젖 유 〔別〕다를 별, 나눌 별, 이별 별 ☞ 孔夫子와 孟夫子 - 공자님과 맹자님. 夫子는 덕행이 높아 모든 사람의 스승이 될 만한 사람에 대한 경칭 〔孔〕구멍 공 〔孟〕맏 맹 ☞ 一貫之道와 浩然之氣 - 일관지도는 한결같은 정신으로 하나에 집중하여 이루어내는 도. 論語의 '吾道一以貫之'에서 나온 말. 호연지기는 ① 사물에서 해방되어 자유스럽고 유쾌한 마음 ② 도의에 뿌리를 박고 공명정대하여 조금도 부끄러울 바 없는 도덕적 용기 ③ 하늘과 땅 사이에 넘치게 가득 찬 넓고도 큰 원기 〔細〕가늘 세 〔腰〕허리 요 ※奄奄 - 음음. 음인 엄을 그대로 써서 신음하는 소리로 표현 〔奄〕가릴 엄 〔紅〕붉을 홍 〔脣〕입술 순 ※藍藍 - 쪽쪽. 훈인 쪽을 음으로 써서 입맞추는 소리로 표현 〔藍〕쪽(마디풀과에 속한 한해살이 풀) 남(람), 남색(짙은 푸른 색) 남

제35화

내 알 바 아니다

한 기생이 빼어난 용모와 뛰어난 재주로 많은 돈을 모으자 적당한 남자에게 여생을 맡길 생각을 했다. 그래서 '자신의 시에 짝을 맞추는 사람에게 몸과 재산을 의탁하겠다'는 광고를 했다. 여기에 응하여 훈장과 의원 및 중이 차례로 와서 시를 지었으나 기생은 한결같이 "자기 직분에 충실하지 않은 사람에게 몸을 의탁할 수 없다."면서 거절했다. 마지막으로 거지가 와서 시를 지었다. 기생은 "그렇지! 거지가 얻어 먹었으면 그만이지 그 잔치가 파했든 말았든 무슨 상관이랴."하면서 자신을 허락했다. 첫 번째 시가 기생이 제시한 시이고, 순서대로 훈장·의원·중·거지가 지은 시이다.

내 집에 술 하나 있으니 큰 병, 작은 병 스물네 병이라.
김씨가 마시려해도 허락하고, 이씨가 마시려해도 허락하지만
마시고 난 후 취하고 안 취하고는 내 알 바 아니다.

내 집에 책 하나 있으니 큰 책, 작은 책 스물네 책이라.
김씨가 배우려해도 가르치고, 이씨가 배우려해도 가르치지만
배우고 난 후 통달하고, 안하고는 내 알 바 아니다.

내 집에 약 하나 있으니 큰 첩, 작은 첩 스물네 첩이라.
김씨 병에도 먹이고, 이씨 병에도 먹이지만

먹고 난 후 효험 있고, 없고는 내 알 바 아니다.

내 집에 부처 하나 있으니 큰 부처, 작은 부처 스물네 부처라.
김씨 소원에도 빌고, 이씨 소원에도 빌지만
빌고 난 후 복이 오고, 안 오고는 내 알 바 아니다.

내 집에 바가지 하나 있으니 큰 바가지, 작은 바가지 스물네 바가지라.
김씨 잔치에도 구걸하고, 이씨 잔치에도 구걸하지만
구걸 이후 잔치 파하고, 안 파하고는 내 알 바 아니다.

吾不關之

吾家有一酒　大瓶小瓶　二十四瓶
金氏飲許之　李氏飲許之
飲之以後　醉不醉　吾不關之

吾家有一書　大冊小冊　二十四冊
金氏學敎之　李氏學敎之
敎之以後　通不通　吾不關之

吾家有一藥　大貼小貼　二十四貼
金氏病服之　李氏病服之
服之以後　效不效　吾不關焉之

吾家有一佛　大佛小佛　二十四佛
金氏願禱之　李氏願禱之
禱之以後　福不福　吾不關之

吾家有一瓢　大瓢小瓢　二十四瓢
金氏宴乞之　李氏宴乞之
乞之以後　廢不廢　吾不關之

吾不關之

吾家有一酒하니 大瓶小瓶 二十四瓶이라.
오가유일주　　대병소병 이십사병

金氏飮許之하고 李氏飮許之나
김씨음허지　　이씨음허지

飮之以後 醉不醉는 吾不關之라.
음지이후 취불취　　오불관지

내 집에 술 하나 있으니 큰 병, 작은 병 스물네 병이라.

김씨가 마시려해도 허락하고, 이씨가 마시려해도 허락하지만

마시고 난 후 취하고 안 취하고는 내 알 바 아니다.

吾家有一書하니 大冊小冊 二十四冊이라.
오가유일서　　대책소책 이십사책

金氏學教之하고 李氏學教之나
김씨학교지　　이씨학교지

教之以後 通不通은 吾不關之라.
교지이후 통불통　　오불관지

내 집에 책 하나 있으니 큰 책, 작은 책 스물네 책이라.

김씨가 배우려해도 가르치고, 이씨가 배우려해도 가르치지만

가르친 후 통하고 안 통하고는 내 알 바 아니다.

吾家有一藥이니 大貼小貼 二十四貼이라.
오가유일약　　대첩소첩 이십사첩

金氏病服之하고 李氏病服之나
김씨병복지　　이씨병복지

服之以後 效不效는 吾不關焉之라.
복지이후 효불효　　오불관언지

내 집에 약 하나 있으니 큰 첩, 작은 첩 스물네 첩이라.

김씨 병에도 먹이고, 이씨 병에도 먹이지만

먹고 난 후 효험 있고, 없고는 내 알 바 아니다.

吾家有一佛이니 大佛小佛 二十四佛이라.
　　오유가일불　　　대불소불　이십사불
金氏願禱之하고 李氏願禱之나
　　김씨원도지　　　이씨원도지
禱之以後 福不福은 吾不關之라.
　　도지이후 복불복　　오불관지

내 집에 부처 하나 있으니 큰 부처, 작은 부처 스물네 부처라.

김씨 소원에도 기도하고, 이씨 소원에도 기도하지만

기도한 후 복이 오고, 안 오고는 내 알 바 아니다.

吾家有一瓢니 大瓢小瓢 二十四瓢라.
　　오가유일표　　　대표소표　이십사표
金氏宴乞之하고 李氏宴乞之나
　　김씨연걸지　　　이씨연걸지
乞之以後 廢不廢는 吾不關之라.
　　걸지이후 폐불폐　　오불관지

내 집에 바가지 하나 있으니 큰 바가지, 작은 바가지 스물네 바가지라.

김씨 잔치에도 구걸하고 이씨 잔치에도 구걸하지만

구걸한 후 잔치 파하고 안 파하고는 내 알 바 아니다.

〔瓶〕병 병　〔李〕성씨 이, 오얏(자두) 이(리)　※吾不關之 = 吾不關焉 - 나는 상관하지 않는다.　〔學〕배울 학, 학교 학　〔敎〕가르칠 교, 종교 교　〔貼〕접어둘 첩, 붙일 첩　※貼藥 - 약재를 조합하여 약복지(藥袱紙)에 싼 약　〔效〕효험 효, 본받을 효　〔佛〕부처 불　〔禱〕빌 도　〔福〕복 복　〔瓢〕바가지 표, 박(표주박) 표　〔宴〕잔치 연　〔乞〕빌(구걸할) 걸　〔廢〕폐할 폐

제36화

음양은 반드시 앞 남산에 있는데

어떤 남자가 머슴방에서만 지내다가 장가를 갔다. 머슴들과 생활하면서 남색(男色)에 길든 신랑은 일을 제대로 치르지 못했다. 다음날 아침 병신 신부를 얻었다고 신랑이 난리법석을 쳤다. 장모가 신부에게 까닭을 물으니 신부는 칠언절구 한 수로 답했다.
다음은 신부가 지은 칠언절구이다.

> 화촉동방 인적 끊어진 밤에
> 내 낭군이란 사람은 방사를 그르쳤네
> 음양은 반드시 앞 남산에 있는데
> 내게 와 찾는 청룡 성만 크게 내더라

陰陽必在前南山

洞房華燭人寂後
曰我郎君搖事誤
陰陽必在前南山
往尋靑龍大大怒

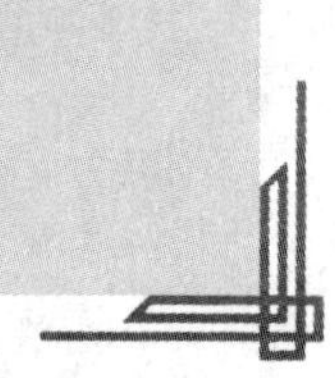

陰陽必在前南山

洞房華燭人寂夜에
동 방 화 촉 인 적 야

曰我郎君搖事誤라.
왈 아 낭 군 요 사 오

陰陽必在前南山인데
음 양 필 재 전 남 산

往尋靑龍大大怒라.
왕 심 청 룡 대 대 노

화촉동방 인적 끊겨 고요한 밤에

내 낭군이란 사람은 방사를 그르쳤네

음양은 반드시 앞 남산에 있는데

내게 와서 찾는 청룡은 성만 크게 내더라

※洞房 = 華燭洞房 - 첫날밤에 신랑 신부가 자는 방 ※華燭 - ① 혼례 의식 때 켜는 초. 전하여 혼례 ② 그림을 그린 호화로운 밀초 〔華〕빛날 화, 꽃 화, 중화 화 〔燭〕촛불 촉 ※人寂 - 사람 자취가 없이 고요함 〔寂〕고요할 적 ※曰我郎君 - 내

낭군이라 일컫는 사람   ※搖事 - 흔드는 일. 즉 남녀간의 성행위(방사)   〔搖〕흔들 요   〔誤〕그릇할 오   ※陰陽 - ① 남자와 여자. 여기서는 남녀의 성기를 은유적으로 표현함 ② 천지 만물에 상반된 성질의 두 가지 기운   ※往尋 - 오가며 찾음. 여기서는 신랑이 내게 와서 찾음   〔往〕갈 왕, 예(昔) 왕, 이따금 왕   〔尋〕찾을 심   ※靑龍 - 푸른 용. 핏줄선 신랑의 성난 양물을 은유적으로 표현한 것

제37화

열일곱 자 시

목마른 가뭄이 극심했을 때 원님이 기우제를 지냈는데 재숙(齋宿)이
마침 기생집 바로 근처였다. 한 선비가 내심 불쾌히 여겨 시를 지어 기
롱(譏弄)하였다.

> 원님 몸소 비 내리길 비시니
> 그 정성 백성 뼛골에 사무치도다
> 한밤중 창문 밀쳐 내다보니
> 밝은 달이로다.

원님이 이 시를 듣고 노하여 선비를 잡아서 태형으로 다스리려 하니
선비가 또 시를 읊었다.

> 열일곱 자 시 지었다가
> 스물여덟 대 매 받았노라
> 만약 만언소 지었다면
> 반드시 죽었으리라.

원님이 듣고 더욱 미워하여 감영에 즉시 보고하고 귀양을 보냈다.
귀양가는 날 선비의 외삼촌이 술과 안주로써 전송하였는데, 그 외삼
촌은 마침 애꾸눈이었다.

선비가 시를 읊었는데

> 해 저문 단풍 언덕길
> 나를 보내는 외삼촌 마음이여
> 서로 드리운 이별의 눈물은
> 석 줄이로다.

그저 외삼촌의 눈물이 두 줄기가 아님을 들어서 이렇게 읊은 것이다.

十七字詩

亢旱太甚之時 邑宰設祭祈雨 齋宿之所 適與妓家相近. 一士
人 心甚不快 作詩譏之曰

太守親祈雨
精誠貫人骨
夜半推窓看
明月

太守聞而怒之.
捉治決笞則 士人 又作曰

作詩十七字
受笞二十八
若作萬言疏
必殺

倅又聞而盆憎之 卽報巡營 使之定配矣.
其發行也 士人之內舅 以酒肴 餞送.
其舅適眇一目者. 士人作詩曰

斜日楓岸路
舅氏送我情
相垂離別淚
三行

盖指其舅之無兩行淚而賦言之也.

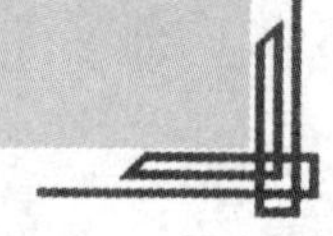

十七字詩

亢旱太甚之時에 邑宰가 設祭祈雨한데 齋宿之所가 適與妓家相
항한태심지시　읍재　실제기우　　재숙지소　적여기가상
近이라. 一士人이 心甚不快하야 作詩譏之曰
근　　일사인　심심불쾌　　작시기지왈

가뭄이 극심했을 때 원님이 제사상을 차리고 비 내리길 빌었는데 재숙 장소가 마침 기생집 바로
근처였다. 한 선비가 내심 불쾌히 여겨 시를 지어 기롱하였다.

※亢旱 - 심한 가뭄 〔亢〕지나칠 항, 목 항　※太甚 - 매우 심함 〔太〕심할 태, 클
태, 콩 태　※邑宰 - 고을을 맡아 다스리는 원님 〔邑〕고을 읍 〔宰〕다스릴 재, 재상
재 〔祭〕제사 제 〔祈〕빌 기　※齋宿 - 재를 지내기 전날 밤에 목욕재계하고 잠을
자는 곳 〔齋〕재계할 재　※齋戒 - 부정을 피하고 몸을 깨끗이 함 〔宿〕잘 숙, 지킬
숙 〔快〕쾌할 쾌 〔譏〕비방할 기, 나무랄 기, 기찰할 기　※譏弄 - 빗대어 놓고 실없
는 말로 농함

太守親祈雨하니 精誠貫人骨이라.
태수친기우　　정성관인골
夜半推窓看하니 明月이로다.
야반추창간　　명월

원님 몸소 비 내리기 비시니 정성이 백성들 뼛골을 쑤시도다.
한밤중에 창문을 밀치고 내다보니 밝은 달이로다.

※太守 - 한 고을의 우두머리 〔親〕몸소 친, 어버이 친, 친할 친　※精誠 - 참되고
성실한 마음 〔精〕정기(참된 기운) 정, 세밀할 정, 신령 정 〔誠〕정성 성 〔貫〕꿸
(뚫을) 관 〔看〕볼 간

〔決〕결단할 결, 판단할 결 〔笞〕볼기칠 태 ☞ 笞刑 - 笞·杖(장)·徒(도 - 옥살이)·流(유 - 귀양)·死의 五種刑의 하나로서 笞刑과 杖刑의 차이는 곤장 50대 이하는 태형, 60대 이상은 장형이 된다.

〔字〕글 자 〔疏〕상소 소, 뚫릴 소, 멀 소, 드물 소 ※萬言疏 - 만언으로 올리는 상소 ※疏 - ① 임금에게 올리는 글 ② 죽은 사람을 위하여 부처 앞의 명부에 적는 글 ③ 불경에서 經·論을 주해한 것

〔倅〕원님 쉬, 버금(副) 쉬, 백 사람 졸 〔益〕더할 익 〔憎〕미워할 증 〔報〕여쭐(고할) 보, 갚을 보 ※巡營 - 관찰사(監司)가 있는 감영. 관찰사의 주 임무는 각 고을을 순시하는 것이므로 감영을 순영이라고도 한다. 〔巡〕순 돌(돌아다닐) 순 〔營〕

영문(감영) 영, 경영할 영, 지을 영, 다스릴 영 ※定配 – 귀양. 옛날에 죄인을 지방이나 섬으로 보내 일정한 기간 동안 정해진 지역 내에서만 감시를 받으며 생활하게 함 〔配〕귀양 배, 짝 배, 짝지을 배 ※內舅 – 외삼촌 〔舅〕시아비 구, 장인 구, 외삼촌 구 〔肴〕안주 효 ※餞送 = 餞別 – 서운하여 잔치를 베풀고 작별함 〔餞〕전별할 전, 보낼 전 〔送〕보낼 송 〔眇〕애꾸눈 묘

斜日楓岸路에 舅氏送我情이여
사 일 풍 안 로　구 씨 송 아 정
相垂離別淚는 三行이로다.
상 수 이 별 루　삼 행

석양의 단풍 언덕길에 나를 보내는 외삼촌 마음이여
서로 드리운 이별의 눈물은 석 줄이로다.

※斜日 = 夕陽 · 斜陽 · 夕日 · 洛陽 〔楓〕단풍나무 풍 〔岸〕언덕 안 〔垂〕드리울 수 〔離〕떼놓을 이(리), 떠날 이(리) 〔別〕헤어질 별, 나눌 별, 다를 별 〔淚〕눈물 루(누) 〔行〕(문장의)줄 행, 갈 행, 항렬 항

盖指其舅之無兩行淚而賦言之也라
개 지 기 구 지 무 양 행 루 이 부 언 지 야

그저 외삼촌의 눈물이 두 줄기가 아님을 들어서 부(賦)로써 말한 것이다.

〔盖〕대개(그저) 개, 덮을 개, 우산 개, 이엉 개, 蓋의 약자. ※賦言 – 부를 지어 말함 〔賦〕부(시의 한 종류) 부, 구실(조세) 부, 받을 부 ☞ 賦는 세금과 관계해서 쓰이는 경우와 문장과 관계해서 쓰이는 경우가 있는데 문장의 경우 ① 한시에서 감상을 느낀 그대로 읊은 글 ② 한문체의 하나로 글귀 끝에 운을 달고 대(對)를 맞추어 짓는 글 ③ 과거 글의 하나로 여섯 글자로 한 글귀를 만들어 지은 글

제38화

김삿갓이 시골 양반들을 희롱한 시

김삿갓이 한 시골 마을을 지나는데 자칭 마을 유지 서너 명이 술자리
를 베풀고 술을 마시며 시를 읊고 있었다. 김삿갓이 말석에 참여하여
시 한 수 읊기를 원하니 그들이 말하기를

돌 위에 풀이 나기 어렵고
방안에 구름이 일지 않는다.
너는 도대체 어느 산 잡새건데
봉황의 무리에 날아들려는고?

하니 김삿갓이 즉시 상대하여 말했다.

나는 본래 천상의 새였더니
항상 오색 구름 위에 머물렀더라.
오늘 아침 비바람이 심하여
들새의 무리 속에 잘못 떨어졌느니라.

그들이 크게 놀라 잘못을 비니 김삿갓이 말하기를

해가 돋으니 원숭이가 벌판에 나타나고,
고양이가 지나가니 쥐가 모조리 죽었다.
황혼이 되니 모기가 처마에 이르고,
한밤중에 벼룩이 삿자리에서 문다.

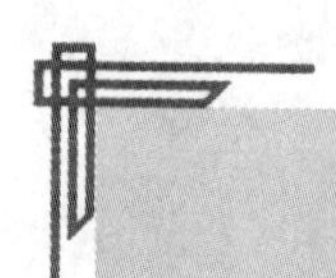

金笠戲贈鄉班詩

　金笠過一村閭　自稱鄕村有志三四人　設酒席飮酒吟詩．笠願
參末席一吟　彼等曰

　　　　　　石上難生草
　　　　　　房中不起雲
　　　　　　爾是何山鳥
　　　　　　飛入鳳凰群

笠卽對曰

　　　　　　我本天上鳥
　　　　　　常留五彩雲
　　　　　　今朝風雨惡
　　　　　　誤落野鳥群

彼等大驚服罪　笠曰

　　　　　　日出猿生原
　　　　　　猫過鼠盡死
　　　　　　黃昏蚊簷至
　　　　　　夜半蚤席射

金笠戲贈鄕班詩

金笠이 過一村閭하니 自稱鄕村有志三四人이 設酒席하고 飮酒
김립　　과일촌려　　　자칭향촌유지삼사인　　설주석　　　음주

吟詩라. 笠願參末席一吟하니 彼等이 曰
음시　　립원참말석일음　　피등　왈

　김삿갓이 한 시골 마을을 지나니 자칭 마을 유지 서너 명이 술자리를 베풀고 술을 마시면서 시를 읊고 있었다. 김삿갓이 말석에 참여하여 시 한 수 읊기를 원하니 그들이 말하기를

☞ 戱作詩 - 김삿갓이 시골 양반에게 준 시는 희작시로 이것은 조선시대 말기 한문 문학의 전통 양식이 무너지면서 나타난 변종 양식이다. 〔贈〕보낼 증, 선물할 증 ※鄕班 - 고을에서 행세하는 양반 〔笠〕삿갓 립, 갓 립 〔閭〕마을 려(여) 〔志〕뜻 지 〔吟〕읊을 음 〔參〕간여할 참, 셋 삼 〔末〕끝 말 ※彼等 - 그들

"石上難生草요 房中不起雲이라. 爾是何山鳥인데 飛入鳳凰群
석상난생초　　방중불기운　　　　이시하산조　　　비입봉황군

고?"하니 笠卽對曰
　　　　립즉대왈

"我本天上鳥러니 常留五彩雲이라. 今朝風雨惡하야 誤落野鳥
아본천상조　　상류오채운　　　　금조풍우악　　　오락야조

群이라."하다.
군

　"돌 위에 풀이 나기 어렵고, 방안에 구름이 일지 않는다. 너는 도대체 어느 산의 새인데 봉황의 무리에 날아들려는고?" 하니 김삿갓이 즉시 상대하여 말하기를

　"나는 본래 하늘 위의 새로서 늘 오색 구름 위에 머물렀느니라. 오늘 아침 비바람이 심하여 들새의 무리 속에 잘못 떨어졌느니라." 했다.

〔起〕일어날 기 ※爾是 - 너는 도대체 〔鳳〕(수컷)봉황 봉 〔凰〕(암컷)봉황 황 ※五彩 - 靑, 黃, 紅, 白, 黑 〔彩〕채색 채, 무늬 채 〔誤〕잘못 오, 그르칠 오

彼等이 大驚服罪하니 笠曰
피등 대경복죄 립왈

"日出猿生原이요, 猫過鼠盡死라. 黃昏蚊簷至요, 夜半蚤席射
일출원생원   묘과서진사   황혼문첨지   야반조석사
라." 하다.

그들이 크게 놀라 잘못을 비니 김삿갓이 말했다.

"해가 돋으니 원숭이가 벌판에 나타나고, 고양이가 지나가니 쥐가 모조리 죽었다. 황혼이 되니 모기가 처마에 이르고, 한밤중에 벼룩이 삿자리에서 문다."

☞ 여기서 猿生原은 元生員, 鼠盡死는 徐進士, 蚊簷至는 文僉知, 蚤席射는 趙碩士로서 그 자리에 있던 네 명의 향촌 유지들을 김삿갓이 교묘하게 조롱한 것이다.

※服罪 – 지은 죄에 대하여 형벌을 복종하여 받음 〔猿〕원숭이 원 〔生〕날 생, 살 생 〔原〕벌판 원, 근원 원 〔猫〕고양이 묘 〔鼠〕쥐 서 〔盡〕다할 진 〔昏〕어두울 혼 〔蚊〕모기 문 〔簷〕처마 첨 〔蚤〕벼룩 조 〔席〕자리 석 〔射〕쏠 사 ① 활이나 총을 쏘다 ② 모기나 벼룩 등이 물다

덕유회해 서문

무진년 칠월에 내가 덕유산중에 20일을 머물렀는데 장마비는 그치지 않고, 일 때문에 몸은 피곤하고, 또 웃을 거리도 없으니 여러 사람이 청하기를

"쉽게 문장의 이치를 터득할 방법이 없겠습니까?"

"하나 웃을 거리가 있긴 합니다. 비록 음란하고 거친 이야기라도 괜찮겠습니까?"

하고 내가 말하자 모두 "좋습니다." 했다. 이에 덧붙여 내가 말했다.

"옛사람의 말씀에 가로되 '내 말을 들어서 옳은즉 모범으로 삼고, 악한즉 경계하라' 했으니 일에 따라 스스로 경계하면 음란하고 거친 말이라도 내게 무슨 상관이 있겠습니까? 또 문리 한 가지로써 말하더라도 웃고 이야기하는 중에 쉽게 묘한 방법을 터득할 수 있으니 또한 좋지 않겠습니까? 들어서 쉽고, 터득해서 잊지 않으니 세속에 이른바 '배 먹고 이 닦기'니 또한 좋지 않겠습니까?"

이를 계기로 책을 엮으니 들은 바가 적고 거칠고 비루한 이야기지만 이름하여 《덕유회해》라 했다.

매일 저녁 여러 사람들과 섞여 더불어 강론하고 담소하니 해학이 만좌하고 기발하다고 칭찬하지 않는 사람이 없었다.

또 남의 장단점에 대해 망령되이 말하지 않고, 정치와 법의 병폐를 시비함도 없으니 이 또한 마땅치 아니한가?

여러 사람들이 또 청하여 말하기를 "한 권의 책자로 만들어 나누어주면 좋겠습니다." 하기에 나는 40여 권을 등사하여 여러 사람들에게 기증했다.

무진년(1988년) 7월 덕유교육원에서 안동 권정석이 쓰다.

德裕詠諧序

　歲戊辰七月　余在德裕山中留止二旬　霖雨不開　身爲事之所困．又無喜笑之資　諸益請曰
“易得文理之方？”
余曰
“一笑之資　雖以淫言野語　可乎？”
皆曰
“諾．”
余曰
“古人之言　曰‘聽吾言而善則爲法，惡則爲戒．’隨事自警則淫言野語　何有於我哉？又以文理一事　言之則　笑話之中　易得妙方　不亦可乎？聽之易，得之不忘　俗所謂　食梨濯齒之方　不亦善哉？”
　因以編之　寡聞蕪辭陋言　名之曰　德裕詠諧．
　日夕處其中　與諸益　講論談笑　諧謔滿座　莫不稱奇．
　又無妄論人之長短，是非政法之患　此不亦宜乎？”
諸益又請曰
“以一冊子　印刷頒布則　好矣．”
余遂謄寫四十餘卷而寄贈於諸益

　　　　　　　戊辰七月　於德裕敎育院　安東　權正錫　題

德裕諧諧序

歲戊辰七月에 余在德裕山中留止二旬인데 霖雨不開하고 身爲
세 무 진 칠 월   여 재 덕 유 산 중 유 지 이 순   임 우 불 개   신 위

事之所困이라. 又無喜笑之資하니 諸益이 請曰 "易得文理之方
사 지 소 곤   우 무 희 소 지 자   제 익   청 왈   이 득 문 리 지 방

고?" 하더라. 余曰 "一笑之資나 雖以淫言野語라도 可乎아?" 하
          여 왈   일 소 지 자   수 이 음 언 야 어   가 호

니 皆曰 "諾타." 하다.
  개 왈   락

　무진년 칠월에 내가 덕유산 속에 있으며 머무르기 20일인데 장마비는 그치지 않고, 일 때문에 몸
은 피곤했다. 또 웃을 거리도 없으니, 여러 사람들이 청하여 말하기를 "쉽게 문리를 터득할 방법이
없는가?" 했다. 내가 말하기를 "하나 웃을 거리가 있긴 하나 비록 음란하고 거친 이야기라도 괜찮
겠는가" 하니 모두 "좋다" 했다.

※德裕 - 덕유산 〔德〕덕 덕 〔裕〕넉넉할 유 ※諧諧 - 실없는 말로 웃겨 화합함
〔諧〕조롱할 회 〔諧〕화합할 해 〔序〕서문 서, 차례 서 〔歲〕해 세 ※이 글의 무진
년은 1988년 〔旬〕열흘 순 〔霖〕장마 임(림) 〔困〕괴로울 곤 〔資〕밑천 자, 재물 자
※諸益 - 여러 사람 ※文理 - 문장의 이치 〔諾〕허락할 락(낙), 대답할 락(낙)

余曰 "古人之言에 曰 '聽吾言而善則爲法하고 惡則爲戒하
여 왈   고 인 지 언   왈   청 오 언 이 선 즉 위 법   악 즉 위 계

라.' 하니 隨事自警則 淫言野語라도 何有於我哉리오? 又以文理
          수 사 자 경 즉 음 언 야 어   하 유 어 아 재   우 이 문 리

一事로 言之則 笑話之中에 易得妙方하니 不亦可乎아? 聽之易하
일 사   언 지 즉 소 화 지 중   이 득 묘 방   불 역 가 호   청 지 이

고 得之不忘하니 俗所謂 食梨濯齒之方이니 不亦善哉아?"
  득 지 불 망   속 소 위 식 리 탁 치 지 방   불 역 선 재

　내가 말하기를 "옛사람의 말씀에 가로되 '내 말을 들어서 옳은즉 모범으로 삼고, 악한즉 경계하
라' 했으니 일에 따라 스스로 경계하면 음란하고 거친 말이라도 내게 무슨 상관이 있으리요? 또 문
리 한 가지로써 말하더라도 웃고 이야기하는 중에 쉽게 (문리를 터득할 수 있는) 묘한 방법을 얻을

수 있으니 또한 좋지 않은가? 들어서 쉽고, 터득해서 잊지 않으니 세속에 이른바 '배 먹고 이 닦기'
니 또한 좋지 않은가?"

〔法〕법 법 ① 법 ② 모범 ③ 도리 ④ 본받다 〔警〕경계할 경 〔梨〕배 리(이) 〔濯〕씻
을 탁 ※不亦善哉 = 不亦可乎 - 또한 좋지 않은가?

    因以編之하니 寡聞蕪辭陋言이나 名之曰 德裕詼諧라 하다. 日
    인 이 편 지　　과 문 무 사 누 언　　　명 지 왈 덕 유 회 해　　　　일
夕處其中하야 與諸益으로 講論談笑하니 諧謔이 滿座하고 莫不稱
석 처 기 중　　여 제 익　　강 론 담 소　　해 학　　만 좌　　　막 불 칭
奇라. 又無妄論人之長短하고 是非政法之患하니 此不亦宜乎
기　　우 무 망 론 인 지 장 단　　시 비 정 법 지 환　　　차 불 역 의 호
아?"

    (이로)인하여 (책을) 엮으니 들은 바 적고 거친 말, 비루한 이야기나 이름하여 덕유회해라 했다.
매일 저녁 그 속에 머물러 여러 사람들과 더불어 강론하고 담소하니 해학이 만좌하고 기발하다고
칭찬하지 않는 사람이 없었다. 또 남의 장단점에 대해 망령되이 말함이 없고, 정치와 법의 병폐를
시비함도 없으니 이 또한 마땅치 아니한가?

〔編〕엮을 편 〔寡〕적을 과 〔蕪〕거칠 무 〔辭〕말 사 〔陋〕좁을 누(루), 좁다, 견문이
좁고 적다. 〔講〕익힐 강 〔謔〕희롱거릴 학 〔滿〕찰 만 ※妄論 - 망령된 주장 〔妄〕
망령될 망 〔政〕정치 정 〔患〕병 환, 근심 환 〔宜〕마땅할 의

    諸益이 又請曰 "以一冊子로 印刷頒布則 好矣라." 하거늘 余遂
    제 익　우 청 왈　이 일 책 자　인 쇄 반 포 즉 호 의　　　　여 수
謄寫四十餘卷而寄贈於諸益하다.
등 사 사 십 여 권 이 기 증 어 제 익
    戊辰七月 於德裕敎育院 安東 權正錫 題
    무 진 칠 월 어 덕 유 교 육 원 안 동 권 정 석 재

    여러 사람들이 또 청하여 말하기를 "한 권의 책자로 인쇄 반포하면 좋겠다." 하기에 나는 드디어
40여 권을 등사하여 여러 사람들에게 기증했다.
    무진년 7월 덕유교육원에서 안동 권정석이 쓰다.

※冊子의 子는 별 뜻 없는 접미사로 쓰였음 〔印〕찍을 인, 도장 인 〔刷〕쓸 쇄
※頒布 – 세상에 널리 펴서 퍼뜨림 〔頒〕나눌 반 〔布〕펼 포, 베 포 〔遂〕드디어 수,
이룰 수 〔謄〕베낄 등 〔寫〕베낄 사 〔卷〕권(책을 세는 단위) 권 〔寄〕부칠 기 〔贈〕
선물할 증, 보낼 증 〔院〕원집(담을 두른 집) 원 〔權〕성씨 권, 권세 권 〔錫〕백철
(주석) 석 ※題 = 題詞 – 책머리에 그 책에 관계되는 시나 글을 적은 글 〔題〕이
마 제, 제목 제, 평론할 제

부록

한문 문형과 어사

※부록은 음훈 해설을 하지 않았습니다. 관심을 가지신 분은 자전을
찾는 수고를 아끼지 마시기 바랍니다.

한문 문형과 어사

I. 문 형(文型)

문형은 문장의 형식이다. 한문을 바르게 해석하기 위해서는 다의어 (多義語)인 한자어 하나 하나의 뜻을 정확하게 적용하는 것이 가장 중요하겠지만, 문형에 대해서도 세심한 주의를 기울여야 한다.

이 장에서는 본서에 사용된 문형을 중심으로 간략하게 살펴본다. 특히 허사(虛辭)의 쓰임에 따른 문장 형식의 변화에 유의하여 문형을 익힌다면 한문 해독 능력을 배가시킬 수 있을 것이다.

1. 평서형(平敍型)

우리가 가장 쉽게 접하는 문형으로 말하는 사람이 어떤 사실을 주어 (主語), 서술어(敍述語), 목적어(目的語), 보어(補語) 등을 어순(語順)에 따라 진술하고 종결하는 글의 형식으로 긍정의 뜻을 갖는다. 문장 끝에 '也, 矣, 焉, 也已矣' 등의 종결사가 쓰인다.

* 朝聞道면 夕死라도 可矣라.　　아침에 도를 들으면 저녁에 죽더라도 좋다.
〈論語〉
* 人之性은 生而有好利焉이라.　　사람의 성품은 태어나면서 이로움을 좋아함이 있다.

2. 부정형(否定型)

부정형은 다양한 유형을 가지고 있다. ① '못 하다'의 뜻으로는 '不, 弗' 등이, ② '아니다'의 뜻으로는 '非, 匪' 등이, ③ '아직 ~ 못 하다'의 뜻으로는 '未'가, ④ '없다'의 뜻으로는 '無, 莫, 罔, 亡' 등의 부정사가 쓰인다. 부정사의 위치에 따른 다양한 부정형의 형태를 살펴보면 대략 다음과 같다.

♣ 단순부정(單純否定)

* 一羽之不擧는 爲不用力焉이라.　　한 개의 깃털을 들지 못하는 것은 힘을 쓰지 아니한 것이다.
〈孟子〉
* 無是非之心이면 非人也라.　　옳고 그름을 따지는 마음이 없으면 사람이 아니다.
〈論語〉
* 吾盾之堅은 莫能陷也라.　　내 방패의 견고함은 뚫을 수 없다.
〈韓非子〉

♣ 부분부정(部分否定 : '부정어+부사'의 형태)

* 勇者不必有仁　　용감한 사람이 반드시 어진 것은 아니다.
* 晉車胤은 家貧하야 不常得油라.　　진나라 차윤은 집안이 가난하여 항상 기름을 얻지는 못했다.
* 人不甚驚이라.　　사람이 심하게 놀란 것은 아니다.

296

♣ 전체부정(全體否定 : '부사＋부정사'의 형태)

* 彼必不高潔之士라.　　저 사람은 반드시 고결한 선비가 아니다.
* 彼貧常不得油라.　　저 사람은 가난해서 항상 기름을 얻지 못했다.

♣ 이중부정(二重否定 : 2개의 부정어를 사용하여 강한 긍정의 뜻)

* 無非人慾也라.　　사람의 욕심이 아닌 것이 없다.
* 吾矛之利는 於物에 無不陷也라.　　내 창의 날카로움은 물건에 뚫지 못하는 것이 없다.

3. 금지형(禁止型)

'~하지 말라'는 뜻이 들어가는 문장 형식으로, 금지형에는 대체로 '勿, 無, 毋, 莫' 등의 금지사가 쓰인다.

　* 勿謂今日不學而有來日하고 勿謂今年不學而有來年하라.　　오늘 배우지 아니하고서 내일이 있다고 말하지 말고, 금년에 배우지 아니하고서 내년이 있다고 말하지 말라.　　　　　　　　　　　　　　　　〈朱文公集〉
　* 勿復爲如此之言하라.　　다시는 이와 같은 말을 하지 말라.
　* 無望民之多於隣國也하소서　　이웃 나라보다 백성이 많기를 바라지 마소서.　　　　　　　　　　　　　　　　　　　　　　　〈孟子〉
　* 毋多言하고 毋自欺하라.　　말을 많이 하지 말고, 자기를 속이지 말라.
　* 莫使金樽空對月하라.　　금준(金樽 – 금으로 만든 술잔)으로 하여금 빈 채로 달을 대하게 하지 말라.

4. 의문형(疑問型)

의문형에는 ① 문장 끝에 의문 종결사가 쓰이거나, ② 글 첫머리나 중간에 의문사(의문대명사, 의문부사)가 쓰여 의문의 뜻을 나타낸다.

♣ 의문 종결사가 쓰이는 경우(乎, 哉, 耶, 歟, 與 등)

* 有一紅蛤乎아?　홍합이 하나 있지 않느냐?　　　　　　　〈本文中〉
* 天何言哉　하늘이 어찌 말하겠는가?
* 子非三閭大夫與　그대는 삼려대부가 아닌가?　　　　　　〈漁父辭〉

♣ 의문사가 쓰이는 경우

① 의문대명사가 쓰이는 경우(何, 安, 惡, 孰, 誰 등 - 어찌, 누구, 어디 등의 뜻)

* 何往而不可哉리오?　어디를 가도 옳지 않으리오?
* 子將安之리오?　그대는 장차 어디를 가려하는가?
* 學惡乎始? 惡乎終?　학문은 어느 곳으로부터 시작하는가? 어느 곳에서 끝나는가?
* 是可忍이면 孰不可忍也리오?　이것을 참을 수 있다면 무엇을 참지 못하리오?
* 吾言之而聽者誰?　내 말을 듣는 사람은 누구냐?

② 의문부사가 쓰이는 경우(何, 何爲, 何以, 何如, 奈何 등)
* 哀公問曰 何爲則民服이니잇고?　애공이 물어 말하기를 어떻게 하면 백성들이 복종을 하겠습니까?
* 何以附耳相語　어찌하여 귀에 대고 말합니까?
* 今之從政者何如?　지금 정치하는 사람들이 어떠한가?

5. 반어형(反語型)

　말하려는 의미를 강조하려는 뜻에서 의문(疑問), 또는 감탄(感歎)의 형식으로 된 문장이다. 어찌, 하물며의 뜻을 나타내는 ① 豈, 焉, 胡, 奚, 況, 矧 등의 반어 부사가 많이 쓰이며, ② 외형상 의문형 문장과 같은 경우가 많다.

♣ 반어부사가 쓰이는 경우

　＊ 此郞疑其無脚하니 豈非痴駿之甚者乎아　　이 신랑이 그 다리 없음을 의심하니 어찌 어리석음이 심한 자가 아니겠는가?　　　　　　　　　〈本文中〉
　＊ 未知生 焉知死리오　　삶도 모르는데 어찌 죽음을 알리오?　　　〈論語〉
　＊ 田園將蕪하니 胡不歸리오　　전원이 장차 황폐하려하니 어찌 돌아가지 않으리오?　　　　　　　　　　　　　　　　　　　　　〈歸去來辭〉
　＊ 烏鳥도 猶能知孝其親이어늘 況於人乎아　　까마귀도 오히려 그 어버이를 효도할 줄 알거늘 하물며 사람에 있어서랴?

♣ 종결사가 쓰이는 경우

　＊ 人不知而不慍이면 不亦君子乎아?　　다른 사람이 알아주지 않아도 성내지 않는다면 또한 군자가 아니겠는가?　　　　　　　　　〈論語〉
　＊ 安用重法耶　　어찌 엄한 법을 적용하겠는가?

6. 사역형(使役型)

　어떤 일이나 동작을 남에게 시키는 뜻을 나타내는 문장으로 ① 사역 조동사나, ② 사역의 뜻을 나타내는 동사가 쓰이거나, ③ 문맥상 사역형이 되는 경우가 있다.

♣ 사역형 조동사가 쓰이는 경우(使, 令, 敎, 俾 : ∼로 하여금)

* 使王女二人으로 各率部內女子라　왕녀 두 사람으로 하여금 각각 마을 안의 여자를 거느리게 했다.　　　　　　　　　　　　　　　　　〈三國史記〉
* 賢婦令夫貴　어진 아내는 지아비로 하여금 귀하게 한다.
* 故敎流水盡籠山　일부러 흐르는 물로 하여금 온통 산을 감싸게 했다.
　　　　　　　　　　　　　　　　　　　　　　　　　　　　〈題伽倻山讀書堂〉
* 乃命老臣하야 俾之編輯하니라.　이에 노신에게 명하여 나로 하여금 편집하게 하니라.　　　　　　　　　　　　　　　　　　　　　　　〈進三國史記表〉

♣ 사역의 뜻을 나타내는 동사가 쓰이는 경우(遣, 命, 召 등)

* 遣婢買肉而來　계집종을 보내서 고기를 사오게 하였다.
　　　　　　　　　　　　　　　　　　　　　　　　　　　　　　〈海東續小學〉
* 先生命生徒作詩　선생이 학생들에게 명하여 시를 짓게 하였다.
* 世宗召儒者讀史　세종이 유학자들을 불러서 역사를 읽게 하였다.

♣ 문맥상 사역의 뜻을 나타내는 경우

* 死孔明走生仲達　죽은 제갈공명이 산 사마중달을 달아나게 했다.
　　　　　　　　　　　　　　　　　　　　　　　　　　　　　　　　〈三國志〉

7. 피동형(被動型)

　수동형(受動型)이라고도 하며 어떤 동작을 남으로부터 받게 됨을 나타내는 문장이다.

♣ 피동 조동사가 쓰이는 경우(被, 見 등 : ∼을 당하다)

* 屢被神物掠攬 衆人唱海歌　여러 번 신물의 노략을 당하자 사람들이 해가를 불렀다.　　　　　　　　　　　　　　　　　　　　　　　　〈三國遺事〉

＊ 匹夫見辱 拔劍而起　　보통 사람은 욕보임을 당하면 칼을 뽑고서 일어난다.

♣ 피동형의 전치사가 쓰이는 경우(於 ＝ 乎 ＝ 于 : ～에게 ～하다)

＊ 勞心者治人 勞力者治於人　　마음을 수고로이 하는 사람은 다른 사람을 다스리고, 힘을 쓰는 사람은 다른 사람에게 다스림을 받는다.

♣ '爲A所B' 의 관용어구가 쓰이는 경우(A에게 B한 바가 되다)

＊ 先則制人 後則爲人所制　　먼저 하면 다른 사람을 제압하고 뒤에 하면 다른 사람에게 제압 당하는 바가 된다.

♣ 관용어구 사용에 있어서는 爲나 所가 각각 생략되는 경우도 있다.

＊ (爲)千人所指 無病而死　　천 사람에게서 손가락질을 받는 바가 되면 병이 없어도 죽는다.　　　　　　　　　　　　　　　　　〈大學〉

8. 비교형(比較型)

비교형은 ① 비교의 뜻을 나타내는 것, ② 선택의 뜻을 나타내는 선택비교형으로 나뉘게 된다.

♣ 비교의 뜻을 나타내는 문장(於 ＝ 于 ＝ 乎, 若, 如, 猶 등)

＊ 霜葉紅於二月花　　서리 맞은 단풍잎이 이월의 꽃보다도 붉다.
＊ 學問如逆水行舟　　배움이란 물을 거슬러 올라가는 배와 같다.
　　　　　　　　　　　　　　　　　　　　　　　　　〈論語〉
＊ 遠親不如近隣　　먼 친척이 가까운 이웃만 같지 않다.
＊ 心不若人인데 則不知惡니라.　　마음이 남과 같지 않은데도 미워할 줄 모른다.　　　　　　　　　　　　　　　　　〈孟子〉

♣ 선택 비교형

① 與其A寧B : A하기보다는 차라리 B하는 것이 낫다.
② 與其A不如B : A하는 것이 B하는 것만 못하다.
③ 寧A毋B : 차라리 A를 하더라도 B하지는 말라.
④ A孰若B : A하는 것과 B하는 것의 어느 쪽이 좋으냐?
 * 禮는 與其奢也론 寧儉이니라.   예는 그 사치하기보다는 차라리 검소한 것이 낫다.   〈論語〉
 * 寧爲鷄口언정 毋爲牛後하라.   차라리 닭의 주둥이가 될지언정 소의 뒤는 되지 말라.

9. 가정형(假定型)

앞 구절에서 가정, 조건, 원인, 양보 등을 나타내고, 뒤 구절에서는 그 결과를 나타내는 문장 형식이다.

♣ 문장 앞에 가정 부사가 쓰이는 경우(若, 如, 使, 雖, 縱 등 : 만약, 만일, 비록, 설사 등)

 * 家若貧이라도 不可因貧而廢學이라.   집안이 만약 가난하더라도, 가난으로 인하여 학문을 그만둘 수는 없다.
 * 如詩不成이면 罰依金谷酒數하리라.   만일 시를 이루지 못하면, 벌은 금곡의 술잔 수(석 잔)에 따르리라.
 * 使驕且吝이면 其餘不足觀也已라.   만일 교만하고 인색하다면, 그 나머지는 볼 것이 없으리라.
 * 人雖至愚라도 責人則明이라.   사람이 비록 매우 어리석더라도 남을 책망하는데는 밝다.
 * 縱江東父兄憐而王我라도 我何面目而見之리오.   설사 강동의 부모 형제

가 가련하게 여기어서 나를 왕으로 삼아주더라도 내가 무슨 면목으로 그들을
보리오.　　　　　　　　　　　　　　　　　　　　　〈史記 項羽本紀〉

♣ 문장 가운데 '則' 이 쓰인 경우

* 水至淸則無魚　물이 지극히 맑으면 물고기가 없다.
* 若君國亡則君依於我國　만약 그대의 나라가 망한다면 그대는 우리 나라
에 의탁할 것이오.(가정부사 '若' 과 접속사 '則' 이 결합한 형태)

♣ 부정어가 거듭 쓰인 경우

* 君子不重則不威　군자는 무게 있게 처신하지 않으면 위엄이 없다.
　　　　　　　　　　　　　　　　　　　　　　　　　　〈論語〉

* 非夏면 不熱이오. 非冬이면 不寒이라.　여름이 아니면 덥지 않고, 겨울
이 아니면 춥지 않다.

10. 감탄형(感歎型)

기쁨, 슬픔, 탄식, 놀라움 등의 느낌을 표현하는 문장 형식이다.

♣ 문장 앞에 감탄사가 쓰이는 경우(噫, 惡, 嗚呼 등 : 아!)

* 噫! 天喪予 : 아! 하늘이 나를 버렸구나.　　　　　　　　〈論語〉
* 嗚呼라. 勿小失望하라. : 아아! 조금도 실망하지 말라.

♣ 문장 끝에 감탄 종결사가 쓰이는 경우(兮, 哉, 夫, 也, 矣 등)

* 賢哉라. 回也여! : 어질구나. 안회(顔回)여!　　　　　　　〈論語〉
* 滄浪之水 淸兮 : 창랑의 물이 맑음이여!　　　　　　　　　〈漁父辭〉

11. 한정형(限定型)

사물 또는 행위의 분량이나 사건의 정도를 한정하는 문장 형식이다.

♣ 문장의 앞에 한정형 부사가 쓰이는 경우(但, 只, 徒, 特, 直, 惟, 獨 등 : 오직, 다만 ~이다)

＊妻呼之切懇이나 堤上但搖手而不駐라.　　아내가 간절히 불렀으나 제상은 다만 손만 흔들고 멈추지 않았다.　　　　　　　　　　〈三國遺事〉
＊只佐蔬菜　다만 채소로만 안주를 하였다.　　　　　〈太平閑話滑稽傳〉
＊獨我國無之　유독 우리 나라만이 그것이 없다.

♣ 문장의 끝에 한정형 종결사가 쓰이는 경우(耳, 已, 爾, 而已, 而已矣 등 : ~일 뿐이다, 따름이다)

＊自天而下者非雨露卽霜雪耳　하늘로부터 내려오는 것이 비나 이슬이 아니면 곧 서리나 눈일 뿐이다.
＊欲使人人便於日用耳　사람마다로 하여금 날로 사용함에 편안하게 할 따름이다.
＊亦有仁義而已矣　또한 인의가 있을 뿐입니다.　　　　　　　　〈孟子〉

♣ 한정 부사와 한정 종결사가 호응하는 경우

＊但不知其子孫名字耳　다만 그 자손의 이름자를 모를 뿐이다.
　　　　　　　　　　　　　　　　　　　　　　　　　　　　〈三國史記〉
＊直匍匐而歸耳　다만 포복해서 돌아갈 뿐이다.　　　　〈莊子 秋水篇〉

12. 억양형(抑揚型)

말하는 이가 말하려고 생각한 것을 일단 눌러 놓았다가 뒤에 다시 어조를 높여 강하게 하는 문장 형식이다.

　＊死馬且買之 況生者乎　죽은 말도 또한 사들이는데 하물며 산 것에 있어서랴?

　＊臣死且不避어늘 巵酒安足辭리오? : 신은 죽음 또한 피하지 않았거늘 한 잔 술을 어찌 사양하겠습니까?

Ⅱ. 허 사(虛辭)

한문에서 품사는 크게 실사(實辭)와 허사(虛辭)로 나눌 수 있다. 실사는 문장 안에서 '실제 의미를 가진 글자'이며, 허사는 '문장에서 실제의 뜻은 없고, 다만 일정한 어법 작용만을 하는 한자'를 말한다. 허사는 조자(助字)·허자(虛字)·어조사(語助辭)라고도 하는데, 허사의 쓰임에 따라 문장의 의미가 결정되므로 문장 해석에 있어 허사의 정복 없이는 올바른 독해와 이해가 불가능하다고 해도 과언이 아닐 것이다. 이 장에서는 많게는 700여 자로 분류되는 허사 가운데 가장 자주 쓰이는 허사 10여 개를 그 용법에 따라 간략하게 정리한다(순서는 총획수순).

1. 之

♣ 주격조사 : ～이(가)

* 王之不王은 非不能也오 不爲也니이다.　왕이 왕답지 않은 것은 능치 못함이 아니오. 하지 않음이라.　　　　　〈孟子〉
* 父母之愛子則爲之計深遠　부모님은 자식을 사랑하여 그들을 위해서 깊고 원대하게 계획한다.　　　　　〈戰國策〉

♣ 관형격조사 : ～의, ～하는(한). 현대 중국어의 '的'과 비슷한 쓰임으로 소유격을 나타내기도 한다.

* 是誰之過與?　이것은 누구의 허물인가?　　　　　〈論語〉
* 積善之家 必有餘慶　선을 쌓는 집안은 반드시 남은 경사가 있다.
　　　　　〈明心寶鑑〉

＊苟非吾之所有면 雖一毫而莫取라.　　진실로 나의 소유가 아니면 비록 터럭 하나라도 갖지 않는다.

♣ 목적격조사 : ～을(를)

＊菊之愛 陶後鮮有聞　국화를 사랑한 이를 도연명 이후 거의 듣지 못했다.
〈愛蓮說〉

＊富貴 不能淫하고 貧賤 不能移하며 威武 不能屈을 此之謂大丈夫니라.　　부귀가 방탕하게 할 수 없고, 가난하고 천함이 절개를 변하게 할 수 없으며, 위엄과 무력이 굴복하게 할 수 없는 것을 이를 대장부라 한다.

♣ 지시대명사 : 이것 또는 그것

＊愛人者 人恒愛之라.　　다른 사람을 사랑하는 사람은 다른 사람들이 항상 그를 사랑한다.
〈論語〉
＊使數十人追之　수십 사람으로 하여금 그를 추격하게 했다.

♣ 동사 : 가다(實辭로 쓰임)

＊之東之西　동쪽으로 가고, 서쪽으로 간다.
＊直之雲從街　곧바로 운종가(종로)로 갔다.　　　　　　　〈許生傳〉

※ 之의 용법이 다양하게 쓰인 문장의 예

＊先生이 謂弟子曰①之園中하여 有柿葉②之肥大者어든 須拾而藏③之하라.
　선생이 제자를 불러 말하기를 "동산 가운데에①가서(동사) 감나무②잎의(관형격조사) 크고 살찐 것이 있거든 반드시 주워서③그것을(지시대명사) 보관하여 두어라.

2. 以

♣ 수단 · 방법 · 도구 · 재료 : ~로써, ~을 가지고서

* 以熱治熱　열로써 열을 다스린다.
* 以子之矛로 陷子之盾이면 何如오?　그대의 창으로써 그대의 방패를 뚫는다면 어떠하겠는가?　　　　　　　　　　　　　　　　〈韓非子〉
* 以恕己之心으로 恕人하라.　자기를 용서하는 마음으로써 다른 사람을 용서하라.

♣ 원인 : ~ 때문에, ~로 인하여, ~이므로

* 未嘗以貧廢學　일찍이 가난 때문에 학업을 그만두지는 않았다.
* 君子는 不以言擧人하고 不以人廢言이라.　군자는 말로 인하여 사람을 천거하지 아니하고, 사람 때문에 말을 버리지 않는다.　　　　　　　〈論語〉
* 不以物喜하고 不以己悲라.　다른 사물 때문에 기뻐할 것도 없고, 자기 때문에 슬퍼할 것도 없다.　　　　　　　　　　　　　　　　〈岳陽樓記〉

♣ 신분, 자격 : ~로서, ~의 자격으로서

* 以臣弑君 可謂仁乎아?　신하로서 임금을 죽이는 것을 인(仁)이라 할 수 있겠는가?
* 王待吾以國士　왕이 나를 국사로서 대접했다.
* 翌日 余以資政展學士行　다음 날 나는 자정전 학사로서 가게 된다.

♣ 목적어를 이끎 : ~을(를)

* 弟得黃金二錠하여 以其一與兄하다.　동생이 황금 두 덩어리를 주워서 그 하나를 형에게 주었다.
* 宮之奇 以其族去虞　궁지기가 그 종족을 거느리고서 우나라를 떠났다.

♣ 시간 : ~에, ~동안

* 夫餘以正月에 祭天하다.　부여는 정월에 하늘에 제사했다.

* 以太祖三年에 爲游擊將軍하다.   태조 삼 년에 유격 장군이 되었다.

♣ 순접(= 而) : ~하여, ~해서

* 殺身以成仁   자신을 죽여서 인을 이룬다.
* 立身行道하여 以顯父母 孝之終也라.   몸을 세워 도를 행하여 부모님을 나타나게 함이 효의 종결점이니라.

♣ 명사 : 이유, 때문, 까닭(실사로 쓰임)

* 所貴乎人者 以有其五倫也라.   사람이 귀한 것은 그 오륜이 있기 때문이다.
* 古人秉燭夜遊는 良有以也라.   옛날 사람이 촛불을 잡고 밤에 노닌 것은 진실로 까닭이 있다.   〈春夜宴桃李園序〉

※ 以의 관용어구

① 以A爲B : A를 B로 삼다, A를 B라 여기다.

* 以修身爲本   몸을 수양하는 것을 근본으로 삼다.
* 百姓皆以王爲愛也라.   백성들은 모두 왕을 인색하다고 여길 것이다.
                    〈孟子〉

② 以爲 : ~라고 여기다, ~라고 생각하다.

* 虎以爲然   호랑이가 그렇다고 여겼다.
* 民猶以爲小也   백성들이 오히려 작다고 여겼다.

3. 而

♣ 순접의 접속사(and) : 그리고, ~해서

* 得天下英才而敎育之　천하의 영재를 얻어서 그들을 교육하다.

〈孟子〉

* 左右皆惡之하여 以爲貪而不知足이라.　좌우의 모든 이들이 다 그를 미워
하여 탐욕스럽고 만족할 줄 모른다고 생각했다.

* 任重而道遠　맡은 일이 막중하고 갈 길이 멀다.　　　〈論語〉

♣ 역접의 접속사(but) : 그러나, ~하되

* 人不知而不慍이면 不亦君子乎아?　다른 사람이 알아주지 않아도 성내
지 않으면 또한 군자가 아니겠는가?　　　〈論語〉

* 君子有三樂而王天下는 不與存焉이라.　군자에게는 세 가지 즐거움이 있
으되 천하에 왕 노릇하는 것은 더불어 있지 아니하니라.　　　〈孟子〉

* 樹欲靜而風不止하고 子欲養而親不待라.　나무는 고요하고자 하나 바람
이 그치지 아니하고, 자식은 봉양하고자 하나 어버이는 기다려 주지 아니한다.

♣ 자격 · 신분 : ~으로서

* 人而不仁이면 如禮에 何오?　사람으로서 어질지 않으면 예법에 어찌하
리오?

* 人而無知면 終身無成이라.　사람으로서 아는 것이 없으면 죽도록 이루는
것이 없다.

♣ 접미사로 쓰이는 경우

* 今而分金에 忽萌忌兄之心하니이다.　지금에 금을 나눔에 갑자기 형을 꺼
리는 마음이 생겨났습니다.

* 朝而往하야 暮而歸라.　아침에 갔다가 저녁에 돌아왔다.

* 俄而, 已而, 旣而, 尋而　모두 '머지않아, 이윽고'의 뜻.

♣ 한정 종결사

* 衣服은 不可華侈오 禦寒而已라.　　의복은 화려하고 사치스러워서는 안 되고 추위를 막을 <u>따름</u>이니라.

* 夫子之道는 忠恕而已矣니라.　　선생님의 도는 충(忠)과 서(恕)일 <u>따름</u>이니라.　　　　　　　　　　　　　　　　　　　　　　　　　〈論語〉

♣ 2인칭 대명사(= 汝) : 너(당신)

* 夫差 <u>而</u>忘越人之殺<u>而</u>父耶아?　　부차야, <u>너</u>는 월나라 사람이 <u>네</u> 애비를 죽인 것을 잊었느냐?

* 余知<u>而</u>無罪也　　나는 <u>네가</u> 죄가 없음을 안다.

※ 而의 용법이 다양하게 쓰인 문장의 예

* 已①而復語之曰②而旣就學業하니 學은 勤③而已라. 宜多獨④而多著니라.　　①이윽고(접미사) 다시 말하기를 "②너는(2인칭 대명사) 이미 학업에 나아갔으니, 배움은 부지런히 할 ③따름이니라(종결사). 마땅히 많이 ④읽고(순접의 접속사) 많이 지어야 하느니라."

4. 自

♣ 전치사(= 從 = 由) : ～로부터

* 有朋이 <u>自</u>遠方來면 不亦樂乎아?　　친구가 먼 곳<u>으로부터</u> 오면 또한 즐겁지 않겠는가?　　　　　　　　　　　　　　　　　　　　〈論語〉

* 退之<u>自</u>幼로 機智如此라　　퇴지가 어려서<u>부터</u> 슬기롭기가 이와 같았다.

* <u>自</u>昏<u>至</u>夜로 街巷行燈이 相續不絶이라.　　저녁<u>부터</u> 밤<u>까지</u> 길거리에 등불이 서로 이어져 끊이지 않았다(自A至B : A로부터 B까지).

♣ 부사 : 스스로, 저절로, 자연히

  * 一日行善이면 福雖未至나 禍自遠矣리라.　하루 동안 착한 일을 하면 복
은 비록 이르지 않으나 재앙은 저절로 멀어지게 된다.　　　　　　　〈明心寶鑑〉
  * 不自爲政하야 卒勞百姓이라.　스스로 정치를 하지 않아서 마침내 백성들
이 수고롭게 되었다.　　　　　　　　　　　　　　　　　　　　　　〈詩經〉

♣ 명사 : 자신, 자기

  * 知人者智하고 自知者明이라.　다른 사람을 아는 사람은 지혜롭고, 자신
을 아는 사람은 현명하다.　　　　　　　　　　　　　　　　　　　　〈老子〉
  * 子自愛하고 不愛父라. 故로 虧父自利라.　자식이 자신을 사랑하고 아버
지는 사랑하지 않는다. 그러므로 아버지를 해쳐서 자신을 이롭게 한다.

5. 於(＝于＝乎)

♣ 처소 : ～에, ～에서, ～로

  * 日出於東天하고 日入於西山이라.　해는 동쪽 하늘에서 나오고, 해는 서
쪽 산으로 들어간다.
  * 演百戲歌舞於前　앞에서 온갖 놀이와 노래, 춤을 폈다.
  * 君子戒愼乎其所不睹　군자는 그 보이지 않는 곳에서 경계하고 삼간다.
  * 伯夷叔齊餓死于首陽山　백이와 숙제가 수양산에서 굶어 죽었다.

♣ 대상, 목적 : ～에, ～에게, ～을(를)

  * 孔子問禮於老子　공자가 노자에게 예를 물었다.
  * 吾十有五而志于學　나는 열다섯 살에 학문에 뜻을 두었다.
  * 功乎異端　이단을 전공으로 하다.　　　　　　　　　　　　　　　〈論語〉

♣ 비교 : ～보다

  * 霜葉紅於二月花　서리 맞은 단풍잎이 이월의 꽃보다 붉다.

＊父母之恩은 高於山하고 深於海라.　부모님의 은혜는 산보다 높고 바다보다 깊다.

＊孝子之至는 莫大乎尊親이라.　효자의 지극함은 어버이를 높이는 것보다 큰 것이 없다.

♣ 피동 : ～에게 ～을 당하다.

＊君子는 役物하고 小人은 役於物이라.　군자는 물건을 부리고 소인은 물건에게 부림을 당한다.

＊不信乎朋友면 不獲乎上矣라.　친구에게 신의를 얻지 못하면 윗사람에게도 믿음을 얻지 못한다.

♣ 출발 · 유래 : ～에서, ～부터

＊福生於淸儉　복은 청렴과 검소함에서 생겨난다.

＊合抱之木도 生於毫末이라.　아름드리 나무도 털끝만큼 작은 것에서 생겨난다.

＊出乎爾者 反乎爾　너에게서 나온 것이 너에게로 돌아간다.

♣ 시간 : ～에, ～에서

＊一日之計 在於晨　하루의 계획은 새벽에 있다.

＊一年之計 在於春　일년의 계획은 봄에 있다.

＊三歲之習 至于八十　세 살 버릇이 팔십에 이른다.

♣ 감탄사 : 아!

＊於戱 前王不忘　아! 전 왕을 잊지 못하겠도다.

※ 於의 용법이 다양하게 쓰인 문장의 예

①於乎라. 小子아 ②於傳에 不云乎아 靑出 ③於藍而靑④於藍이라 하니 ⑤於以誦之하야 勉汝日進하노라.　①아!(감탄사) 애야. 경전②에(처소) 말하지

않았던가? '청색은 쪽풀③에서(유래) 나왔지만 쪽풀④보다(비교) 푸르다.' 하니, ⑤이에(於是에서 '是'가 생략된 형태) 그것을 외워서 네가 날로 발전하기를 권면하노라.

6. 者

♣ 사람 : ~하는 사람

* 順天者는 存하고 逆天者는 亡이라.　하늘에 순응하는 사람은 남을 것이오. 하늘에 거역하는 사람은 망하느니라.
* 自暴者는 不可與言也라.　자신을 해치는 사람은 함께 말할 수 없다.

♣ 사물 · 사실 : ~라는 것, ~하는 것

* 信者는 人之大寶也라.　믿음이라는 것은 사람의 큰 보물이다.
* 農者는 天下之大本也라.　농사라는 것은 천하의 큰 근본이다.
* 不戰而屈人之兵 善之善者也　싸우지 않고서 다른 사람의 병사를 굴복시키는 것이 좋은 것 중에 좋은 것이다.

♣ 장소, 지위 : ~한 곳

* 水淺者는 大魚不遊오. 地薄者는 大物不産이라.　물이 얕은 곳은 큰 물고기가 놀지 않고, 땅이 척박한 곳은 큰 물건이 생산되지 않는다.
* 淵深者는 魚之所聚라.　연못이 깊은 곳은 물고기가 모이는 곳이라.

♣ 시간 : ~에

* 又遇向者少年　저번에 만난 소년을 또 만나다.
* 昔者 吾舅死於虎　옛날에 우리 시아버님께서 호랑이에게 죽음을 당하셨다.

7. 將

♣ 미래를 나타냄 : 장차 ~하려고 하다.

* 鳥之將死에 其鳴也哀라.　새가 장차 죽으려 함에 그 울음소리가 슬프다.
* 田園將蕪하니 胡不歸리오.　전원이 장차 황폐해지려 하니, 어찌 돌아가지 않으리오.

♣ 명사 : 장수, 장군

* 王侯將相이 寧有種乎리오.　왕, 제후, 장수와 재상이 어찌 종자가 있으리오.

♣ 동사 : ~을 거느리다.

* 將胡駿馬而歸　오랑캐의 준마를 거느리고서 돌아왔다.
* 陛下는 不能將兵而 善將將이라.　폐하는 병사를 잘 거느릴 수는 없으나 장수는 잘 거느린다.

8. 爲

♣ 전치사(for) : ~을 위하여, ~ 때문에, ~에 대하여

* 女爲悅己者容　여자는 자기를 즐겁게 해주는 사람을 위하여 꾸민다.
* 吾弟爲我死인데 我何生爲리오?　내 동생이 나 때문에 죽었는데 내가 어떻게 살겠는가?
* 終身不復鼓琴하니 爲無足爲鼓者라.　죽을 때까지 다시는 거문고를 연주하지 않았으니 위하여 연주할 만한 사람이 없었기 때문이다.

♣ ~이다.

* 勤爲無價之寶라.　근면함은 값을 따질 수 없는 보배이다.

♣ ~을 하다.

* 爲善者는 天報之以福이라.　　착한 일을 한 사람은 하늘이 복으로 갚는다.
〈明心寶鑑〉

* 見義不爲 無勇　　의를 보고도 행하지 않음이 용기가 없는 것이다.

♣ ~이 되다.

* 學者 乃爲君子　　배운 사람은 이에 군자가 된다.
* 爲子當孝하고 爲臣當忠이라.　　자식이 되어서는 마땅히 효도하고, 신하가 되어서는 마땅히 충성해야 한다.
* 爲國以禮　　예로써 나라를 다스리다(爲=治).
* 知之爲知之오 不知爲不知 是知也니라.　　아는 것을 안다고 하고, 모르는 것을 모른다 하는 것이 이것이 진정한 앎이니라(爲=謂).　　〈大學〉
※ 동사로서의 '爲'는 기본적으로 '하다'의 뜻이며, 문맥에 따라 융통성 있게 해석하는 것이 좋다.

9. 與

♣ 전치사(with)：~와 더불어

* 與民同樂　　백성과 더불어 즐거움을 함께 한다.
* 與善人居는 如入芝蘭之室이라.　　착한 사람과 더불어 거처하는 것은 영지와 난초가 있는 방에 들어가는 것과 같다.
* 與文字로 不相通流라.　　문자와 더불어 서로 통하지 않는다.

♣ 접속사(and)：~과(와)

* 楚人에 有鬻盾與矛者라.　　초나라 사람 중에 방패와 창을 파는 사람이 있었다.
* 不爲者與不能者之形이 何以異오?　　하지 않는 것과 할 수 없는 것의 모양이 어떻게 다른가?

♣ 의문 · 감탄의 종결사(=歟) : ～인가? ～이로다!

＊王之所大欲을 可得聞與잇가?　왕께서 크게 하고자 하는 것을 들을 수 있습니까?

＊民之不正은 是誰之過與오?　백성이 바르지 못함은 이것은 누구의 잘못인가?

♣ 동사 : 주다, 참여하다(동사의 경우에는 실사로 쓰임).

＊與人者常驕人　남에게 준 사람은 항상 남에게 교만하다.
＊卞氏 立與之萬金　변씨가 곧 바로 만금을 주었다.　〈許生傳〉
＊後死者는 不得與於斯文也라.　뒤에 죽은 사람들은 이 학문에 참여할 수 없었다.

10. 諸

♣ 문장 중간에 쓰일 때 : ～에 그것을(之於의 축약형)

＊君子는 求諸己하고 小人은 求諸人이라.　군자는 자기에게서 (그것을) 구하고, 소인은 남에게서 (그것을) 구한다.
＊不若投諸江而忘之　강에 (그것을) 던져서 잊는 것만 같지 않다.

♣ 문장 끝에 쓰일 때 : 그런 일이 있는가?(之乎의 축약형)

＊一言而可以興邦 有諸　한마디 말로써 나라를 흥하게 할 수 있다고 하니 그런 말이 있습니까?

11. 焉

♣ 의문부사 : 어찌

＊割鷄에 焉用牛刀리오.　닭 잡는데 어찌 소 잡는 칼을 쓰리오.

* 未能事人인데 焉能事鬼하고, 未知生인데 焉知死리오.   사람도 섬기지 못하는데 어찌 귀신을 섬길 수 있고, 삶도 모르는데 어찌 죽음을 알리오.

♣ 단정 종결사 : ～이다.

* 人之性生而有好利焉이라.   사람의 성품은 나면서부터 이로움을 좋아함이 있다.
* 雖聖人이라도 亦有所不知焉이라.   비록 성인이라도 또한 알지 못하는 것이 있다.

♣ 비교 : 이보다(於此, 於之, 於是의 축약형)

* 過而能改 善莫大焉   잘못을 고칠 수 있다면 선함이 이보다 큰 것이 없다.

옛 사람들의

웃음과 재치

2000년 11월 5일 제1판 1쇄 인쇄
2000년 11월 10일 제1판 1쇄 발행

지은이/강형중 · 김경익
펴낸이/강선희
펴낸곳/가림출판사
기획위원/강경무 · 김충호 · 석종복 · 이창석 · 지창영
기획 · 편집/장연수 · 이선희 · 김진호 · 홍경숙 · 손일호 · 이정아
홍보/한국종
마케팅/강명희 · 김종열

등록/1992. 10. 6. 제4-191호
주소/서울시 광진구 구의동 57-71 부원빌딩 4층
대표전화/458-6451   팩스/458-6450
인터넷 http://www.galim.co.kr
e-mail galim@galim.co.kr
천리안 ID galimmb

값 8,000원

ⓒ 강형중, 김경익 2000

저자와의 협의하에 인지를 생략합니다.
무단 복제나 전재, 발췌 사용을 금합니다.

ISBN 89-7895-081-7 03800